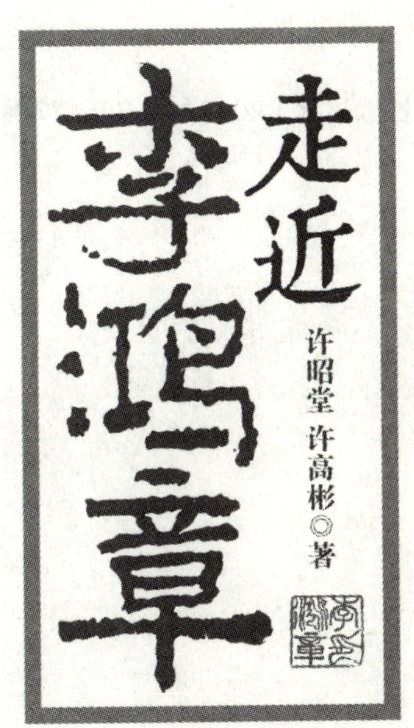

中国书店

图书在版编目（CIP）数据

走近李鸿章 / 许昭堂，许高彬著；—北京：中国书店，2013.3

ISBN 978－7－5149－0647－9

Ⅰ.①走…　Ⅱ.①许…　②许…　Ⅲ.①李鸿章（1823—1901）－传记　Ⅳ.① K827=52

中国版本图书馆 CIP 数据核字（2012）第 305478 号

责任编辑　解文睿
选题策划　中图传媒
装帧设计　熊猫布克

走近李鸿章
许昭堂　许高彬著

出　　版　中国书店
地　　址　北京市西城区琉璃厂东街 115 号
邮　　编　100050
发　　行　全国新华书店经销
印　　刷　三河市杨庄双菱印装厂
开　　本　710 毫米 ×1010 毫米　1/16
印　　张　19
字　　数　315 千字
版　　次　2013 年 3 月第 1 版
印　　次　2013 年 3 月第 1 次印刷
书　　号　ISBN 978-7-5149-0647-9
定　　价　38.00 元

序一

晚清重臣李鸿章是合肥东乡磨店人。他生于斯长于斯，至成年考取功名，走向中国的政治经济中心建功立业。无论走到哪里，家乡在他的成长历程中都发挥着重要的作用。合肥是个有着两千多年历史的城市，以“淮右襟喉、江南唇齿”著称。它在地理上位于中国南北气候带的分界线淮河之南；在文化传统版图上是中国南北东西文化交汇之地；在中国文化史上的地位可用“连贯东西、融会南北”来表述。司马迁曰“合肥受南北潮，皮革、鲍、木输会也”；班固曰“寿春、合肥受南北潮，皮革、鲍、木之输，亦一都会也”；毛泽东曰“合肥不错，为皖之中”。以上讲的都是合肥拥有的重要经济、军事、文化地位。在这样一个特殊的气候环境、经济环境、文化环境的熏陶下，合肥历代多出能征惯战、多谋善断、见识高远、勇往直前之士，而尤以李鸿章生活的晚清时代为盛。

如果说盛唐是中国封建社会的鼎盛时期，那么晚清就是中国封建社会的没落时刻。此时，以大英帝国为代表的西方列强已经完成了第一次工业革命，铁甲舰船游弋在世界各大海洋，利炮火枪无坚不摧；先进机械设备带来的先进生产力及价廉物美的产品，以极快的速度取代传统手工业产品。此时的中国闭关自守，统治者还沉溺于中央王朝“泱泱大国”的美梦之中，直到八国联军打进北京才从美梦中惊醒，睁开眼来方知世界形势已经发生巨大变化。从第一次“鸦片战争”开始，中国逐渐沦为“半殖民地半封建”社会。正是在此艰难困苦之时，以李鸿章、奕䜣、曾国藩、左宗棠为代表的洋务派走上历史舞台。他们试图在不改变国体的前提下完成中国的近代化进程，实现清朝与西方列强的并驾齐驱。洋务派官僚集团的三个派系中，李鸿章为首的淮系多起家于江浙、上海等地，与“洋人”有较多的合作，观念上更加开放务实。加上李鸿章长期担任朝廷要职，位高权重，淮系洋务派更因此得以长盛不衰，对中国近代工商业、交通、军事、教育、科技等领域的发展都做出了重要贡献。

但是，在中国“积贫积弱”的大背景下，无论洋务派官僚集团和李鸿章本人怎样努力，都无法改变“落后就要挨打”的现实，洋务运动最后只能以失败告终。晚清时期的中国在外交上一无经验二无实力，面临着“弱国无外交”的窘境，不得不一次又一次地接受割地赔款的屈辱。因为李鸿章担负着这个时期中国外交的重任，所以许多条约，特别是臭名昭著的《马关条约》，是由李鸿章代表朝廷签署的。李鸿章办外交与西方列强打交道，就好比手无寸铁的“管家”面对着全副武装的强盗，除了任人宰割之外，没有别的出路。但是，晚清外交失败的骂名却多由李鸿章背负。近年来，随着《李鸿章全集》等一批原始资料的发现和出版，随着学者们对晚清时期许多重要问题研究的深入，人们对李鸿章的评价也在悄然发生变化。总体而言，这种变化是客观冷静的和更加注重以史实为依据的，这从一个侧面反映了我国史学界更加重视“实事求是”原则的现状。

李鸿章从合肥走出去，并且带出一批“老乡”成为晚清直至民国初期足以影响中国政坛的重要人物；李鸿章始终不忘家乡的养育之恩，在合肥修桥铺路、修庙建祠，办了许多有益桑梓之事。无论外界如何评价李鸿章，合肥人都一直视李鸿章为合肥老乡。“是非成败转头空”“荣华富贵如粪土”，合肥人更加津津乐道的是李鸿章的书法文章、传闻轶事。在合肥一带有许多关于李鸿章的文字记载和民间传说，这些或许可以补充正史的记载，构成更加生动真实的李鸿章。

我的朋友许昭堂、许高彬先生皆为李鸿章族人，长期以来一直关注李鸿章研究，并且在合肥一带搜集了十分丰富的关于李鸿章及其淮系集团一批重要人物的方志资料和民间传说，同时对照史书记载和《李鸿章全集》等资料，写成《走近李鸿章》一书。书稿修改过程中，两位作者虚心好学、不耻下问，多次请教专业从事李鸿章研究的专家学者，数易其稿，以求完善。在《走近李鸿章》即将付梓之时，昭堂、高彬先生嘱我作序。我非专事李鸿章研究者，自揣浅陋，不敢担此重任。但多次推辞未果，只得强力补课数日，遂成以上文字以为“序”。

陆勤毅

（安徽省委宣传部副部长，安徽省社会科学院院长，安徽大学考古学和博物馆学博士生导师。）

2012 年 11 月 1 日

序二

文化是一个城市的气质、品格和可持续发展的源动力。

合肥，居皖之中，襟江带淮，北方文化的粗犷豪放，南方文化的秀媚细腻，共融一城，相生相长；合肥，历史悠久，底蕴深厚，“受南北潮，皮革、鲍、木输会”的商贸文化、金戈铁马的三国文化、清正廉明的包公文化、变法图强的淮军洋务文化、敢为人先的小井庄大包干文化……无不在中华文明的历史进程中写下精彩的合肥篇章；合肥，人杰地灵，群星璀璨，包拯、李鸿章、段祺瑞、冯玉祥、张治中、刘文典、杨振宁……从这片热土走上历史舞台，留下深刻的合肥印记。这一切，使得合肥成为演绎中华文明的重要舞台之一，也铸就了合肥文化鲜明的地域特征。

城以文名。近几年来，我们高度重视挖掘地方文化资源，培育地方文化特色，提升合肥文化品质，先后开展了合肥文化、江淮书风等专题研究，推出了《人文合肥》系列文化丛书、《包公千年文化图集》等文化精品，不断夯实“大湖名城、创新高地”的文化根基。开展李鸿章研究，就是其中的一项重要专题，这项研究不仅对合肥地方文化建设，而且对研究中国近代史、知古鉴今，都具有重要意义。

李鸿章，生于合肥东乡，他是淮系集团的核心，“洋务运动”的先驱；他誉满天下，谤满天下，在中国近代史上具有举足轻重的地位。他在日常生活、工作中到底是什么样的人？《走近李鸿章》一书，将给予您深刻的解答，为李鸿章研究提供新的视角、新的史料，作出新的探索。

本书详尽描述了李鸿章波澜壮阔的一生，展现了一个血肉丰满的铁血男儿形象。本书在大视野中见小情怀，既写李鸿章建淮军、兴洋务、办外交等重大题材，又首次介绍了他说合肥话、唱倒七戏、吃大杂烩、打“痞子腔”等逸闻轶事。本书在新史料中见新观点，首次公开他送老师牡丹、外公李氏家谱、为外公李氏家谱写的谱序手迹及李氏在合肥的房屋、田产、钱庄、李家楼（相府）和李公馆等新资料；重现了李鸿章大孝子、好丈夫、好父亲的形象，还有捐资公益、在合肥留下的善举遗泽；创造性地阐述了曾国藩对他的负面影响，客观公允，有理有据。本书在生动活泼中见严肃端正，以章回文学的体例写严肃的史学论著，丝丝入扣，引人入胜；仿照现代干部履历表式样，编写《李鸿章履历表》，让读者一目了然、耳目一新。总之，本书在尊重历史史实的前提下，运用历史与现代、文字与图表、史学与杂学、人物与情境相“穿越”的写作手法，将合肥地方文化、风俗习惯巧妙贯穿于李鸿章的生活、学习和工作之中，行文富于变化，内容丰富多彩。

许昭堂、许高彬二同志对文化建设高度热忱。长期以来，在繁忙的工作之余，他们秉承高度的责任感，为合肥文化建设积极建言献策，曾发表多篇《专家建言》和《学界建言》。他们密切关注李鸿章研究，十余年来，收集了大量史料，对李鸿章在故乡的传说、遗迹进行多次走访调查，同时到达天津、威海、保定等地进行实地考察，获得了大量第一手资料。他们怀着对家乡建设发展的责与情，怀着对先辈的责与情，在大量前期工作的基础上，历时一年有余，写成此书，为合肥的文化建设献上了一份厚礼。

林存安

（中共合肥市委常委、宣传部长，安徽省美协常务副主席）

前 言

李鸿章无疑是中国近代史上一个极为重要的人物。在清王朝日渐衰落、农民起义风起云涌、外国侵略者恣意宰割的半殖民半封建时代，以组建淮军起家的李鸿章，内固疆国、外交强邻，坐镇畿辅办理内治外交数十年，可谓是晚清朝廷炙手可热的政要重臣。梁启超曾著文指出："四十年来，中国大事，几无一不与李鸿章有关系……读中国近代史不得不曰李鸿章。"也说他"独立国事数十年，内政国事，常以一人当其冲……近世所未有也"。鉴于李鸿章的历史地位和对中国近代史的影响，人们由原来一提及李鸿章就是刽子手、卖国贼，唯论及他对内如何镇压太平军、对外如何签订不平等条约，而多转为近些年来对他从事的洋务运动进行关注和研究。正如列宁指出："无产阶级敌视一切资产阶级和资产阶级制度的一切表现，但这种敌视并没有解除它应对资产阶级人士在历史上的进步和反动加以区别的责任。"（《列宁全集》第八卷）应该说，这种"责任"同样适用于我们对李鸿章的评价。因而，如何全面、公允地评价李鸿章，是历史留给当代史学家的一大课题。

李鸿章是一个颇具争议又极具影响的历史人物，中国近代史以及安徽、上海、江苏、湖北、山东、天津、河北等地方史志，均有大量关于他的记述条目；中国的海军、铁路、纺织、海运、教育等筹建、兴办之路，无不留下他致力探索和跋涉的足迹。一百多年来，尤其是近些年，有关他的著述、传记等可谓连篇累牍，涵涉面甚广，虚拟空间之网络花絮更是层出不穷。李氏受到如此"青睐"，盖因其为我们今天研究中国近代史、客观评价历史人物，并"以史为鉴"、资政治国所无可回避之人物也。

李鸿章，合肥东乡磨店人。从其成长到返籍募建淮军，共在合肥度过二十六个年头，占去了他整个人生三分之一的时光。合肥本土文化——巢文化，对李鸿章的世界观、人生观、价值观及个人性格特征的形成，都产生了极其重要的影响；同样，作为曾在近代史上叱咤风云的淮系集团主帅，"李合肥"的名号也极大地丰富了合肥本土文化的内涵。

为了让人们更多地了解李鸿章其人、其事，以资对他有更为全面的认识，作者不揣浅陋，以传说作线索，史料为依据，考证相支撑，对资料详加搜集整理，运用历史与现代、史学与文学、文字与图表相结合的手法，撰写《走近李鸿章》一书。

作者在撰著本书过程中，以现代履历表的形式用一个章节编写“李鸿章档案”，意在让读者对他一生的活动经历和当时的社会背景有个一目了然的大致了解，重点解读李鸿章的个人情况及其社会关系、家庭成员，合肥淮军名将，并将李氏家族已毁的建筑用图像恢复重现给读者。

该书以遵循真实为原则，除讲述了大家对他较为熟知的“募乡勇组淮军、造舰船建水师、办洋务图自强、忠朝廷主外交”等历史事件外，又增述了发生在他身上的许多鲜为人知的故事，意在表现李鸿章除了是个愚忠大清的“裱糊匠”，其在现实生活中亦是个诗书不辍、厚情重义的血肉男儿。

他是一个遵从孝道的大孝子；

他是一个儿女心重、手足情深的人；

他是一个吃杂烩菜，善变通，受本土文化影响较深的人；

他是一个痴迷风水、注重养生、知恩思报的人；

他是一个热爱故土，捐修包公祠、文峰塔、圣妃庙的乐善好施的人……

斯人已逝远尘嚣，是非功过待评说。

作为政治家和自强运动的推广者、新兴科技的倡导者，李鸿章一生可谓波澜壮阔，很多时候堪称是中流砥柱；作为晚清重臣，李鸿章一生效命皇家，企图以一己微薄之力，挽行将没落的封建大厦于将倾，其目光所限、愚忠之心，亦令今人扼腕，可悲可叹。他在弥留之际，尚壮心不已，慷慨悲歌《绝命诗》一首，以述平生，以示后人。作者亦藉其诗作结：

劳劳车马未离鞍，临事方知一死难。
三百年来伤国步，八千里外吊民残。
秋风宝剑孤臣泪，落日旌旗大将坛。
海外尘氛犹未息，请君莫作等闲看。

许昭堂　许高彬

于合肥·肥东

2012 年 8 月

目录

第四章　务实与误失

第五章　治国与修身

第六章　淮军与合肥名将

第七章　履历表

第一章　云中鹤与庐州

一方水土养育一方人，也印刻着一方儿女成长的足迹。

合肥，隋开皇三年（583年），改合州为庐州。明洪武元年（1368年），庐州府改属中书省。清咸丰三年（1853年），安徽省会迁驻庐州府为临时省会。

李鸿章出生于合肥磨店祠堂郢的一户耕读之家。这里，至今仍流传着其母怀孕时被龟咬、出生时野鹤飞舞、自幼爱玩鸟斗蛐蛐、“杀鸡受诲”等传说，这些成为百姓闲聚、茶余饭后的话题，侧面反映了李鸿章在家乡的影响力。

一、飘然临世财神日　民间传说云中鹤

巢湖是全国五大淡水湖之一，湖面积达八百平方公里。千里江淮，巢湖最美。

道光三年正月初五（1823 年 2 月 15 日），李鸿章出生于巢湖北岸——合肥东乡祠堂郢（今属合肥市新站开发区磨店乡群治村）。

几乎每个名人的降生，都涉及民间传说，以示“不凡之子，必异其生。大德之人，必得其寿”。李鸿章亦是如此，在我们的生活圈子里，人们经常津津乐道、活灵活现地讲述着祖辈口口相传的关于李鸿章母亲怀孕时的奇遇、李鸿章的出生日期和出生时周围吉祥的环境异象。

道光二年（1822）正值农村插秧季节，李文安夫人身怀有孕。合肥人对妇女怀孕，因音谐“坏运”而讳，称“有喜”或“有了”。

这是李鸿章母亲耕作的一块田，位于柳荫塘南侧。李氏自幼曾患天花，脸上留有“陷斑”，合肥人称之“麻子”，加之李氏是大脚女人，所以当地人将这块田称为“麻大田”。

李鸿章父亲李文安为了养家糊口，一边教书，一边忙于攫取功名，李文安夫人心疼丈夫，虽然“有喜”一个多月，还承担着繁杂的家务和农田耕

合肥人有“送灶”习俗。到送灶日，锅台两侧贴有“上界奏好事，下界保平安”红纸楹联，灶前放置红糖，让灶神吃了粘住嘴，不说三道四，然后燃烛、焚香、祈祷，烧灶疏，“送灶神上天”。

作。插秧季节到了，她像往常一样，仍然在水田里劳动。正在插秧的她，突然感觉到自己的脚好像被什么东西咬了一下，有点疼痛。便顺手往脚旁一摸，发现有一个硬硬的东西，拿出水面一看，原来是一只乌龟。李夫人心地善良，立即将乌龟放回水田里。

按合肥一带民间说法，孕妇被乌龟咬着，那是求之不得的天大好事，“龟”与“贵”谐音，寓意孕妇分娩出来的胎儿以后必成“贵子”。这件事很快在乡邻间广泛传开，一直流传至今。

时间过得很快，时值腊月中旬，合肥人有“送灶”习俗。并有“六口之家是灶神常住，少于六口之家是灶神巡视”的说法。“送灶”规矩多，有“官三民四之分”，官宦家是腊月二十三，平民家是腊月二十四。送灶前，要将室外卫生彻底打扫，俗有“七金八银”之说，“掸尘”日一般都选在腊月十七、十八这两日。

李家三代同堂，是此地的大户人家。腊月十七，几房媳妇开始忙于“掸尘”，文安媳妇拿着扫把，正准备弯腰扫地，老爷子李殿华不知从哪里走出来，从身后将其手中扫把夺去，瞪着眼睛说：“我还要孙子呢”。

李鸿章母亲知道公公虽是面恶，但心存好意，便笑眯眯回到自己房间里去了。

眨眼间，到了大清道光三年（1823 年）正月初五，这是合肥春节期间仅次于大年初一的重要日子，因为这天是财神生日，关系到该家庭今年是否有财运，日子是否好过一些，以求争得一个好兆头，求得心理上的安慰。

合肥人除在财神生日到来的前一天晚上，各家置办酒席为财神贺辰外，富人家还有“抢头彩”的习俗。初五清晨，富裕人家纷争着提前鸣放鞭炮，焚香献牲，都想抢在别人家前头迎接财神。百姓谚语：“五日财源五日求，一年心愿一时酬；提防别处迎神早，隔夜匆匆抱路头。”

穷人家迎接不到财神，就三五结伙，戴起面具，扮成财神班底，用事先刻画的一幅“招财进宝”风俗画贴在谁家门上，就是给谁家“送财神”。主人须当场酬谢，否则便在你家门口或店铺前闹个不停，倒不如破费一点，把这班“活财神”送走了事。这种糊弄人的方式给迎“财神”习俗增添了不少趣味。

穷人家破费不起，迎不到财神，就变个法儿地给富人家“送财神”，以示庆贺，这种庆贺方式虽有点糊弄人，却给地方迎“财神”的习俗增添了不少趣味。

老爷子李殿华懂点医术，对文安媳妇怀孕已十个多月未分娩显得有些焦急。他心里有事，天没有亮就起床，坐在堂屋上一边喝茶抽着水烟，一边等着儿孙们前来行礼问安。全家人到齐后，再举行礼仪祭拜财神。

清晨卯时，各家各户正在忙着摆酒席、作祭拜、接“财神”时，不知是机缘巧合，还是天生异象，突然间春雷轰鸣，村庄周围野鹤翔集，翩翩飞舞，加上此时炮竹声声，硝烟弥漫，呈现出一派美妙祥和的奇特景象。

李殿华正为自家迎财神没有抢到“头彩”而懊恼。猛然听到自家院内传来一阵婴儿分娩的啼哭声。顿时转怒为喜，心知自己又得了一个孙儿。

当年李鸿章出生时位置

尽管当时李家并不富裕，但老爷子为了这个孙子很是舍得，将一般只送六个的红喜蛋加到十个，送到亲友家报喜。孙子出生九天时过“九朝”还得设宴款待亲友。（婴儿出生第九天庆贺是有道理的，因为当时旧法接生医疗条件差，产妇需要等到七天后才被认为度过了“七朝风”危险期，到了第九天应是母子平安的好兆头，当然值得庆贺。）这天亲友贺客多以女性为主，她们手提盖有红布的竹篮，篮内礼物一般为：布料、红糖、鸡蛋、挂面等，也有直接“包钱”的。外婆家除有上述礼物外，还要给外孙送摇篮、小衣服、老虎鞋、帽等。夫家除办酒席外，

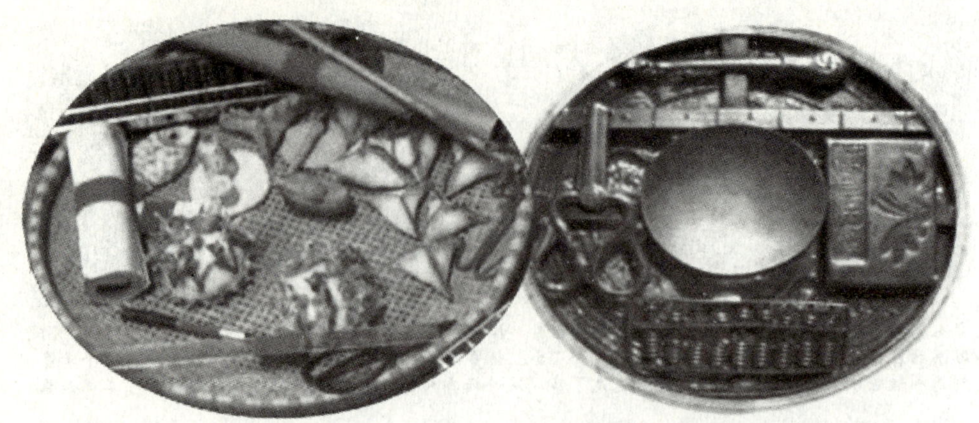

抓周，将各种象征性物品摆放盘子或米筛内，有的是真实的实物，有的是用米面做出来的，有文房四宝、刀剑模型、算盘、书本、笔和官印等。通过小孩抓的实物，预测婴儿以后的发展方向。

还得回赠红蛋、方片糕等，俗称“回篮”。孩子满月时，又大办“满月酒”。

婴儿出生第二年，谓之过周，外婆家一般要馈赠银项圈、银手镯、长命锁、饰有十八罗汉的“猪头帽”和衣服鞋袜等，同时给婴儿“抓周”。道光四年（1824）正月初五，全家起早办完了迎财神礼仪后，紧接着给鸿章忙乎“抓周”。所谓“抓周”，就是将各种象征性物品摆放在盘子或米筛内，通过小孩手抓到的实物，预测婴儿以后的发展方向。据李氏后裔们说，李鸿章“抓周”时开始抓的是笔，很快放下了，又抓了把刀也放下了，有人逗引他抓文房四宝，结果他抓下了那人头上的帽子。此时，屋檐上掉下来一个物体，至于是什么物体，一直是个谜。老爷子李殿华最后说了一句话：是贵、是祸天注定。

李文安夫人怀孕十个半月，在孕期被“龟咬”，财神生日这一天卯时生的儿子，自然就是个大贵（龟）之子。这个婴儿就是后来晚清政治舞台上煊赫一时、官居一品的李鸿章。

李鸿章长大成人后，个子长到 1.83 米，绰号李大架子。在李文安六子之中，他排行第二，民间称之“李二先生”。后来李鸿章官居直隶总督兼北洋通商大臣时，当地乡间结合他出生时的情景巧合，传闻他有“仙鹤”之相，故而得“云中鹤”的雅号。

二、溯源追宗本姓许　尊祖领修报恩祠

李鸿章先祖本姓许，先世祖籍在江西省湖口县花尖山脚下。

李鸿章本是高阳许氏许昌之后。据《合肥许氏宗谱》和《乌沙（舒城）许氏宗谱》记载：许昌不愿意做官，先在江西省吉水县三曲滩避世隐居。为躲兵乱，携资泛舟作盐商，到达江西湖口县花尖山三水岭居住。许昌生子庚二，庚二娶妻生福一、福二、福三。据《高阳许氏先世录（金录）》记载：福三，又名福益，字益元，号祝崖，赠文林郎，娶张氏，元朝至正十七年（1357），江西农民起义，福三为避兵火，遂同妻迁徙安徽省潜山县龙骨嘴，生云端、云卿、云祥三子。

福三是安徽省合肥市和潜山县、舒城县（乌沙）周边姓许的一世祖。

二世云祥，生于明洪武十四年（1381），元配朱氏，继配郜氏生子庆贵、庆华、庆三、庆贺。

三世庆贵，字国泰（许谱载庆贵字荣），出生于明洪武三十年（1397），元配周氏、继配孙氏，生子胜芬。

四世胜芬，字月明，生于明永乐十一年（1413），元配储氏，继配林氏，生六子：伯乾、伯坤、伯盛、伯造、伯五、伯六。四世胜芬携伯乾等六子迁居合肥东乡下赵园（即肥东县众兴乡许糟坊村）。长子伯乾中进士，官至按察御史，因看破红尘，辞官出家。三子伯盛迁回江西。五子伯五失传。伯六移居舒城乌沙南乡，修建了许氏宗祠和许氏家谱，现保留许氏家谱二册，其后人因修龙河口水库（万佛湖）迁移分散，现相对集中于舒城县龙河口、阙店一带。二子伯坤、四子伯造世居合肥东乡下赵园，为肥东县许氏二、四两大房分支之祖。

在许氏宗祠广场上有一块摘自《许氏宗谱》（老谱）的碑文，详尽记载着李鸿章本姓许的由来。

五世伯造，字化元，娶何氏生子积惠。

六世积惠，字长春，娶陆氏生三子：善英、善美、善贤。

七世善贤，字成梅，赠登仕郎，娶妻孙氏，生子发贵。

八世发贵，字孟林，元配田氏，继配钟氏，田氏生子光照、光涧。（五、六、七、八世祖生卒年失考）

九世光照，字银溪（谱作迎溪），生于明万历四十一年（1613）十月初一，元配赵氏无生育，继配刘氏生六子：祥宣（字见宇）、祥谨（字祯所）、济环（字怀宇）、祥丽（字秀宇）、祥产（字庄宇）、祥灼（字华宇）。由于次子祥谨（字祯所），因避讳（雍正名胤祯），改祯所为慎所。慎所过嗣给李心庄为后，所以改“许”姓“李”。这在《合肥许氏宗谱》中记录得十分清楚，而且在光绪三年续修《合肥许氏宗谱》中记载李鸿章的一篇叙文，对许氏宗祠大门前所立的牌文也作了简述。

《合肥李氏宗谱》卷一中记载：许氏先祖（按直系）为：庚二—— 一世祖福三——二世祖云祥——三世祖庆贵——四世祖胜芬——五世祖伯造——六世祖积惠——七世祖善贤——八世祖发贵——九世祖迎溪（光照）。

九世祖许迎溪与相邻村庄的李心庄两人交往甚密，友谊深厚。许迎溪是开糟坊酿酒的，李心庄是做豆腐的，相距一冲之隔，俩人白天一起卖酒、卖豆腐，回来一起喝酒吃豆腐，不分彼此。李心庄无子，经常苦恼地喝闷酒。许迎溪对此怀有怜悯之心，于是，便将次子慎所过继给好友。民国十四年（1925）编撰的《李氏宗谱》卷六中，对其祖先李慎所过继一事作了记录，“慎所系同县

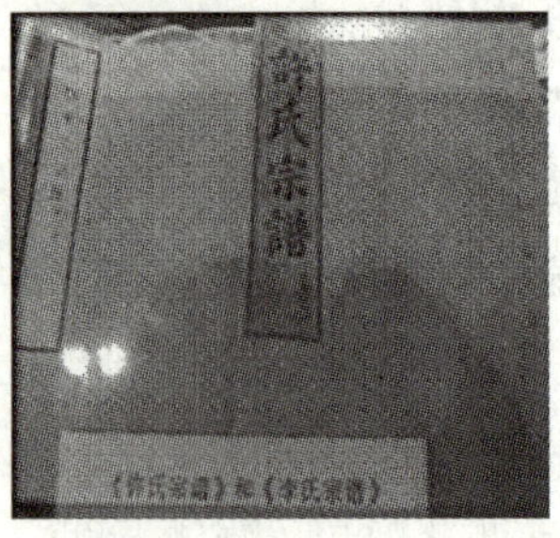

《合肥许氏宗谱》和《合肥李氏宗谱》都分别记载着李鸿章的祖籍为江西湖口，“其先本姓许”。合肥李氏族规规定：许、李二姓不通婚，而与族外之李则不禁。

许光照公次子过继。”清嘉庆十四年（1809）李氏立谱，自慎所起，就从许氏中分离出来，李氏自成一体，尊李心庄为始祖，李（许）慎所为一世祖。

合肥李氏一世慎所，娶妻葛氏，生四子：君辅、君美、君祥、君秀。

二世君辅，娶钟氏，生五子：汉明、汉卿、汉文、汉宜、汉申。

三世汉申，字应选，娶孙氏，生四子：士仁、士俊、士宽、士超。（前三世生卒年份失考）

四世士俊，字明远，生于康熙四十二年（1703）九月二十九日，据《庐州府志》载：其人宅心仁厚，治家勤俭，处世中和，与兄弟分家拆产推让不计较，施舍无吝啬，举乡老会赏赐绢谷。死于乾隆五十三年（1788），享寿 85 岁。元配王氏，生二子、二女，长子李桐、次子李椿。继配李氏生一女，又继配余氏。

五世祖李椿，生于乾隆五年（1740）十二月初三，字风益，国学生。娶裴氏，生三女、三子。长女配靳秀堂、次女配张肱、三女配王文启；三子为占鳌、殿华、嵩。李椿卒于乾隆五十一年（1786），同治四年（1865）赠光禄大夫， 赠裴氏为一品夫人；同治十二年（1873）赠荣禄大夫、建威将军，赠裴氏为一品伯夫人。

六世祖李殿华生于乾隆二十九年（1764）八月初八，字瑞廷，娶周氏，生二女、四子。长女配张廷槐、次女配唐在睿，四子：文煜、文瑜、文球、文安。

七世文安娶李氏，生六子：瀚章、鸿章、鹤章、蕴章、凤章、昭庆。

李氏这一支由许氏过继而来，最初没有宗谱。

直到嘉庆年间首次修了《李氏宗谱》，议定十六字的字辈排行：“文章经国，家道永昌，福寿承恩，勋荣世享”。后来又四次续修宗谱，又增加了十六字的字辈排行：“祖德积厚，克绍辉光，宗绪延长，同敦孝友”。

根据鹤章（鸿章弟）同治十一年（1872 年）四修《合肥李氏宗谱》谱序记载：“吾宗本系许氏，自福三公由江右湖口迁肥为一世祖，至九世祖迎溪（光照）公命其子‘慎所’出继李心庄为嗣，后遂循别子为祖之义，以慎所公为李氏一世祖（世系表列：李心庄——慎所——君辅——汉申——士俊——椿——殿华——文安——瀚章、鸿章、鹤章、蕴章、凤章、昭庆）。其自慎所公以上十世支派载在许氏宗谱甚详。”

综上所述，慎所是鸿章一世祖，慎所先世祖许福三，原籍江西省湖口县，先迁潜山，后迁肥东，最后定居于肥东众兴乡许糟坊村。溯源求本，慎所是

李鸿章家族世系表

李心庄——慎所

君辅 | 君美 | 君祥 | 君秀

汉明 | 汉卿 | 汉文 | 汉宜 | 汉申

士仁 | 士俊 | 士宽 | 士超

桐 | 椿

占鳌 | 殿华 | 嵩

文煜 | 文瑜 | 文球 | 文安

瀚章 | 鸿章 | 鹤章 | 蕴章 | 凤章 | 昭庆

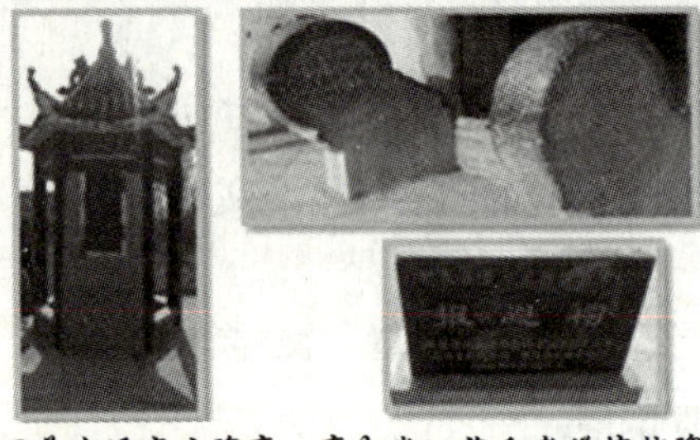

门前广场有立碑亭，亭内嵌入许氏老谱摘抄碑和许氏功名碑。肥东县于2008年立报恩祠碑，列为县级文物保护单位。

合肥李氏的继别之祖，所以李鸿章祖籍应为江西湖口县，今李实出姓许。这就是《清史稿》李鸿章列传中记载的“其先本姓许”的由来。合肥李氏与合肥许氏，虽然姓氏有别，可实际上却同出一个血源。因而李门祖规：许、李二姓不通婚，而与族外之李则不禁。

位于李鸿章出生地祠堂郢东北约2公里是许糟坊村，有一座古建筑为许氏宗祠（亦称报恩祠、许庙）。2010年合肥市区划调整时，将此地由肥东县众兴乡划归新站开发区磨店乡管辖。

民间传说，李鸿章六兄弟发迹后，曾一度想认祖归宗姓许。最后认为改姓不妥，为孝敬祖先，报答许氏恩情，鸿章六兄弟捐款，于光绪二年（1876），在原许家庙基础上进行扩建“许氏宗祠”。

在祠堂横梁上原本记录修建日期

整个建筑所用材料都是上等，雕刻讲究，刀工精细。

和修建人姓名的文字已被涂上了黑墨水，不过仔细辨认，仍能断断续续看到“太子太傅……少荃”等字迹。

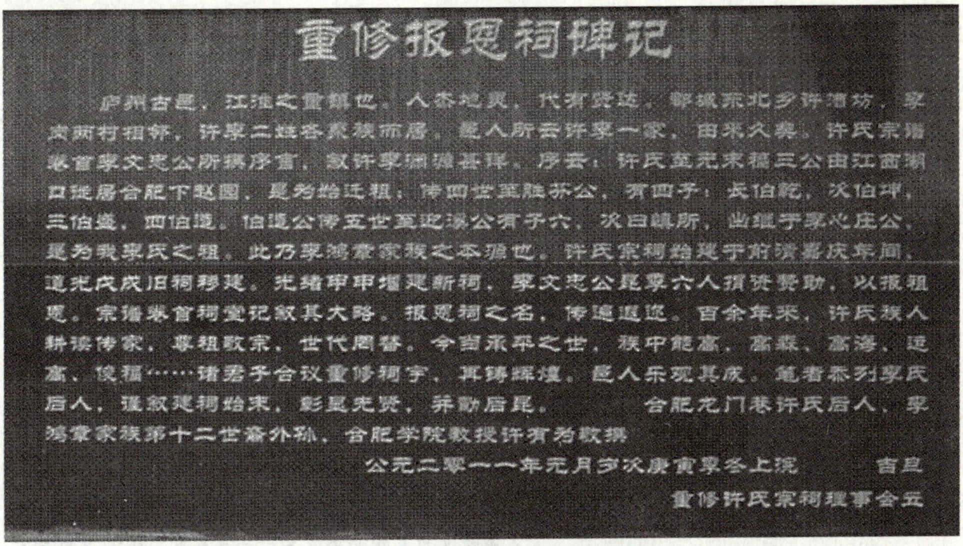

重修报恩祠碑记

庐州古邑，江淮之重镇也。人杰地灵，代有贤达。郡城东北乡许清坊，李岗两村相邻，许李二姓各聚族而居。世人所云许李一家，由来久矣。许氏宗谱卷首李文忠公所撰序言，叙许李渊源甚详。序云：许氏至元末福三公由江西湖口徙居合肥下赵圍，是为始迁祖；传四世至[illegible]芥公，有四子：长伯乾，次伯坤，三伯益，四伯道。伯道公传五世至迎溪公有子六，次曰慎所，出继于李心庄公，是为我李氏之祖。此乃李鸿章家族之本源也。许氏宗祠始建于前清嘉庆年间，道光戊戌旧祠移建。光绪甲申增建新祠，李文忠公昆季六人捐资赞助，以报祖恩。宗谱卷首祠堂记叙其大略。报恩祠之名，传递遐迩。百余年来，许氏族人耕读传家，尊祖敬宗，世代罔替。今当承平之世，族中能高、高森、高涛、廷高、俊福……诸君子合议重修祠宇，再铸辉煌。众人乐观其成。笔者忝列李氏后人，谨叙建祠始末，彰显先贤，并勖后昆。 合肥龙门巷许氏后人、李鸿章家族第十二世裔外孙、合肥学院教授许有为敬撰

公元二零一一年元月岁次庚寅季冬上浣 吉旦

重修许氏宗祠理事会立

重修报恩祠碑记

报恩祠，从外表看虽不豪华，但其占地面积七亩多，建筑规模宏大、选材上等、雕刻考究，是三进七开间（现为两进七开间的古建筑）的古祠堂，在合肥周边独此一处。尽管它在“文革”期间遭到毁坏，但仍是李鸿章在出生地捐资修建的建筑物中，保存相对完好的一处。

报恩祠建筑风格青砖灰瓦，具有鲜明的江淮特色。大门有一对雕琢精细的石抱鼓，嵌入高高门槛的门坎；有大象和狮子倒挂、富贵牡丹、二十四孝图的雕梁画栋；柱子上考究的彩绘至今依然栩栩如生。

在许氏宗祠门前是一个宽敞的广场，门内建筑大部分是原建筑的真实遗迹，广场设施系当今仿造，主要有两个亭子，亭内壁上嵌着各种雕刻碑文的石碑，记载着李鸿章祖先姓许的来龙去脉和许氏历史上有影响的人物。

三、光耀门庭建家庙　发迹源自熊砖井

李鸿章的出生地和少年时期成长地，位居合肥市区东北侧约 30 华里。时至今日，这里仍然是水田和村庄，脚底下还是坑坑凹凹的泥巴路。春天来此地，可以看到一望无际的油菜花海，和风吹拂时，金波荡漾，四野飘香。

这里是合肥磨店乡群治村，也是李鸿章祖辈居住的地方。李鸿章发迹后，将老宅改建为李氏宗祠，成为李氏家族公用祠堂。之后，李鸿章兄弟又在邻近的于湾村新建了李氏家庙，作为一个分支祠。

本图中是从李氏祠堂屋基下挖的铜钱。李氏宗祠原是李鸿章家老宅基地，当地人认为，屋基地下肯定有宝贝，拆毁时挖地三尺，除挖到一些铜钱外，什么也未挖到。

李氏宗祠为三进小瓦房，虽规模不大，但却雕龙画凤、精美无比，在当时已十分显赫。仅供应这个祠堂日常开销的义田就有上千亩，每年前来烧香祭祖的李家人，春秋两季，马拉骡驮，前呼后拥。久而久之，这个村庄因李氏宗祠而得名，称之宗祠郢（村）。李氏祠堂于 1977 年才完全毁坏，村民认为屋子基地下肯定有宝贝，因此拆毁时，都挖地三尺，却只在基地下挖了一些铜钱，其他什么也没有。肥东县文管所还保留了当时的一些铜钱。

李氏家庙与李氏宗祠相隔二公里多，整个家庙占地约 1.2 公顷，为徽派建筑群系，是李鸿章家族祭祀祖先、炫耀门庭的场所。当地村民都说李氏家庙有九十九间半房屋。整个建筑雕梁画栋，气势恢宏。李氏家庙毁于七十年代初期，根据生活在当地、曾任于湾村小学校长的八十多岁李老先生提供的详述资料：

大门前，有两排灌木花圃；还有十六个旗杆石鼓。紧接是照壁墙，高、长各五十公尺，宽度一米，白石灰粉刷，上面有人像画。照壁墙到大门有一个大院。

李氏家庙房屋建筑布局为：家庙大殿及正厅，左右两侧的东花厅和西花厅三部分建筑组成，分别有正门楼和东、西花厅侧门楼。

正大门朝南偏西，八字形状，门两旁有两尊二米高的石狮。正门处有三间房屋，高三丈五尺，宽一丈二尺；门高一丈二，宽八尺，安于大圆石上。两边各有一间竖起的高楼相连接，形成了整个大门楼。上面悬挂有慈禧亲手书法的四个大字“李氏家庙”，每个字二尺对方。当地百姓形容此大门是骑马不需要下马，直接进入。

进入大门后，院内有四堰井，走过天井院就是三圆门，中间是大圆门，

李氏家庙建筑设计效果图

图片是磨店乡根据民间收集的资料，复原的李氏家庙的规划建筑设计效果图。

两旁竖着圣旨碑，左右是小圆门。三圆门与家庙大殿之间是天井院，长三丈，宽一丈五尺。东西边各有一个莲花坛，院中有一个铜香炉，重约三百市斤。穿过天井院就是大殿，大殿有五间房屋，高约四丈，宽约一丈五尺，深度三丈，比前面房屋要高四尺左右，踏上六块石板阶梯才能到达大殿。大殿门是木格子，每间房屋是三扇，共十五扇木格门，正中央上方悬挂彩灯。殿内有四十根柱子，每根柱子上写着一个金福字，下面挂着一块匾。大殿五间房屋是相通的，但外有三分之二

目前还保存一个插旗杆的石鼓。

在李氏家庙大门两旁有两尊石狮，一人多高，十分威武雄壮，现在只有一个石狮头了。还有两个石狮脚下的底座和石狮墩。

水泥地面，内有三分之一土地面，水泥地面与土地面之间用木风格隔开，里面设有诸先祖龛位。

东花厅房屋共分四路，每路五间。头路是马房，与二路之间相隔一个院子，二路是大走廊，东边有一个门楼。三路正中央挂着大匾，刻有“省金角”三个大金字，穿过四路就是天井院，望春树就在该院子内。

西花厅南北各有一路五间房屋，中间形成天井院。西边是伙房，最后是一排楼房，旁边有一个四方形厕所。

家庙柱廊挂有曾国藩等诸多名人字画，四周圆柱刻有龙凤图案。

李氏家庙修建的时间，据曾国藩在同治七年八月（1868 年 8—9 月）日记中记道:“李小泉、少泉兄弟为其父玉泉同年修造家庙，小泉专弁来求一联。云:‘庭训差同太邱长，子孝孙贤，已迈元方季方而上；碑文虽逊鲁国公，功高德厚，实在颜庙郭庙之间。’寄来之旧宣纸，亦不可多得也。”当时，李鸿章刚刚剿平捻军，被授予实任湖广总督、协办大学士，并赏加太子太保衔，正值门第鼎盛、如日中天之际，建盖家庙、光宗耀祖也在情理之中。

“文革”期间，在声讨卖国贼李鸿章的浪潮中，李氏家庙也随之难逃厄运、毁坏殆尽。如今，唯有一棵静静矗立在家庙原址上的木兰树，还使人对李氏家庙昔日的辉煌留下些许的记忆。

这棵树，总是首先嗅到春天的气息。每年一月到三月中旬，树上叶子还

春夏秋冬望春树照片／王俊摄

没发芽时，乳白色的花瓣已竞相绽放，比其他花开得都早，等到花谢了，叶子才能长出来。因此，当地人习惯称之为“望春树”。这棵“望春树”是当年日本内阁总理大臣伊藤博文赠送给时任清朝驻日本大使李经方四棵树中的一棵。当时，两棵种在大兴集的李鸿章夫人赵小莲坟前，另两棵种在李氏家庙里，现在存活的仅剩这一棵。该树经历了 130 年风雨，2009 年遭受虫害，树冠萎缩，2010 年 3 月开花时只有七八朵，险些枯死。后经园林专家看护，这棵“望春树”才重获生机，望春吐蕊，并结出了满树的紫红色果子，实属罕见。2012 年作者亲历所见，并摄照为证。

2010 年春，望春树树干空心，险成死树。

2012 年春，树开的花又多又大，秋天挂满了红色果子。当地老人说，之前从未见此树结果。

在李氏宗祠原址上，至今仍保持原样的就是“熊砖井”，四百年来，唯井栏沟痕变多、变深，但仍然是大旱不干，每天向村民们奉献着清清甘泉。居住在这个村庄的百姓，至今仍然用此井水洗菜、做饭。

李鸿章并非出身“官宦世家”。慎所改宗姓李以后，整整六代人，均皆布衣，耕读传家，与科举、官场无缘。李家世代业农，至李鸿章高祖父李士俊始“有田二顷”。李鸿章祖父李殿华凭藉祖先余荫，虽然继承了一些土地财产，但因李氏宗族繁衍，人口增多，家大业小，在析居分爨时，殿华一支“推多受寡”，分得的土地财产已十分微少了。所以在现存文献中，往往有殿华家境穷困的似相牴牾的记载。祖父李殿华不甘如此困境，也不满于“面向黄土背朝天”的生活，曾想在仕途上有所作为，但终未如愿。两应乡试落第后，他便放弃猎取功名的念头，退居乡间，足不入城几近五十年，“男耕妇织，督课勿懈”，把追求功名的希望寄托到后代身上，精心教化子女，相信他的后代一定比自己更有出息。果然，从小儿子李文安中进士后，第二个孙子李鸿章于道光二十七年(1847)也高中了进士。长孙李瀚章于道光二十九年(1849)拔贡，后朝考一等，被朝廷授同进士出身。李家遂有“一门三进士”之说，向以农耕为主的李家，突然“以科甲奋起，遂为庐郡望族”。

有人说：李家之所以如日中天，与村里的那口“熊砖井”有关。李鸿章家族得益这口“熊砖井”的消息一传开，便代代相传，这口井的名气也日益大起来，给人印象很深。李氏家族年纪大的人，不管走到哪里，只要提及合肥老家，还经常问起这口井在不在。

有关“熊砖井”来历，没有确切的资料记载，之所以称其为“熊砖井”，民间说法有三：一是修建熊砖井的年代相距今日四百年左右；二是此井修建人姓熊；三是此井修建人是侍郎身份。

为了一探究竟，作者查阅了《合肥县志》和有关历史档案，明代在合肥任知县者姓熊的有二人，一个是明正德年间的熊乔，另一个是明崇祯年间的熊文举。熊乔虽姓熊，但既非侍郎身份，任职期又与修井时间不符。熊文举在合肥任职时间和个人身份，与建造“熊砖井”来历的说法较相符。熊文举（1595－1668），字公远，江西新建人。崇祯四年（1631）中进士，任合肥县令，后降清，官至吏部郎中，著有《雪堂全集》等作品。此人好诗文，“指画有方”。在合肥期间曾游历巢湖多次。明崇祯年间，庐州知府严尔圭倡建姥山塔，由熊文举负责筹划修建了四层，因战乱停建，后由李鸿章续建。在姥山塔内墙壁上，嵌有熊文举的题匾。

熊文举为什么要在此处修建这口井？有两种说法，一种说法这口井是熊县令家后花园的井，这种说法似乎不能成立，此地距合肥路程有三十多里，在此修建花园令人难以置信。另一种说法是熊侍郎在任合肥县令时爱民如子，看到此地干旱无水吃，便修建了这口井，这种说法可能性较大。磨店与肥东高塘、草庙、八斗一线正好是江淮分水岭分界线，过去这里经常缺水，因此修建此井解决百姓用水。民间传说的修建此井年代，与熊文举在合肥任县令时间也大体一致。

民间传说“熊砖井”是李鸿章家族发迹之井，但是他们与村庄上百姓都同饮“熊砖井”水，李家为什么与别人有不同之处?

其实，民间传说也不是无中生有的，李氏家族确实与这口井有着密切的关系。三世祖汉申夫妇死后，葬于“熊砖井”西的松树地，族人称之大老坟，原立有墓碑。茔北有祭田一斗五升，西有两块祭田约一斗二升。同治丙寅年（1866），李鹤章又捐置茔西熟地一斗，作为护茔之地。四世祖士俊与元配王氏合葬于熊砖井以北，湾塘下首，光绪丁亥年（1887）立有墓碑，族人称小老坟。五世祖李椿死后也葬于小老坟处，同治乙丑、丙寅年（1865、1866）鹤章分别购置水田一块、旱地一块，约一斗五升。同治辛未年（1871）昭庆续购田约九斗五升，均捐作祭田。六世祖殿华死后，葬于井北枣树地，族人称为井上坟，有祭田三斗四升。历代祖先环井而葬，称之为“井上坟”。民间对李氏发家与熊砖井进行了想像联系，广泛流传着“井的风水”和“井的法力”之说。

“熊砖井”与别的井有无不同之处?

有!

除井水温度是冬暖夏凉，水清甘甜外，真正与其他井不一样的，就是井栏石。

几经沧桑、日久磨砺，井口石栏被绳索磨出 24 条大沟、32 条小沟，几乎成莲花瓣形状，光滑如玉。

在井栏石西侧有一处较大的缺口，很是突兀。当地村民说，由于李鸿章官居一品，李家兄弟全部发迹，这口井被传得越来越神。晚清时，有一个官吏坐着八抬大轿来到井边，砸下一块井口石，拿去雕刻印章，以此达到官运亨通的目的。如今，井栏石上缺损部分，仍清晰可见。

更为神奇的是在“熊砖井”井栏石上洒泼水后，会发现井栏石上慢慢显出像血丝、血迹块的颜色，据村民说，尤其在蒙蒙细雨中，井栏石几与鸡血石相似无二。

“熊砖井”在《肥东县志》和后来的李氏家族碑刻文献中也有记载。当地村民之所以一代代悉心护井，是因为这口井的井水不仅哺育了以李鸿章为代表的一代历史名人，也哺育着居住此地的代代百姓，方便着他们的生活!

熊砖井已有四百年历史。当地百姓相传李鸿章家族是靠此“井的风水”或“井的法力”而发迹的。此井桯石有一个大缺口。但有一条是真实的，就是此井桯石浇水后或在雨雾天气时，有的地方确实能变成鸡血丝或血斑样颜色。井水深，而且是清澈透底的。／王俊摄

“熊砖井”和李文安夫妇墓葬都已被列入第三次全国文物普查不可移动文物登记项目。（见下表）

编号：340102-0002　　○复查　　●新发现

第三次全国文物普查不可移动文物登记表

名　称　熊砖井

省（自治区、直辖市）　安徽省

市（地区、州、盟）　合肥市

县（区、市、旗）　瑶海区

调查人（签字）＿＿＿＿　日期：＿＿＿＿

审定人（签字）＿＿＿＿　日期：＿＿＿＿

抽查人（签字）＿＿＿＿　日期：＿＿＿＿

国家文物局　制

<table>
<tr><td>名 称</td><td colspan="3">熊砖井</td><td>代码</td><td></td></tr>
<tr><td>地址及位置</td><td colspan="5">安徽省合肥市瑶海区磨店乡群治村祠堂郢村民组西50米</td></tr>
<tr><td rowspan="3">GPS坐标</td><td colspan="2">北纬</td><td colspan="2">东经</td><td>海拔高程</td></tr>
<tr><td colspan="2">31° 57'20.7"</td><td colspan="2">117° 23'54.2"</td><td>29m</td></tr>
<tr><td>测点说明</td><td colspan="4">井中心部位</td></tr>
<tr><td rowspan="6">类别</td><td>○
古遗址</td><td colspan="4">○洞穴址 ○聚落址 ○城址 ○窑址 ○窖藏址
○矿冶遗址 ○古战场 ○驿站古道遗址 ○军事设施遗址
○桥梁码头遗址 ○祭祀遗址 ○水下遗址 ○水利设施遗址
○寺庙遗址 ○宫殿衙署遗址 ○其他古遗址</td></tr>
<tr><td>○
古墓葬</td><td colspan="4">○帝王陵寝 ○名人或贵族墓 ○普通墓葬 ○其他古墓葬</td></tr>
<tr><td>●
古建筑</td><td colspan="4">○城垣城楼 ○宫殿府邸 ○宅第民居 ○坛庙祠堂 ○衙署官邸 ○学堂书院
○驿站会馆 ○店铺作坊 ○牌坊影壁 ○亭台楼阙 ○寺观塔幢 ○苑囿园林
○桥涵码头 ○堤坝渠堰 ●池塘井泉 ○其他古建筑</td></tr>
<tr><td>○
石窟寺及石刻</td><td colspan="4">○石窟寺 ○摩崖石刻 ○碑刻 ○石雕 ○岩画 ○其他石刻</td></tr>
<tr><td>○
近现代重要史迹及代表性建筑</td><td colspan="4">○重要历史事件和重要机构旧址 重要历史事件纪念地或纪念设施
○名人故、旧居 ○传统民居 ○宗教建筑 ○名人墓 ○烈士墓及纪念设施
○工业建筑及附属物 ○金融商贸建筑 ○中华老字号 ○水利设施及附属物
○文化教育建筑及附属物 ○医疗卫生建筑 ○军事建筑及设施
○交通道路设施 ○典型风格建筑或构筑物
○其他近现代重要史迹及代表性建筑</td></tr>
<tr><td>○
其他</td><td colspan="4"></td></tr>
<tr><td>年 代</td><td colspan="5">明</td></tr>
<tr><td>统计年代</td><td colspan="5">□旧石器时代 □新石器时代 □夏 □商 □西周 □东周 □秦□汉 □三国 □晋 □南北朝
□隋□唐 □五代 □宋辽金 □元 □明 ■清 □中华民国 □中华人民共和国 □待定</td></tr>
<tr><td>面积(m^2)</td><td colspan="5">2.5</td></tr>
<tr><td>所有权</td><td colspan="5">□国家 ■集体 □个人 □不明</td></tr>
</table>

<table>
<tr><td rowspan="2">使用情况</td><td>使用单位(或人)</td><td>群治村</td><td>隶属</td><td>合肥市瑶海区磨店乡</td></tr>
<tr><td>用途</td><td colspan="3">□办公场所□开放参观□宗教活动□军事设施■工农业生产 □商业用途
□居住场所□教育场所□无人使用□其他用途</td></tr>
<tr><td>复查对象</td><td>级别</td><td colspan="3">○全国重点文物保护单位 ○省级文物保护单位
○市、县级文物保护单位 ●尚未核定为保护单位</td></tr>
<tr><td rowspan="2">单体文物</td><td>数量（个）</td><td colspan="3">1</td></tr>
<tr><td>说明</td><td colspan="3">村民取水，一直沿用至今，是一个整体文物。</td></tr>
<tr><td colspan="2">简介</td><td colspan="3">该井位于安徽省合肥市合肥瑶区磨店乡群治村祠堂村民组西50米，传为明朝熊侍郎宅内的水井，穴边形石井栏，井栏边长30cm-35cm，外径56cm，口沿高18cm-41cm，为青石型，历经长年使用，井绳在井栏上磨出23道渠浅不一的凹槽，井整用青砖盘而成，该井出水量丰富稳定，至今仍被当地村民使用。</td></tr>
<tr><td rowspan="2">保存状况</td><td>现状评估</td><td colspan="3">○好 ○较好 ●一般 ○较差 ○差</td></tr>
<tr><td>现状描述</td><td colspan="3">井圈保存较好，由于村民一直取水沿用至今，井绳将井圈磨成23道深浅不一的凹槽，井栏边长30cm-35cm，外径56cm，口沿高18cm-41cm，井壁用青砖垒砌而成。</td></tr>
<tr><td rowspan="3">损毁原因</td><td>自然因素</td><td colspan="3">□地震 □水灾□火灾□生物破坏□污染□雷电□风灾
□泥石流□冰雹□腐蚀□沙漠化 ■其他自然因素</td></tr>
<tr><td>人为因素</td><td colspan="3">□战争动乱 □生产生活活动□盗掘盗窃□不合理利用
□违规发掘修缮■年久失修 ■其他人为因素</td></tr>
<tr><td>损毁原因描述</td><td colspan="3">日晒雨淋对遗址造成了一定程度的破坏，历经长年使用，井绳对井圈有所磨损。</td></tr>
</table>

<table>
<tr><td rowspan="2">环境状况</td><td>自然环境</td><td>在祠堂郢村西边50米的路边，周围土地平整，为水田。</td></tr>
<tr><td>人文环境</td><td>此井位于群治村民组西侧的一条机耕路的南侧，南侧为农田，东、西、北三面为群治村祠堂郢村庄。由于此井的水质优良，附近村民一直取水使用，沿用至今。村落之间修通了“村村通”水泥路，村民以种植业、养殖为主要生活来源，村民居住房多为二层砖楼。</td></tr>
<tr><td>普查组建议</td><td colspan="2">建议及时公布为文物保护单位，成立保护组织，加强对此井的保护和规划。请当地政府采取相应的保护措施。</td></tr>
<tr><td>审核意见</td><td colspan="2">数据准确，采集信息基本能够反映此井现有的状况和保护的需要，填写规范，符合要求。</td></tr>
<tr><td>抽查结论</td><td colspan="2"></td></tr>
<tr><td>备注</td><td colspan="2"></td></tr>
</table>

图纸编号：340102-0002-T001

图纸册页

图纸编号：340102-0002-T002

图纸册页

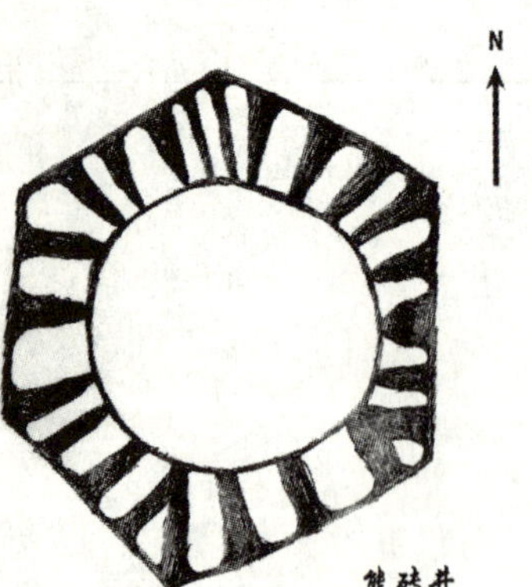

图纸编号：340102-0002-Z001

图片册页

编号：340102-0003　　　　○复查　　●新发现

第三次全国文物普查不可移动文物登记表

名　称　李文安夫妇迁葬墓

省（自治区、直辖市）　安徽省

市（地区、州、盟）　合肥市

县（区、市、旗）　瑶海区

调查人（签字）＿＿＿＿＿　日期：＿＿＿＿＿

审定人（签字）＿＿＿＿＿　日期：＿＿＿＿＿

抽查人（签字）＿＿＿＿＿　日期：＿＿＿＿＿

国家文物局　制

<table>
<tr><td colspan="2">名　称</td><td colspan="2">李文安夫妇迁葬墓</td><td>代码</td><td></td></tr>
<tr><td colspan="2">地址及位置</td><td colspan="4">安徽省合肥市瑶海区磨店乡于湾村于湾村民组西南300米的岗地上</td></tr>
<tr><td colspan="2" rowspan="2">GPS坐标</td><td>北纬</td><td colspan="2">东经</td><td>海拔高程</td></tr>
<tr><td>31°55'22.8"</td><td colspan="2">117°24'38.9"</td><td>18m</td></tr>
<tr><td></td><td>测点说明</td><td colspan="4">墓葬中心部位</td></tr>
<tr><td rowspan="6">类
别</td><td>○
古遗址</td><td colspan="4">○洞穴址　○聚落址　○城址　○窑址　○窖藏址
○矿冶遗址　○古战场　○驿站古道遗址　○军事设施遗址
○桥梁码头遗址　○祭祀遗址　○水下遗址　○水利设施遗址
○寺庙遗址　○宫殿衙署遗址　○其他古遗址</td></tr>
<tr><td>●
古墓葬</td><td colspan="4">○帝王陵寝　●名人或贵族墓　○普通墓葬　○其他古墓葬</td></tr>
<tr><td>○
古建筑</td><td colspan="4">○城垣城楼　○宫殿府邸　○宅第民居　○坛庙祠堂　○衙署官邸　○学堂书院
○驿站会馆　○店铺作坊　○牌坊影壁　○亭台楼阙　○寺观塔幢　○苑囿园林
○桥涵码头　○堤坝渠堰　○池塘井泉　○其他古建筑</td></tr>
<tr><td>○
石窟寺及石刻</td><td colspan="4">○石窟寺　○摩崖石刻　○碑刻　○石雕　○岩画　○其他石刻</td></tr>
<tr><td>○
近现代重要史迹及代表性建筑</td><td colspan="4">○重要历史事件和重要机构旧址 重要历史事件纪念地或纪念设施
○名人故、旧居　○传统民居　○宗教建筑　○名人墓　○烈士墓及纪念设施
○工业建筑及附属物　○金融商贸建筑　○中华老字号　○水利设施及附属物
○文化教育建筑及附属物　○医疗卫生建筑　○军事建筑及设施
○交通道路设施　○典型风格建筑或构筑物
○其他近现代重要史迹及代表性建筑</td></tr>
<tr><td>○
其他</td><td colspan="4"></td></tr>
</table>

<table>
<tr><td>年代</td><td colspan="4">清</td></tr>
<tr><td>统计年代</td><td colspan="4">□旧石器时代 □新石器时代 □夏 □商 □西周 □东周 □秦□汉 □三国 □晋 □南北朝
□隋□唐 □五代 □宋辽金 □元 □明 ■清 □中华民国 □中华人民共和国 □待定</td></tr>
<tr><td>面积(m²)</td><td colspan="4">5</td></tr>
<tr><td>所有权</td><td colspan="4">■国家 □集体 □个人 □不明</td></tr>
<tr><td rowspan="2">使用情况</td><td>使用单位(或人)</td><td>群治村</td><td>隶属</td><td>磨店乡</td></tr>
<tr><td>用途</td><td colspan="3">□办公场所□开放参观□宗教活动□军事设施■工农业生产 □商业用途
□居住场所□教育场所□无人使用□其他用途</td></tr>
<tr><td>复查对象</td><td>级别</td><td colspan="3">○全国重点文物保护单位 ○省级文物保护单位
○市、县级文物保护单位 ●尚未核定为保护单位</td></tr>
<tr><td rowspan="2">单体文物</td><td>数量（个）</td><td colspan="3">1</td></tr>
<tr><td>说明</td><td colspan="3">一个墓葬</td></tr>
<tr><td>简介</td><td colspan="4">李文安夫妇（李鸿章父母）合葬墓，原墓室于1958年（据当地人回忆）被毁，随葬品不存。遗骸由附近村民另行埋葬，2003年由本村四名乡亲迁至现址。该墓位于安徽省合肥市瑶海区磨店乡于湾村于湾村民组西南300米的岗地上，岗地上有大量现代墓葬。李文安（1801—1855），字式和，1838年与曾国藩同登道光戊戌榜进士，殿试三甲，历任主事、云南员外郎，督辅司郎中，记名御史。有六子，瀚章、鸿章、鹤章、蕴章、凤章、昭庆。</td></tr>
<tr><td rowspan="2">保存状况</td><td>现状评估</td><td colspan="3">○好 ○较好 ●一般 ○较差 ○差</td></tr>
<tr><td>现状描述</td><td colspan="3">由于墓室于1958年被毁，目前仅为土堆，而且位置也是根据回忆的，保存总状况一般。而且长年没有后人进行维护，目前墓葬堆土仅剩1.2米高。</td></tr>
<tr><td rowspan="3">损毁原因</td><td>自然因素</td><td colspan="3">□地震 □水灾 □火灾 □生物破坏 □污染 □雷电 □风灾
□泥石流 □冰雹 □腐蚀 □沙漠化 ■其他自然因素</td></tr>
<tr><td>人为因素</td><td colspan="3">□战争动乱 □生产生活活动 □盗掘盗窃 □不合理利用
□违规发掘修缮 ■年久失修 ■其他人为因素</td></tr>
<tr><td>损毁原因描述</td><td colspan="3">风吹日晒对遗址造成了一定程度的破坏；无人维护，年久失修也对此墓葬造成了一定的损坏。</td></tr>
</table>

环境状况	自然环境	在于湾村西南边约1000米处的岗地上，遍布现代坟地，周围是旱地农田，种植油菜、小麦。
	人文环境	现地处一个现代墓葬区内。从于湾村有一条田梗通往此墓葬。村落之间修通了“村村通”水泥路，村民以种植业、养殖业为主要生活来源。村民居住房多为二层砖楼。
普查组建议		建议及时公布为文物保护单位，成立保护组织，加强对此墓葬的保护和规划。请当地政府采取相应的保护措施。
审核意见		数据准确，采集信息基本能够反映此墓葬现有的状况和保护的需要，填写规范，符合要求。
抽查结论		
备注		

照片编号：340102-003-T001

图纸册页

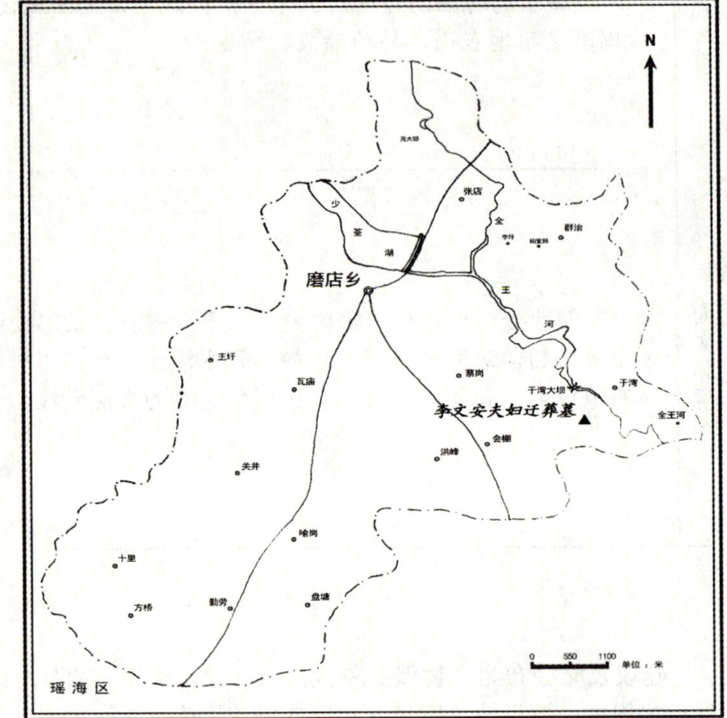

纸编号：340102-0003-T002

图纸册页

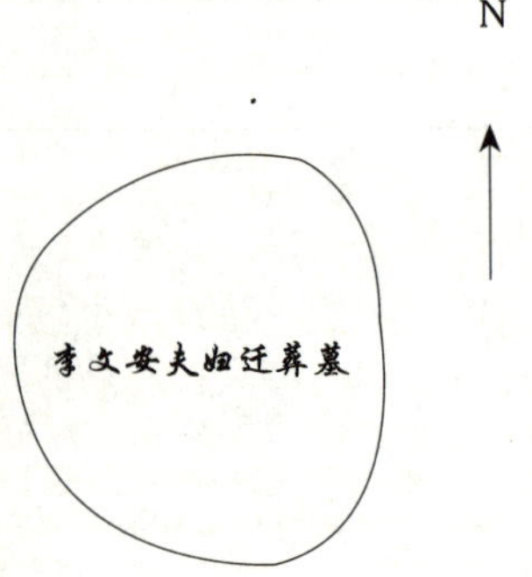

照片编号：340102-003-Z001

照片册页

四、棣华书屋受启蒙　聪颖少年立志向

李鸿章父亲李文安（1801–1855），号玉川，又号玉泉，榜名文玕。8 岁时受业于李龙桥，因“师有家务”，加之自身“少又多病”，12 岁仅读四子书及毛诗。李殿华忧心如焚，让他回来跟着长兄文煜读书。殿华督促文安兄弟潜心攻读，寄希望于他们通过科举途径，攫取功名，光宗耀祖。文煜教授自己的兄弟，自然严格认真，每年从正月初三开学，直至除夕始辍。文安自知“资性中下”，只有摆脱家务，遏制邪欲，专心攻读，才能有所长进。1825 年文安初次参加江南乡试落榜。此后，曾多次赴南京应试都名落孙山，对于一个热衷于功名利禄的士子来说，精神上的打击是巨大的。文安常常借酒烧愁，曾赋诗自嘲：“年来落魄多贪酒，老去猖狂半在诗”。他除了就学于其兄外，曾先后拜童培山、杨静闲、汪子庄等为师。深得杨静闲、汪子庄二先生器重，文安说自己“制艺得力于（杨）师者最多”。

几次三番考而不中的李文安，经过锲而不舍的专攻进取，终于在 1834 年考中举人，1838 年圆梦考入进士，分发刑部任职。

李文安在未考中举人之前，一面在家刻苦读书，一面办起棣华书屋家馆，开馆授徒。道光八年至道光十三年（1828—1833），李鸿章就跟随父亲李文安在棣华书屋读书。李文安既是他的严父，又是他的启蒙老师。

李鸿章自幼十分顽皮，喜欢养鸟、上树摘桑果，尤其喜欢在他家西边水塘里嬉耍。水塘埂是杨柳成林，浓密成荫……有许多小鸟在此筑巢，当地人称之为“柳荫塘”。

李鸿章自幼在柳荫塘洗澡，与老师对诗。他的原住老宅在水塘东侧，自幼受启蒙教育的棣华书屋在水塘的北侧，就是图片上标注的位置。

柳荫塘东边是李鸿章的旧居（后来改建成李氏宗祠），南边是其母亲耕作的“麻大田”，西边是“熊砖井”，东北角是父亲李文安设馆的“棣华书屋”。李文安曾记录过其书屋的环境：“门临方塘，水光照屋，菊花三径，杨柳数株。”今天的柳荫塘、“棣华书屋”虽已不复存在，塘周边也没有了菊花，但与当年李文安描述的环境依然有几番相似。

本图为图画，展现了父亲李文安对幼年鸿章天资聪慧的表现是半信半疑，正在测试鸿章对诗的情境，本图来源于李府展示资料。

少年时期的李鸿章就表现出天赋异禀。一日，李鸿章在水塘洗澡，周老先生把脱下来的衣服挂在塘埂树枝上，随口吟了一句“千年古树当衣架”，李鸿章正在用塘水洗身，开口即道“万里长江作浴盆”。偶尔一句师生对，引起私塾老先生周菊初的注意，之后，周老先生常在文安面前夸赞鸿章天资聪慧，文安半信半疑，有意识地同时把瀚章、鸿章找来跟前相试。两兄弟进门时，文安正在翻阅帐目，长长叹了一口气，随口说了一声：“年用数百金，支付不易”。李鸿章接道：“花开千万朵，色彩无穷。”父亲一听吃惊非常，随后便处处对鸿章暗自留意，时时注意加以引导。

从《肥东县志》（1990年版）《李鸿章轶事三则》中的“杀鸡受诲”故事看，李鸿章小时候虽然聪慧，但读书并不用功，爱玩鸟、斗蛐蛐。为此，父亲李文安没少为他操心。

一天，李鸿章随父亲到许家作客，许家是个大户，和李家是世交，见李家父子来了，非常高兴，便让到客房喝茶叙话。

许家说：“文安兄，听说二公子喜欢逗鸟，前天友人送我一只八哥鸟，玲珑可爱，能作人语，我就转送给他吧！”

李文安讨厌李鸿章玩鸟，就说：“许世兄——”话刚一出口，姓许的已把鸟笼递到李鸿章手里，李鸿章连声说：“谢谢许叔”。

李鸿章正欢欢喜喜逗着八哥玩时，忽听到后院有人喊：“水开了”。

“水开就杀鸡嘛！”许家主人的声音。

“杀公的，还是杀母的？”

“公的、母的都可以，就是拣着杀。”

“拣着杀，那么多鸡叫我怎么拣呢？”

“那不好拣吗！公鸡杀那不叫的，母鸡杀那不下蛋的。”

李鸿章听到这番话，大吃一惊，如梦初醒。心想，公鸡不打鸣、母鸡不下蛋要挨刀，人没本事岂不要被淘汰吗？他越想越后怕，没精打采地吃了这顿饭。回家后，便放走笼中鸟，砸了蛐蛐盆，收心读书，再也不用父亲操心了。李文安见儿子一下变了，心里很高兴，便常对人言：死宝（金银财宝）不如活宝，活宝发愤，才是真宝。

李鸿章勤奋学习，得到父亲赏识。1834 年，当父亲到费氏墨庄就馆时，12 岁的鸿章也陪同前往攻读。

肥东县撮镇大费村德懋堂的费氏墨庄，在明清年间是十分辉煌的。翻开费氏家谱，前面是明太祖高皇帝训和康熙皇帝“圣论十六条”，紧接是皇帝对德懋堂堂主费日启和夫人的御封。费氏墨庄邀请的老师都是世系书香门第的学者，收养了许多族门变故但志气尚存的读书人，培养出了许多栋梁之才。

费氏墨庄已不复存在，但费氏家谱记载了费氏宗族重视教育的情况。在费氏家谱中，有李文安作的序以及李瀚章及诸多郡生、庠生的撰文。

费日启夫人是李文安第二个女儿，李鸿章对费日启十分尊重。李鸿章父子在费氏墨庄期间，获得了费氏墨庄费日启的帮助，学习生活非常愉快。当年八月李文安参加乡试，中了江南乡榜第九十六名举人。

费日启不仅对李鸿章父子在就学上给予极大帮助，而且在李鸿章后期推行自强运动时，也发挥了很大的作用。如成立招商局时的有关奏章均由他联络水运漕帮、茶马古道的商帮巨贾起草提案，再由李鸿章、曾国藩修改定稿后呈给皇帝。

李鸿章自幼跟随严父兼良师的李文安学习，深受其父影响，素怀发愤读书、通过科举登上仕途的梦想。

道光十五年至十九年（1835—1839），李文安在 1835、1836、1838 年连续三年赴京会试，无暇授徒，但次子鸿章聪明伶俐的天赋和凌霄之志的潜在资质，作为朝夕相处的父亲是有所感悟的。经再三思量，他把 13 岁的鸿章委托给仿仙先生训导，李文安致仿仙先生信函其意明确："第近来学者之弊，舍本逐末，有才无行，举动尽皆浮妄，文章不求根柢，纵能文获微名，终非令器所成，亦几何矣，足下少有至性，早濡节母之教，沈深经术，发为文章有序有物，砺节砥行，不苟取与，不与外事，早为乡里推重，经师人师，津梁后学，表正里闾，使同里诸子知所宗仰，不至流为外间坏习，幸甚，幸甚。"这封信中所说的，既是其父的学术见解，又是对仿仙学术观点的首肯，同时也是对仿仙治学、人品的尊重。此后，鸿章便拜堂伯父仿仙为师，亦还曾"从徐明经游"。

李鸿章除受益于父亲的启蒙教育，李仿仙和徐明经等良师的严格督导和学问陶冶更使他受益匪浅。他崇尚宋学，兼学桐城派古文，喜爱诗赋，在义理、经济之学和制艺技巧方面进步较快，且打下了扎实的学问功底，以后他虽位极人臣，仍然没有忘记这段学习经历。他在致三弟鹤章信中写道：兄少时从徐明经游，常告读经之法。穷经必专一经，不可泛骛。读经以研寻义理为本，考据名物为末。读经有一耐字诀……"读经以研寻义理为本，考据名物为末"，这是宋学家的主张，鸿章得于良师教诲，体会很深，并把自己学习经验传于鹤章。

道光二十年（1840年），17岁的李鸿章考入合肥县学，并获第一名中秀才，当众倒诵《春秋》，让老先生们赞叹不已。

道光二十二年（1842年），19岁的李鸿章回首往事，展望未来，意气风发地写出了《二十自述》（以虚岁）七言律诗。诗中"丈夫事业正当时，一误流光悔后迟"豪情满怀地反映他既有刻苦用功、追逐功名、改变平淡人生的强烈愿望，同时有报效天下的壮志雄心。

1843年，李鸿章在庐州府学被选为优贡生。20岁的李鸿章已长得身躯修长，精悍之色露于眉宇。此时的他已决意克服"因循"积习，珍惜美好年华，再接再厉，刻苦攻读，立志做一个光耀门楣、扬名于世的人。

第二章 李总督与曾总督

机缘和巧合往往与常人失之交臂，唯成功者方能留意与把握。

机缘巧合，适逢其会，能从此改变一个人的命运。

李文安与曾国藩同年登科进士，为李鸿章与曾国藩的相识、相交、相知创造了机缘！

李鸿章初期返籍办团练虽以失败告终，但由于曾国藩的提携支持，终为他成功组建淮军、展示其军事才能提供了一个绝好的机缘。

五、去访京师有道人　苦读三春入翰林

1843年，李文安已在京城做官了。得知次子李鸿章被选庐州府学优贡生，作为父亲不仅心情喜悦，而且望子成龙的心情更迫切。他函催鸿章入都，准备参加来年的顺天乡试。父命正合鸿章心意，去京城可广交朋友、攫取功名，他打点行装，拜访亲友，接受馈赠，辞离深情，悠然不尽，与“学宗宋儒”的蒯德模、蒯德标、王学懋等士子分别赋诗话别。

李鸿章一直在合肥长大，初次离乡，千里迢迢，跋山涉水，奔赴名利之都，其心绪、情境，是念念不忘家乡的眷顾，是急盼赴京城的憧憬，是志向登攀仕途的欲望，真可谓五味杂陈、百感交集，于是作《入都》诗十首，藉以抒发心境胸臆。

“遍交海内知名士，去访京师有道人”，求知是痴诚的；

“一万年来谁著史，三千里外觅封侯”，目标是明确的；

“倘无驷马高车日，誓不重回故里车”，信心是坚定的。

李鸿章抵京后，考虑父亲公务繁忙，不愿意打扰他。同时，为养成自我独立习惯，摈除杂念，专心攻读，早日达到青云之志，所以他没有与父亲住在一起。他先住在安徽会馆，后移居狮子胡同马文虎家。鸿章在《禀母》函中说：“马君温厚诚笃，年逾五旬，精神尚矍铄，评阅诗文，则高谈阔论，竟日无倦态，与男意气相投，足堪告慰者也。”虽说房子租金是一两二钱白银，但对房东马文虎的温厚诚恳，鸿章感觉十分满意。

在京城，交游渐广，视野日开。在时任刑部郎中的父亲引领下，他遍访了安徽籍京官吕贤基、王茂荫、赵昀等，得到他们的器重和赏识。最令李鸿章庆幸的是，以年家子弟身份投帖拜在湖南大儒曾国藩门下，这是他人生道路上遇到的第一个“大贵人”，曾国藩不仅是鸿章学业上的恩师，更是其仕途上的伯乐。

在国子监读书期间，曾国藩是他的老师，三十几岁的曾国藩并不以“年伯”和“师长”的身份训导李鸿章，而是待之以同辈，与鸿章做学问交流，探讨圣贤经典学习心得。

曾国藩

经曾国藩的悉心点拨，加之鸿章聪明伶俐、勤奋好学，其学业进步很快。道光二十四年（1844）鸿章适逢顺天恩科乡试，中了第四十八名举人。

李鸿章从贡生走向举人很顺利，下一步面临的是通往官场道路上最后冲刺的关键，准备参加三载一大考。

曾国藩为了让鸿章得到实际锻炼，解决他生活上的用资，同时为他创造安心读书、迎接“大考”的条件，亲自推荐他到老翰林何仲高府上就馆，辅导何家公子学习。鸿章在《寄弟》书信中说：“兄蒙曾夫子垂爱，荐馆于何仲高幕府。”说明他对曾国藩苦心安排甚为满意。

光阴似箭，日月如梭，道光二十五年（1845）的会试即将来临。

各省由乡试选拔的举人们，在前一年就相继云集京城。鸿章在《禀母》函中说：“各地应举文人，组织文社于九条胡同三号，慕曾涤生夫子之名，请渠出任社长，社规每月应交文三篇、诗八首。”鸿章通过这一文社，既同各地士子交游学问；“初次会试，男以诗文受知于曾夫子，因师事之，而朝夕过从，求义理经世之学”，也说明他经常向曾国藩请教。

鸿章初次参加恩科会试，曾国藩出任本科会试同考官。鸿章虽然会试落第，但诗文却博得曾的青睐。

曾国藩曾经对瀚章说：“令弟少荃，自乙末之际（指1845、1846年）仆即知其才可大用。”

鸿章初次会试落榜并没有灰心丧气，而是总结失败经验教训，继续寒窗苦读，终于迎来了又一次通达仕途、青云直上的机会。

道光二十七年（1847），鸿章再次参加会试。考试后自我感觉良好，在写给母亲信时说：“男春闱仍应经试，此番文墨，较上科稍为遂心，不知能侥幸否？前日偕诸好友游通州，返京启蒙上皇恩泽赐游北海。通州天然胜景，北海以匠工争巧，眩人耳目，履其地竟流连不忍去也。”稍为遂心的会试和赏心悦目的美景，相映成趣，使鸿章飘然若仙。

中进士，就意味着正式步入仕途，这不仅是当时年轻学子最大的人生追求，更是一个家族显宗耀祖的极致荣光。

此次会试正考官潘世恩，副考官杜受田、朱凤标、福济等。一个月很快过去了，万众瞩目的皇榜贴出来了。不出所料，鸿章果然脱颖而出，列为二甲第十三名进士。在曾门弟子中还有郭嵩焘、帅远、陈鼐等人同时入榜。

鸿章感叹道：“诸好友均高中，曾夫子门下可谓盛矣。”

李鸿章看到皇榜后，第一个要去的地方，当然是恩师曾国藩府上。他备好礼物，走进曾府，行了大礼，把喜悦心情与老师一起分享。

曾国藩对本次会试结果也激动不已，因为这四个人都是他非常器重的，他致函李瀚章说："丁未馆选后，仆以少荃及筠仙、帅逸斋、陈作梅四人皆伟器，私目为丁未四君子。"

次日，皇帝坐镇太和殿，文武大臣和新科入选的士子们肃立在丹陛之下。不一会儿鼓乐演奏完毕，只见传胪官走向前列，对新科入选名册高声唱名，此等场面直令站在那里的李鸿章双腿颤抖，全身肌肉抽动，呼吸急促，惊喜交加。

道光二十六年（1846），鸿章祖父李殿华去世，文安丁忧守制，从京城返回家乡合肥，办完丧事后，又奉命入浙江学政赵光的幕府。文安离开老家时，鸿章的喜讯还没有到达。到浙江几日后，妻子李氏将喜讯传送给他，文安欣喜若狂，赋诗以贺：

年少许交天下士，书香聊慰阿翁期。

天恩高厚臣家渥，不愧科名要慎思。

道光二十八年（1848），文安服丧期满，重返北京，从此约有5年光景，文安与鸿章同在京城做官。

1850年庶吉士散馆，李鸿章以成绩优异而改授翰林院编修。他在《禀母》函中说："挂榜之日，男托大人洪福，名列二院编修。男出辞馆席，承何公（仲高）至诚款留。故席虽辞，仍安身幕府。现已入院视事。"中进士、做翰林，是鸿章"少年科第"的顶峰，仕途上"一路扶摇"的起点。翰林院是朝廷储备人材之地，掌管朝廷制诰、文史修撰等工作。"翰林官七品，甚卑，然为天子文学侍从，故仪制同于大臣。"按清制只有翰林出身的大臣，才能入阁为大学士，死后乃得谥文，"故论者终以翰林为清品云"。

从1851年起，鸿章累充武英殿纂修、国史馆协修。做翰林、纂修等，比较清闲，又能接触宫内藏书。鸿章利用职务之便，潜心经史，并以亲身体会谆谆教导兄弟、子侄。鸿章不仅著意经史，而且喜好艺文。1852年，咸丰皇帝大考翰林院、詹事府人员，与试者有140人，李鸿章以编修资格参加考试，名列第二等末，得赏大卷袖袍料一匹。李鸿章在翰林院屡次与试，始终未能夺魁，成了他终身憾事。

曾国藩对李鸿章是十分器重的，对他的才华更是欣赏有加。曾国藩在编著《经史百家杂钞》时，将文稿交给李鸿章校正。李鸿章不仅对该书大为赞赏，而且为自己参与校正工作洋洋得意。《经史百家杂钞》是曾国藩编纂的一部古文精华集，共二十六卷。这本书，是自清末到民国时期，在社会上流传很广、影响较大的古文选读本，备受文人学子的欢迎。

李鸿章在家书中谈及此事："曾夫子近编《经史百家杂钞》一书。一曰著述门，内分三类：为论著类、词赋类、序跋类；二曰告语门，内分四类：诏令类、奏议类、书牍类、哀祭类；三曰记载门，内分四类：传志类、叙记类、典志类、杂记类。以上各类，凡经史之隽妙作品，包罗待（殆），评者以曾公编此书，胆气颇大。由儿校正，一俟工竣，当付版制印。诸弟等可手执一部，为书斋之消遣品可耳。"

李鸿章入京后，真正达到了预想的目的，广交朋友、学业长进、考中进士、穿上朝服。尤其是访到"有道之人"——曾国藩。

科场顺利，使他得以有广泛交游和开阔眼界的机会，当时与他同榜的甲辰举人、丁未进士两科中，人才济济，不少人日后身居要职，李鸿章与这些同年一直保持着密切而特殊的同僚关系。

李鸿章受业于曾门后，与他在安徽老家受教于仿仙、徐明经的学术见解是一脉相承的。他发愤攻读经史，以"求义理经世之学"，并"习制举文"。学业上得到恩师指教，生活上得到恩师帮助。他仰慕恩师的学识，崇拜恩师的人格，珍惜与恩师的情谊。

曾国藩为有这样一个学生而自豪，更有成就感，所以时时关注他，处处指点他。在这个时期，两人之间的感情是纯真的，是相互欣赏、相互尊重的，这种感情为两人之间后来的关系发展奠定了扎实的基础。

六、帮办团练返故里　兵败无路投恩师

少年科举是李鸿章人生发展的基础，壮年戎马是他人生发迹的资本，返乡办团练是他人生历练的必修课。

一句“治世之能臣，乱世之枭雄”勾勒出曹操的形象。但这一评价用在李鸿章身上同样适合。李鸿章就是在中国内外交困的时刻创建淮军，走向晚清政治舞台的。

大清，是由皇太极努尔哈赤于1636年5月将王朝“金”改为“清”而建立的。1644年10月清廷从沈阳迁至北京，真正标志着清王朝的开始。清朝在康熙、乾隆时期处于巅峰，之后逐渐由盛而衰。

李鸿章在京师供职期间，大清正危机重重、江河日下。鸦片战争后，外国列强像强盗一样蜂拥而来，大肆抢占中国国土，掠夺中国资源。清政府的腐败无能，老百姓的穷困潦倒，导致农民起义不断爆发。太平天国运动从1850年一直持续到1864年，席卷了16个省份，攻打了600多座城镇，几乎推翻了清王朝。大清的运势已跌落到最低点。

1853年1月，太平军一举攻克武汉三镇。2月，太平军顺江东下，水陆并进，席卷东南。3月，太平军攻占南京，改南京为天京，建为京都。为推翻清朝统治，巩固天京，太平军随即开始北伐、西征。不久，西征军攻克安徽省会安庆，清政府遂以合肥为临时省会。合肥历来是兵家必争之地，成为太平军与清军反复较量、斗争最为激烈的地区之一。

同年2月间，李鸿章偶然听到安庆被太平军攻破，合肥老家正在激战的消息。他开始担心家人的安危，萌发出返籍办团练的念头。由于“人微言轻”，难以引起朝廷的注意。他心机深藏，说服同籍吕贤基侍郎向朝廷请命，返籍办团练。

他把想法宛转告诉吕贤基时，吕亦首肯。李鸿章连夜为他赶写奏章，送到吕府。次日早朝，吕贤基呈上奏折，咸丰皇帝看了十分赞赏，封吕为团练大臣，着即返籍办理团练。

第二天早朝已过，李鸿章才从梦中惊醒，赶忙来到吕府打听奏章消息，他走到吕府门前，就听到府内一片哭闹声。鸿章不知何事，进府以后，才知道吕家是为奉命返籍办团练的事而乱得一团糟。

吕贤基很懊悔，见到李鸿章便一头恼火，埋怨说：“君祸，上命往；亦祸君，奉调偕行”。

同年3月，吕贤基侍郎奉命回安徽原籍任团练大臣，李鸿章随同协助办理团练事务，由“翰林变作绿林”，开始走上军旅生涯。

李鸿章返籍督办团练，历时五年有余，经大小战阵数十次，有获胜的兴奋，有受奖晋升的喜悦。官升六品，赏戴花翎，授予福建延津邵道道员的官衔；也曾身陷“昨梦封侯今已非”的失败受挫和险遭丧命的境地。

舒城兵败，吕贤基与通判徐启山投水自杀，李鸿章能够脱险，多亏他的老家人刘斗斋。刘跟随其父李文安在京城多年，这次李鸿章回皖，刘随少主返籍。他见城防危急，就暗暗地把李鸿章领到没有人的地方，对他说：“若辈死耳，无可避免，公子何为者，独不念老人倚闾而望乎？”李鸿章一时拿不定主意。刘催促说：“马已备齐，驰去。”于是李鸿章在舒城破城之前，离开大营，他是在家人劝说和帮助下死里逃生的。

在五年返籍办团练期间，安徽反清形势高涨，捻军和太平军遥相呼应，使清军及团练陷于四面受敌的困境。安徽巡抚和将帅大员懦弱无能，不但不给他有力的扶持，反而使其饱尝官场间互相倾轧之苦。李鸿章儒生从戎，手中无兵、无权、无经验，面临重重困难。李鸿章在极度郁闷中以诗感怀“我是无家失群雁，谁能有屋稳栖乌”，其悲凄之情，尽溢诗行。加之咸丰八年(1858)七月，陈玉成部攻占庐州，将李鸿章祖宅焚毁一空，李鸿章带母亲及几个弟弟仓皇逃亡。经此磨难的李鸿章牢记其父嘱咐，决心忍辱负重，以待东山再起。

失败对无志者是打击与沉沦，对有志者就是捶打和历练。正是经历过反籍办团练这一失败挫折的锤炼，李鸿章的性格愈发坚韧顽强。在后来从政及第二次组建淮军与太平军、捻军交战过程中，以及置身洋人强权的外交、居心叵测的官僚场上，他都能保持一份临危不乱的冷静，终得化险为夷。

咸丰年间，安徽的战乱形势越来越严重。地主绅士们纷纷举办团练，保护自身利益。其中合肥地区以凶悍著名的团练头目有：庐江的吴长庆父子；合肥的张树声、张树栅兄弟，周盛传、周盛波兄弟，刘铭传等。李鸿章五年办理团练的生涯虽以失败告终，但他结识了诸多草莽同乡，初步展示了自己的才能，让这些团练头子刮目相看。

正是这五年多的帮办团练生涯，使李鸿章获益颇多。为他后来独当一面，重新与太平军作战树立了信心，打下了坚实的基础。

李鸿章携带家眷，逃到兄长李瀚章那里，李瀚章进入曾国藩幕府，在江西襄办湘军粮台。李鸿章想在曾国藩处谋得一份差事，暂寻一个安身之处。

咸丰二年(1852),曾国藩因母丧在家。这时太平天国起义已席卷半个中国，大清的八旗、绿营在与太平军的交战中显得不堪一击。因此，清政府屡次颁发奖励团练的命令，这就为曾国藩组建湘军提供了机会。曾国藩在家乡湖南一带，依靠师徒、亲戚、好友等人际关系，建立了一支地方团练，称为湘勇。1854 年 2 月，湘军倾巢出动，曾国藩发表了《讨粤匪檄》。曾国藩知人善用，以身作则，遵守军纪，并制定“八本”规则，其中之一为“行军以不扰民为本”。湘军成为中国南方地区与太平天国军作战的主力之一。在此期间，李鸿章仿照老师的做法，随同吕贤基返籍办团练，本想有一番作为，谁知自己兵败而逃。在走投无路的情况下，他于 1858 年底来到江西大营，托人讲情，想入曾幕。曾虽对李鸿章的才识欣赏，但认为他性情不稳，妄自尊大，所以故意不见，真实目的是打压调教他，让他更加内敛沉稳。

最后，李鸿章终在 1859 年 1 月进入了曾国藩幕府，这是他人生的转折点。

七、负气离开曾幕府　意转心回巧遇缘

李鸿章进入曾幕，除批办公文，起草书牍、奏章，给曾国藩办过最出色的一件事就是在曾国藩为是否派军北上左右为难、举棋不定时献上良策。

咸丰十年（1860）九月，英法联军攻占天津，直逼北京城下，咸丰皇帝在逃往热河途中，命曾国藩派湘军精锐鲍超部北上救援。曾国藩接到命令后，左右为难，举棋不定。北上护主，责无旁贷，违命抗旨将被责为天下罪人。但时值徽州失守、祁门危急之际，一旦抽走精锐将影响与太平军对垒厮杀的战局。

曾国藩急得晚上不能入眠，于是令下属每人提一方案，结果几乎都主张北上“勤王”。这个时候李鸿章在曾幕，不仅起草文牍，而且“凡行军大计，无不参与”，唯他力排众议，不同意调兵北上。

李鸿章认为英法联军已在北京城下，破城而入只是朝夕之事，调兵北上保卫京城已毫无意义；而且英法联军入侵最终将“金帛议和”了事，真正威胁清王朝的还是太平军。李鸿章目光锐利地认识到湘军镇压太平军是关系“天下安危”之事，对北上应“按兵请旨”，静观局势变化。经过仔细权衡，曾认为此议确有道理，于是他也上疏朝廷表示愿意北上，但提出鲍超人生地不熟“断不能至”，所以请朝廷在胡林翼和自己之间“酌派一人进京护卫根本”，其实是在拖延时间，因为往返奏报大约需要一个月的时间。果然不出所料，不久就接到“和议”已成，不必北援的命令。此事使曾国藩对李鸿章更加器重。

曾与李相互敬佩，感情逐渐加深。当然，他俩也不是一团和气，也有矛盾和争议。曾国藩生活极有规律，每天很早就起床查营，然后在黎明时分与幕僚共进早餐，谈一天工作安排或随意谈天说地。李鸿章初到曾国藩幕府时，比较懒散，不适应这种规律、刻板的生活。一天早晨，他以头痛为名想多睡一会儿，但曾国藩知道他是装病多睡，于是派人传话给李鸿章，必须所有幕僚全都到齐才开饭，李鸿章匆忙披衣“踉跄前往”。曾国藩吃饭时一言不发，饭后严肃地教训他说：“少荃，既入我幕，我有言相告，此处所尚，唯一‘诚’字而已。”说罢生气地拂袖而去，李鸿章“为之悚然”。曾国藩素知李鸿章“才气不羁”，故对他要求格外严格，尽力雕琢，陶冶其性情，培养其道德。许多年后，李鸿章对人回忆说：“在营中时，我老师总要等我辈大家同时吃饭；

饭罢后，即围坐谈论，证经论史，娓娓不倦，都是于学问经济有益实用的话。吃一顿饭，胜过上一回课。”

咸丰十年（1860）八月，因徽州失守，祁门便成了抵御太平军的前线。李鸿章虽协助曾国藩度过了北上“勤王”的难关，但却促进了祁门内讧。曾国藩决定将大营迁往祁门时，李鸿章认为祁门地势如同“釜底”，没有进退余地，从战略上看，移营至此十分危险。随着太平军环攻不已，祁门形势日益艰险，湘军上下要求曾国藩移师的呼声高涨起来。李鸿章认为“不如及早移军，庶几进退裕如”，曾氏不从。李鸿章再三陈说，曾国藩气愤地声称，“诸君如胆怯，可各散去”。李鸿章主要着眼于军事考虑，认定祁门是军家“绝地”。

曾国藩是何等人物，他不是不懂用兵之道，之所决定驻扎祁门，“誓死守”，“诸将皆谏弗听”，是做给咸丰看的，表明自己准备好决一死战的姿态。李不清楚曾的真正用意，一味张扬自己才智，但缺少远虑。此时，李与曾相比之下“火头”还略差一筹。

一波未平，一波又起，曾、李又因李元度问题发生争执。曾国藩筹建湘军之初，在湖南做教谕的李元度就入曾幕，参赞军务，给予曾很大支持。曾国藩自称与李元度的“情谊之厚始终不渝”。在曾国藩的举荐下，李元度升任徽宁池太广道，驻防徽州。但由于他不听曾国藩的命令，打了败仗，徽州城为太平军所克，祁门更加危险。李元度乱中逃生，在浙赣边界游荡一段时间后又回到曾幕，但并不束身待罪。曾国藩决定具疏弹劾，以申军纪。李鸿章却认为李元度有恩于曾，率众人坚决反对。曾国藩认为私情不能代替军纪，坚持弹劾。最后，李鸿章坦率对曾国藩说：“果必奏劾，门生不敢拟稿。”曾国藩回答说：“我自属稿。”李鸿章表示：“若此，则门生亦将告辞，不能留待矣。”曾国藩生气地说：“听君之便。”使李鸿章愤怒异常，他对人说：自己原认为曾国藩为豪杰之士，能容纳不同意见、各种人物，“今乃知非也”。而曾大为恼火，认为李鸿章在自己最困难时借故离去，得出“此君难与共患难”的结论。

通过李元度一事，看出李鸿章太讲究情感，他不仅讲究亲情、乡情，而且对同事、部下情感也过厚重，直到成为淮军统帅，这一致命弱点还丝毫未改。之后，李鸿章在尹隆河战役后上奏战果时，一味袒护刘铭传，气得鲍超怒急攻心称病不起，并坚辞统率霆军之责，绝不肯再为李鸿章效力，亦导致湘、淮军之争。他在任用丁汝昌担任北洋海军提督时，暴露出他乡情太浓和对下属的放纵，引起北洋海军抽鸦片、斗殴为家常便饭，以致成为散兵游勇，这与甲午战败不能说没有一点关系。

李鸿章负气离开后，曾国藩还是听从了其建议，咸丰十一年四月一日(1861 年 5 月 10 日)，曾国藩将两江总督衙门移至东流（今东至县东流镇），逐步脱离了险境。后来，经过胡林翼、沈葆桢等人的调和，曾国藩得知李鸿章回心转意，遂摒弃前嫌，写信邀其回营，李鸿章自然应允。

成功与失败往往只是一步之差，李鸿章重新跨入曾幕门槛，这一步跨的稳重，跨入了机会。

晚清时期的安庆

当李鸿章再次来到曾国藩身边的时候，形势发生了微妙的变化，曾国藩率领的湘军正处在一个关键的转折点上，九月湘军攻陷安庆，控制了长江中游的局势。曾国藩被赏加太子少保，统辖江浙皖赣四省军务。太平军在湖北、安庆失败后，采取了西线防御、东线进攻的战略。东线击溃清军，连克浙东、浙西，直捣杭州，威逼上海。

上海官绅惶惶不可终日，于十一月派钱鼎铭到达安庆，晋见曾国藩，详述上海“将怯兵惰，旦夕不可恃”的状况，并说上海乃物华天宝之地，月可征得饷银数十万两，若落入太平军手中则天下更无太平之日了。

当时曾国藩的眼光只看到南京就在眼前，急于发重兵拿下南京，没有看清苏浙两地对南京的钳制之势，便对赴援上海心存疑虑：一是担心上海地方太远，宛如“飞地”，一旦形势有变，“声援不相达”；更重要的是，上海一地，南面和北面已被太平军占领，而东面是大海，在军事上是个“死地”，没有回旋的余地，万一失利反而不合算。李鸿章心眼多，他从丰富的饷源看到了士卒作战的积极性，从太平军大军攻城不下，看到了上海的“人气”，据刘体仁《异辞录》记载，李鸿章在湘军中任幕客，压抑感很重。自己难有出头之日，不管曾大帅是否派到自己头上，首先把机会争取到再说。因此，他极力怂恿曾国藩派兵前去。

经李鸿章的极力游说，曾国藩最后动心了，决定派兵上海。

由谁领兵前往上海较为合适？曾首先选中的人，不是李鸿章，而是曾国荃。

论官衔，曾国荃是布政使，升巡抚是理所当然的事。论军事，他有打硬仗的本领。曾国藩在给曾国荃的信中写道：“上海为苏杭及外国财货所聚，每月可得厘捐六十万两，实为天下膏腴。”谁知曾国荃一心要拿下南京创建头功，不愿意前往。

恰逢此时，1862年1月7日，朝廷发出上谕：军兴以来，制兵不足，更议招募，战场上勇多于兵，湖南弁勇又常居十分之七八。“用兵之道，择将为先；求将之道，当量其识之短长，才之大小，以为器使……何地无才？不必湖南之人充勇，湖南之人始能杀贼。嗣后各直省督抚及各路统兵大臣，务当认真选将，就地取材，各就各省按照湖南募勇章程妥为办理。”曾国藩看到上谕后，知道如果曾国荃领兵赴沪，取代薛焕为江苏巡抚，则曾家兵权更重，官势愈大，容易引起众臣口舌和朝廷的怀疑，遂断然改变主意，不但不派曾国荃去，而且干脆不从湖南人中挑选。经再三权衡，曾认为只有李鸿章能够担其重任，他是安徽合肥人，又是自己的学生，便决定让李鸿章回合肥家乡组建淮军，驰援上海。于是，李鸿章一路“扶摇直上”的人生开始了。

八、一湖三山募兵甲　创建淮军显韬略

咸丰十一年（1861）年底，38岁的李鸿章凭着自己的才干和恩师曾国藩的栽培，终于在那动乱的年代捕捉到了梦寐以求的机会，扬起了人生的风帆开始远航了。

合肥南边有全国五大淡水湖之一的巢湖。西边有周公山、大潜山、紫蓬山，简称“一湖三山”。这里的地方团练武装，多数是父死子继，兄亡弟承，一人战殁，合家上阵，十分勇猛剽悍。“一湖三山”成为淮军发端的摇篮。

李鸿章首先请三弟李鹤章到家乡肥东六家畈找吴毓芬，把过去被打散的摊子重新收拾起来，其他地方由自己亲自负责联络。

他先从肥西三山入手。咸丰以来这里山头林立，号称“民团”。他们在与太平军、捻军和清军数年的拉锯战中，不仅没有被消灭，反而越战越强。太平天国的陈玉成、李秀成对他们也惧怕三分，告诫手下“勿犯三山”。在山大王中，以张树声势力最强。

“三山”属大别山余脉，峰峦起伏、丛林茂密，基本连在一起。晚清时期，由于战争连年不断，人民群众生活处于水深火热之中，“三山”周边的百姓，自发出现结寨自保，团练武装，并相互呼应，作战勇猛剽悍。“三山”是李鸿章招募淮军的主要地区，这样一大批人员投入淮军，并在战场上屡建奇功，日后成为淮军著名将领的有张树声兄弟、刘铭传、周盛传兄弟等。

这回又是机缘巧合。张树声的父亲张荫谷与李鸿章的父亲李文安向来关系较好，当初李文安回乡办团练时，曾把张家父子召入幕下，有了这层关系，事情就好办了。李鸿章让张树声与其他几位民团头头们联系，根本不用自己亲自出面求其他山大王。

就这样，张树声把周氏兄弟和刘铭传请到了自己的圩子里，仿照桃园三结义的办法歃血为盟，然后说，咱们兄弟这些年来很不容易，但是长期这样当山大王也不是回事，男子汉总得要有个功名，听说李家二少爷正在招募淮军，饷银不愁，我们不如去投奔他，几位兄弟当即应允。于是由张树声起草了一封信，派人送到湘军大营。据说曾国藩看到这封信后，兴奋地拍着李鸿章的肩膀说：“独立江北，今祖生也！”把李比做东晋的祖逖了。

巢湖在历史上一直是兵家要地。巢湖边的旗鼓山，是项羽谋臣范增的故土。由于项羽没有听从范增的计谋，未在导演的“鸿门宴”上杀掉刘邦，才出现自刎乌江的悲剧结局。巢湖是三国争雄的古战场。曹操占据巢湖，与孙权在这里展开长达数年的“拉锯战”，周瑜英勇善战，与曹操十战濡须河，终使曹操“四越巢湖而不成”。元朝末年曾有“巢湖水师”之称，是居巢人俞廷玉父子并廖永安弟兄，为保护乡里聚兵巢湖，在湖心姥山岛建水寨，修船坊，训练水师，相助朱元璋挥师渡江，为明朝建立了卓越功勋。巢湖是“淮军文化”的摇篮。李鸿章在巢湖周边招募了一大批淮军。著名将领吴长庆、刘秉璋、潘鼎新、丁汝昌等，正是从这里走向疆场，屡建奇功。淮军在巢湖的遗存很多，形成一个完整的淮军文化圈，具有较高的历史、军事、建筑、艺术鉴赏价值。

李鸿章又写信给巢湖南岸团首潘鼎新，潘的父亲被太平军杀死后，正在三河镇办团练，誓死为父报仇，所以李鸿章一封信过去，他求之不得，立马率部前来。吴长庆的父亲吴廷香是跟随李文安的团练头子，与李家也算有过交往，战争中被太平军所杀，吴长庆因此与太平军有不共戴天之仇。李鸿章手下汇聚了这样一帮与太平军有过家仇的将领和士兵，其战斗力可想而知。

李鸿章招募淮勇成军十分顺利，自招募始，至次年（同治元年，即1862年）二月初俱已成营。一是以曾国藩两江总督身份，拥有地方实权，已无掣肘之患。二是淮勇多系合肥一带旧团练改编，稍加以整编训练，即可成军。

1862年初，由李鸿章招募的刘铭传、张树声、潘鼎新、吴长庆任营官的四营，赶到安庆集中受训。

周盛波、周盛传兄弟，因为李鸿章要让他的三弟鹤章在合肥东乡一代招募马队和亲兵，他们就随着这一队伍，从江北陆路赶赴上海。

学生带兵远征，恩师曾国藩很够义气，送了大礼，“陪嫁”了八个营，充

1862 年李鸿章率部援沪淮军建制情况一览表

营号	兵勇来源	主将姓名
亲兵营	原两江总督标兵（湘军 2 个营）	韩正国
开字营	原曾国荃部（湘军 2 个营）	程学启
林字营	原薛焕部（湘军 2 个营）	滕嗣林　滕嗣武
熊字营	原曾国荃部	陈飞熊
恒字营	原曾国荃部	马先槐
春字营	淮军	张遇春
铭字营	淮军	刘铭传
鼎字营	淮军	潘鼎新
树字营	淮军	张树声
庆字营	淮军	吴长庆

实淮军，湘军的输血使新建的淮军实力大大增强。在淮军最初的十三营 6500 人中，从湘军抽调或借调来的就占了大半以上。史家说过："淮军初起半楚勇。"李鸿章曾感激地说，"湘军是淮军之母"。

李鸿章偕同曾国藩到安庆校场检阅各营，淮军正式宣告成立。

最初淮军营号，计有亲兵营、开字营、林字营、熊字营（后至）、恒字营（后至）、铭字营、春字营、鼎字营、树字营、庆字营等，济字营因调援池州，未计在内。其它营稍后绕江北上陆路赴上海，如周盛波、盛传兄弟所部，李鹤章、张桂芳、张士芳、李胜所部，均未计入其内。

曾国藩对于淮军东征，原有两个方案，一种方案由水路从安庆直接到达上海；另一种方案由陆路到达镇江，再向长江下游推进。同治元年正月二十六日（2 月 24 日）曾致函吴煦商议：若尊处能办火轮夹板等船，前来迎接，则水路行走较速，若无船来接，则须由陆路穿过贼中，循和州、天（天长）、六（六合）而到达于扬州、镇江。

上海绅士急速求兵，急于先谋上海的安全，再进而肃清外围，岂愿援兵仅止于镇江？运兵并非易事，沪绅费尽心力，筹款雇轮船，先因英方不许，前后商议数日之久。二月二十八日（3 月 28 日），忽然有了转机，钱鼎铭等自上海租轮船赶到安庆，淮军登上轮船直赴上海。

清廷随即于 1862 年 5 月 13 日任命李鸿章署理江苏巡抚。

这时，李鸿章回想自己由"翰林变绿林"的六年"绿林"生活，这种经历是值得的。没有这一挫折就不可能投奔恩师，哪有今天的机会？没有这一阶段的军旅“实习”过程，曾国藩能放心把这样的重担交给一个未带过兵、打过仗的人吗？没有这一阶段与“一湖三山”周边的团勇相交，今天到哪里去招兵买马呢？没有这一阶段的实战历练，如何上战场去指挥成千上万的将士打仗呢？他越想越高兴，不由自主地开怀大笑起来。

同治元年淮军从安庆上船赴沪

李鸿章由曾国藩“引路”，走出了最为幸运的一步，这是他走上显赫人生道路的开始。此后，以李鸿章为核心的淮军和淮系集团成为晚清时期的一支重要的军事、政治集团，对晚清政治、经济、军事局势都产生了极为重要的影响。

多数淮军兄弟虽赤脚操练，但步伐很整齐

九、首战大捷扬军威　平步青云封疆吏

上海绅士花十八万两银子租了英国的船只，将淮军由安庆水运到上海。在李鸿章的率领下，淮军陆续搭乘英轮顺江而下，于三月初七（4月5日）首批淮军登陆上海。

在码头上迎接的上海绅士们，看到从船上走出来的兵，身上背的枪和穿的衣服都是七长八短的。上身是号褂，前面一个淮字，后面一个勇字，帕首，长裤扎绑腿，足着草鞋。淮军刚入上海被称作“叫花子兵”，上海人有一点瞧不起他们的感觉，这样的兵能打赢太平军吗？

图为李鸿章率领淮军到达上海时，上海市民自发来到大街两旁观看的场景。淮军身上背的枪和穿的衣服都是七长八短的。上身号褂，前面一个淮字，后面一个勇字，帕首，长裤扎绑腿，足着草鞋。淮军刚入上海被称作“叫花子兵”，上海人有点瞧不起，感觉这样的兵能打赢太平军吗？

淮军到沪之后，并没有急于与太平军交战，而是按照预先谋定的方案步步实施。

在安庆淮军成立受训时，李鸿章就从钱鼎铭那里了解情况，做到熟悉上海情况；他向老师曾国藩讨教军事要领，与左宗棠等交流实战经验，悄悄地筹划着上海首战的方案。

李鸿章十分清楚，首战是十分重要的，不仅决定淮军将士的士气，还决定其能否在上海立足的大问题，更与个人的命运休戚相关。

在安庆，他只是一名“将官”，必须听从统帅曾国藩的指挥和安排；到上海后，他由“将官”变成“统帅”角色，按照预先谋定的计划，瞄准机会稳扎稳打。打一个漂亮仗，不仅是给上海百姓看，也是学生出道后向曾老师交上一份好答卷。

李鸿章到上海首先做的战前准备工作有五件：一是宣传鼓动造声势，二是整顿军纪听指挥，三是更换军器增添战斗杀伤力，四是修营浚濠，五是等待首战最佳战机。

他在同治元年三月十五日致信曾国藩，函曰："鸿章到沪，修营浚濠，兵勇无吸烟扰掠，佥谓大帅军容为苏省用兵以来所未见。鸿章惟照此做去，稳扎稳打，拟翻刻营制营规，遍给沪军。翻刻劝戒浅语，遍给属吏。翻刻爱民歌解散歌，遍贴各城乡，以晓谕军民与贼中之百姓。此即是不才新政。能为佛门传徒习教之人，附骥尾以成名，则幸甚矣。"

在极力整顿军纪、严格教育官吏、宣传鼓动百姓的前提下，他仿效西法，使用洋枪，加强武备，作好临战准备。能接受新事物，正确认识和了解西洋新式武器的重要，是李鸿章的过人之处。淮军是根据上海官绅买办的乞求而组建，是依靠上海官绅买办的资助而抵沪的。他认为"军事以得人心为本"，"淮军乃上海士夫所请，不可背弃，以孤众望"。他深知与上海官绅买办的向背关系，将直接影响着淮军的命运，而淮军的兴衰又决定着个人的宦海浮沉。

五月，李秀成在太仓之战打败了清兵，取得了很大胜利。太平军乘胜追击，直逼上海近郊，正值忠王大军铁马金戈，声威正盛时。但就在此时，一场瘟疫使得太平军大量减员。无奈之下，李秀成采取以攻为守的方式，准备从虹桥打开一个缺口撤军，一直在等待的李鸿章觉得机会来了，自己组建的淮军是骡是马也该拉出来遛一遛了，于是果断下令对太平军进攻。

虹桥之战是淮军援沪的第一场战役，关系到淮军能否立威扬名、立足于上海，只能胜利，不能失败。

据徐宗亮《归庐往谈录》记载：李鸿章搬了一把椅子坐在桥头，亲临督战，稳定军心，志在必夺。战斗经过数小时之久，双方打得非常激烈。忽然，张遇春"春"字营败下阵来，李鸿章感觉很窝火，吩咐左右说："拿把刀来，把他头砍了！"吓得张遇春赶快率部调头往回跑，铁心死战。张遇春是巢县人，是李鸿章老乡，张遇春部队是他回乡办团练时的忠实部下，李鸿章拿他的人头来开刀，震慑了每个将士，只能在沙场上浴血奋战，拼死前进，不敢后退一步。淮军首战告捷，军威大震。

接着是两场恶战，一场是北新泾战斗，另一场是四江口战斗，是淮军援沪决定性的战斗。程学启在炮火硝烟中穿云破雾、调度自如，令李鸿章大为赞赏，"程将勇略皆裕，战守可靠"；刘铭传的洋枪队打得极其过瘾，两场战斗都打得十分漂亮。

起初西人见淮军衣帽之粗陋，窃笑嗤之。李鸿章曾与左右说：军之良窳，岂在服制耶？须彼见吾大将旗鼓，自有定论耳。通过三个胜仗打下来，欧美人见淮军将校之勇毅，纪律之整严，莫不肃然起敬，而常胜军归属淮军部下，亦始帖然服李之节制。就连一向鄙视中国军队的英文报纸《北华捷报》也大唱赞歌，描述其为“优秀军队”。

四江口之役后，上海之围彻底解除，太平军被迫退守苏南，李鸿章于年底实授江苏巡抚，真正当上了封疆大吏。

入沪后，李鸿章集领兵、筹饷两项权力于一身。他充分利用当时军事形势的发展，迅速扩军。他一面对当地防军大力裁汰整编，一面又针对苏南太平军中皖籍将士较多的状况，积极进行策反，招降纳叛。在不到两年的时间里，淮军便在最初 13 营的基础上，陆续增加了 30 多个营号。

此后，李鸿章通过回乡募捐，大量引进洋枪、洋炮，采用西方国家的治军方法，继续经营、扩张淮军实力，使之成为中国第一支较为系统地接受西方先进武器装备和技术的军队。

十、三接曾职担大任　两为恩师拾残局

清廷依靠湘、淮军之力镇压太平军刚结束，未及喘气，北方的捻军势力又起，横扫鲁、豫、皖、陕、甘、鄂、晋及直隶等八省。同治四年（1865）四月，捻军在山东曹县地区打败了科尔沁亲王僧格林沁所统领的各部清军，僧格林沁被捻军击毙，震惊朝野，清政府不得不再度起用曾国藩，任命其为钦差大臣，督办剿捻事务和直隶、山东、河南三省军务。李鸿章第一次正式接替了老师之职署两江总督。

曾国藩

曾国藩总结僧格林沁的教训，针对捻军流动作战、行踪不定的特点，采取重点设防、坚壁清野、划河圈围的战略。重点设防是以“有定之兵，制无定之贼”的战术，以徐州为中心，在临淮、周口、徐州、济宁等地驻防重兵，进行堵截。同时，采用软硬兼施、威胁利诱、分化瓦解的策略，彻底孤立捻军。划河圈围是以水师炮船封锁黄河，防止捻军北上，利用运河、淮河、沙河、贾鲁河等河流的自然地形，挖壕筑墙，进行设防，企图限制捻军的流动。战略上虽措置有当，但实际战果却不佳。同治五年八月（1866年9月），赖文光部东捻与张宗禹部西捻于开封以南会师，一举冲破曾国藩布置的沙河及贾鲁河防线，深入兵力薄弱的山东。九月，捻军自山东回师，再破清军河防，重返河南，如入无人之境。这使曾国藩煞费心机辛苦经营的合围河防“剿捻”计划破产。舆论一片哗然，指责曾国藩“縻饷两年、匪势益张”，清廷也没给他好脸色。曾国藩痛感权位不可久处，益有忧谗畏讥之心，被迫称病假请求卸任。清廷来一个顺水推舟，在同治五年（1866）十一月授李鸿章为钦差大臣，统领湘淮各军剿捻。

曾国藩重返两江总督原任。此后两三年间，清廷顾虑到他虽离开剿捻之责，但担当其大任者是与他交情至深的学生，为了对他进行安抚，先后补授他以体仁阁大学士、武英殿大学士等头衔，并于同治七年（1868）七月调任他为直隶总督。这年十二月至翌年二月，他在北京受慈禧太后与同治帝的数次接见，并在国宴上班列汉官之首，与满大学士倭仁东西相对，享受清廷的最高荣宠。

李鸿章这是第二次接任老师之职，替曾国藩担起剿捻重任。挂帅之初，东捻军在突破曾国藩的贾鲁河、沙河防线后，迅速进入湖北，企图“长驱西上，一入四川，居已蜀之利，一上紫荆关，合张宗禹攻陕西”。针对此情况，李鸿章提出“用谋设间，徐图制贼”的设想，把主战场放在湖北，成功实施了“臼口之围”（鲍超救了刘铭传，刘铭传以怨报德，就发生在这期间）。

东捻军乘湘淮军齐集湖北之际，跳出包围圈，进入河南，放弃原定西进川陕的计划，改向山东挺进，于6月在鲁军防守的戴庙附近突破运河防线，直趋胶东半岛。这正是东捻军战略上的失策，也让李鸿章抓住了良机。1867年6月至1868年1月，李鸿章实施运河、胶莱河之防，把主战场放在鲁东地区。他不仅部署倒守运河，而且在胶莱河两岸增设了内层防线，缩小兜剿东捻军包围圈，企图把捻军聚歼于胶莱海隅，万一捻军突破胶莱防线，还有运河防线以资保障。但是，东捻军却于8月在胶莱防线北端海神庙一带鲁军防地，再次冲破防线，渡过潍河，使得李鸿章苦心经营的胶莱防线告溃。李鸿章仍然坚持既定方针，加固运防，亲自驻守台儿庄督战，将东捻军困于黄河、运河、六塘河、大海之间的狭窄地带，使东捻军“以走制敌”的特长无法施展，屡屡受挫。11月任化邦在苏北赣榆战败被杀。12月东捻军在寿光海滨一战折损3万余人，精锐丧失殆尽。1868年1月赖文光虽然率余部突过六塘河，但孤危之中受伤被俘，东捻军终于被李鸿章剿灭。

西捻军在陕西与左宗棠部对战，其首领张宗禹等闻讯东捻军溃败，趁河北清廷空虚，决定率部进军直隶，威胁京畿，逼迫清军回救根本，于1868年2月抵达保定一带。清廷震惊，一边急忙调兵遣将防卫京畿，一边认为李鸿章剿捻不力，给予拔去双眼花翎、褫去黄马褂、革去骑都尉世职的处分。当时驻在山东济宁的李鸿章，遇到两个棘手问题，一是淮军将领刘铭传、郭松林、潘鼎新、刘秉璋等纷纷求退；二是与左宗棠一直不十分融洽。面对这种局势，李鸿章认为“即严督诸军日以追剿为事，能胜贼而未足以灭贼，且久有覆军疲师之忧”。5月21日，李、左在德州桑园会见，“晤商甚为投契”，两人意见统一，对于直东战场取胜具有决定性意义。就这样，形成了南以黄河、西以运河、北以减河为凭藉的包围圈，使捻军受到致命的威胁，取得了战略上的主动权。捻军试图突破河防未成功，在包围圈内又无法摆脱清军围追堵截，只好被动地奔突，最后进入山东北部。李鸿章不失时机地“缩地围扎”，在马颊河与徒骇河布防，致使捻军陷入绝境。8月，张宗禹率部突围，南下到达山东茌平境内，不料徒骇河水陡涨，猝遇清军阻击，全军覆没。清廷论剿捻功劳，李鸿章赫然居首，开复迭次剿捻不力处分，赏加太子太保衔，并荣升协办大学士。10月，李鸿章抵京入觐，首次拜谒慈禧和同治，被赐予紫禁城内骑马如仪。

曾国藩败于捻军，而李鸿章却用了不到两年的时间，就把捻军投入血泊之中，这除了捻军内部的消极因素之外，主要是因为李鸿章妥善地解决了粮饷供应问题，灵活地实施了“划河圈地”“以静制动”策略。李鸿章剿捻成功，曾国藩闻讯，颇感自豪和欣慰，特地致函李鸿章，表示祝贺。

随后朝廷命李鸿章督办贵州军务，镇压苗民起义，还未起程，又饬令挥师援陕，镇压回民起义，因左宗棠在西北剿回，李故而迟迟不愿动身。

59岁的曾国藩时任直隶总督，因右眼失明、肝病日重、眩晕病症请假休养。6月23日，就是他续假一月的奏折刚刚抵京时，朝廷以“曾国藩精神如可支持”的婉转口气，让他前赴天津，处理天津教案。

同治九年（1870）爆发的天津教案，事实上是当时反洋教运动的一个导火索。天津教案发生前，社会上纷纷传说教会的种种罪行，这种传说越来越多，越传越广，人们的愤怒情绪越来越强烈。四五月间，天津发生多起儿童失踪、绑架的事件。此时天气炎热，疫病流行，育婴堂中有多名幼儿致死，审理人犯口供与教堂有关。五月二十三日，几千人聚集在法国人办的教堂前面。天津知县刘杰带人犯去教堂对质，无从指证。于是百姓激愤，情绪高涨，当时已有数千群众包围了教堂，教堂人员与围观的人群发生口角，引起抛砖互

旧称圣母得胜堂，以其旧址望海楼而得名。于1859年底建成此堂，具有欧洲哥特式建筑风格。该堂1870年在“天津教案”中被焚毁，1897年重建。1900年在义和团运动中被焚毁，1904年第二次重建时在原堂身基础上加长加宽，始成今日格局。

殴。法国驻天津领事丰大业认为官方没有认真弹压，自己带着枪前往教堂，与当时正在处理此事的知县刘杰相理论，竟然向刘杰开枪，打伤了知县刘杰的仆人，激起了在场民众的义愤，群众当场把他打死。紧接着群众放火烧了教堂和其他多处外国人的房屋，在纷乱中被杀的外国人有二三十个，多数为法国人，另有三名俄国人和若干中国教徒。

事件发生后，不但天津人心浮动，而且影响到京畿附近地区及外省。清朝当局和驻华的各国人员都为之震动，除了法国公使借端向清政府提出威胁外，英、美、俄、意等国也联合提出抗议，并出动军舰进行示威。

曾国藩考量当时局势，不愿与法国开战，首先对英国、美国、俄国作出赔偿，最后单独与法国交涉。

同治九年六月初十，曾国藩一到天津，立即发布《谕天津士民》，对天津人民多方指责。7 月 21 日，呈上《查明天津教案大概情形折》，曾国藩认为教堂在中国没有干什么坏事，并没有紧紧抓住丰大业无理开枪是造成这一事件主要原因。自 7 月下旬设局发审，“严立限期，昼夜追求”，“先后两次，共得正法之犯二十人，军徒各犯二十五人”。曾如此处理，不仅在天津激起了口诛笔伐，并且使全国舆论为之哗然。几天以后，当朝廷将这份奏折发抄朝野时，声讨曾国藩的舆论浪潮，瞬间卷起，举国汹汹，“责问之书日数至”，原本以他为荣的湖南同乡，也视之为奇耻大辱。

保定直隶总督府

由于李鸿章赴陕拖了很久才动身，他刚到西安不久，就接到密旨：“酌带各军克日起程，驰赴近畿一带相机驻扎。”李立即调头赶赴天津，由于民怨沸腾，朝廷只好让李鸿章第三次接替曾国藩直隶总督之职，目的是接手那块烫手山芋，即天津教案的处理。

1870年8月，李鸿章接替曾国藩办理天津教案善后事宜，采取了内松外紧的做法。“目前只求不开兵端，免得中外骚动，牵掣大局。”如果议和不成，真的与法开战，“彼既挟兵船而来，似不能禁我之不调兵”。淮军则“未足当劲旅而操胜券”，把郭松林军放在河北，周盛传军驻扎在山西平阳。李鸿章主张不必事事迁就外国人。在天津教案处理中，审案人紧锣密鼓，穿梭于案前案后，案堂内鞭辟声很响，鞭辟什么？案堂外人不知道。对于曾国藩等人拟正法二十人为被杀外国人抵命一事，李鸿章虽未出面反对，但心中认为是过重了。将死刑从20人降至16人，4名缓刑，其余不变。对如何执行死刑，虽无正史记载，但传闻很多。法国因随后发生了普法战争，无力注意东方事务，因此接受了这个条件，天津教案算是了结。

李鸿章既接办天津教案之始，心里便十分清楚，如果与外国人一味讲“诚”字，那就是自己迂腐。他积极办案，按程序审案，在尽量避免发生兵端的情况下，实行善变灵活的处理方式，向对天津市民有利的一方进行变通。

十一、师生情谊深似海　存异求同得双赢

李鸿章像

曾国藩蜡像

李鸿章与曾国藩从道光二十三年（1843 年）在京城相识，直到同治十一年（1872 年）曾国藩去世，整整二十九个年头，他们两人情谊深厚，关系盘根错结，作用相互影响，结局达成双赢。

一是李鸿章与曾国藩之间的关系，既简单又复杂。论年龄他俩是同年代人的关系；论学识是师生的关系；论官场是由上下级发展到同僚的关系；论出道是培养和引路人的关系。曾是人格魄力影响李，李是才干吸引曾；曾是竭力培育李，李是终生尊敬曾；场下相互商榷，场上相互配合。两人关系可谓有始有终、有情有义、同僚同心、相得益彰，把各自的人生事业都推向了巅峰，师生共同成为中国近代史上举足轻重的人物。

李鸿章组建淮军，独立成帅，任江苏巡抚，真正跨入朝廷大臣的行列，曾是他的引路人、伯乐。李鸿章占上海、攻苏南，帮助曾国荃克天京，帮助曾负责江、浙、皖、赣四省军务在短时间内取得显著功勋，受到朝廷高规格奖赏。此时，李鸿章既独立，又受曾的掣肘，仍然是部属关系。这体现出曾

国藩的慧眼识才，李鸿章是做大事的能人。

李三次接任曾的职位，分别是两江总督、清剿捻军钦差大臣、直隶总督，展露了李的才能，显示出曾与李的差异。李将曾的残局收拾得既完整又漂亮，从此两人成为同僚。“人捧人”是双方收益，“人斗人”是两败俱伤，曾与李都遵循了这个做人为官的基本规则。

李鸿章能脱颖而出，内因是具备有志气、有才华的资质，外因是得益于曾国藩的提携。曾国藩有善于鉴别人才、驾驭人才、培养人才的本领，能在芸芸众生中发现李，且精心雕琢、培养和扶持，使李获得成功。同时，曾国藩如果没有李鸿章，他的事业就很难继续下去，他的影响力也可能没有这么大。

二是李鸿章与曾国藩的相同之处。两人同属羊，曾国藩是1811年出生，比李文安小10岁，比李鸿章正好大一属；两人都是进士出身，由“翰林变绿林”的。曾是湘军统帅，扶植李为淮军统帅，两人都先后走上两江总督、直隶总督之职。两人又都是封建道德文化的集大成者，其学术见解是一脉相承的。两人虽是老翰林，但不迂腐，能站在符合历史潮流的前端，接受先进的东西……这些都是两人的共同点和可贵之处，也是百年述评的话题。

三是李鸿章与曾国藩之间的差异。梁启超说：“李鸿章之于曾国藩，犹管仲之鲍叔，韩信之萧何也。不宁惟是，其一生之学行见识事业，无一不由曾国藩提携之而玉成之。故李鸿章实曾文正肘下一人物也。曾非李所及，世人既有定评。虽然，曾文正儒者也，使以当外交之冲，其术智机警，或视李不如，未可知也。又文正深守知业

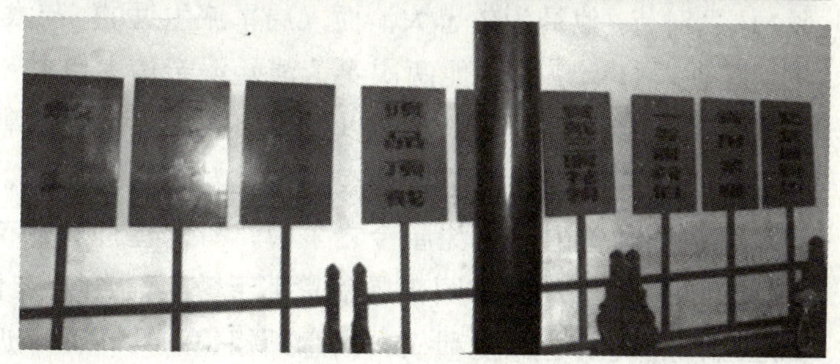

曾国藩与李鸿章都曾在保定直隶总督衙门议事堂上办理过政务。本图片背景是按照李鸿章任直隶总督时摆设的。

知足之戒，常以急流勇退为心，而李则血气甚强，无论若何大难，皆挺然以一身挡之，未曾畏难退避之色，是亦其特长也。”

章育良在《差异：李鸿章与曾国藩》一文中作了详述：不少人认为李鸿章是曾国藩的得意门生，完全接受了曾国藩的衣钵，李鸿章的身上“罩着曾国藩的影子”。其实，曾李之间虽有许多相同之点，但差异也是很大的。在对洋务的认识、对西方“长技”的看法上，李鸿章的认识更为深刻一些；在对外交涉上，曾李虽一脉相承，但二者的态度和出发点却不一样，李鸿章的主和比曾国藩的保和要积极得多；从个性和人格上看，曾国藩具有较强的人格魅力，而李鸿章是一个有才华而乏品性的人。李鸿章与曾国藩都是维护大清王朝忠实臣子，但二人对待臣子位置的态度截然不同。少荃是拼命做官，只要是维护大清王朝之事，不在乎困难重重、个人荣辱，都挺身而出竭力办之。曾国藩对大清朝也十分忠诚，但他是宁愿不做官，也要保持名节，自保平安无事。

四是两人同奉一字诀。曾国藩用语简练，最喜欢将成功经验用一个字或几个字来概括，他称之为“字诀”。按照梁启超先生所说，李鸿章一字诀应是“挺”字；在曾国藩“三十六字诀”中，挑选一个“诚”字刻画他一生是恰如其分的。

曾国藩一字诀“诚”。他用“外而整体严肃，内而专静纯一”的个人形象感化上司，感动同僚，感染下属，用自己的诚意换得别人的诚信诚服。在他的幕府中网罗了很多当时的优秀人才，在军事、经济、政治、文化等方面助他打开了新局面，促使他个人获得成功。为做到言而有信，让别人心悦诚服，及避免自己言行的疏忽、会客和工作的疏漏，他坚持写工作日志，并请亲朋好友及部下僚属监督自己言行。任何人任何事他都用严谨的态度、诚实的作风，认真对待。他是为效忠大清而入局军旅生涯的，与太平军生死相搏十年整。曾国荃在攻打南京时，他两次奏请清廷派亲信大臣赴南京城外监军，奏请南京攻克前不要再给曾家封赏，以及封疆大吏不得分掌朝廷用人大权等，表明自己忠心朝廷的诚意。曾处处表明自己对朝廷的忠诚，其结果却事与愿违，清政府在处理曾国藩、沈厘金之争中，有保沈抑曾的苗头，并追查天京窖金与幼天王的下落，使曾国藩骤然紧张起来。他给亲友信中说，“两接户部复奏之疏，皆疑弟之广揽利权，词意颇相煎迫”，而“近来体察物情，大抵以鄙人用事太久，兵权过重，利权过广，远者震惊，近者疑忌”。所以，他采取割舍权力、裁减湘军和停解外省厘金等方式，用实际行动表明自己对大清的忠诚，以期解除朝廷的疑虑，从而以退求进，明哲保身，保住曾氏家族的声誉。曾国藩以“诚”字诀享用一生，赢得后人对他做人的赞赏。现代人流行一种说法：“经商要学胡雪岩，当官要学曾国藩。”

李鸿章一字诀“挺”，并非凭威猛，而是“成大事者，勇于任事，挺身入局”。为寻求前途，他离开舒服安稳的翰林院，走上“绿林”，即使险些丧命，仍然挺了五年之多。他投奔曾幕被“逐徒出门”，但为了实现目标他“好马也吃回头草”，“挺”住一道道“入局”难关，终于登上封疆大臣的权位。为推行自强运动，他克服重重困难，不动摇，不气馁，一往无前，挺进无悔，终于建造了中国人自己设计的唐胥铁路，开创了中国军工和民用企业的先河。曾国藩在治家和教子上比李鸿章要强，而李在洋务治国方面远远超过了他的老师。曾国藩知道遇难退让，李鸿章就是一根筋，处处体现出“挺”字精神，是一个“不见棺材不掉泪”“不到黄河心不死”的人。他自己对“挺”字之诀曾说：“袁世凯，尔不知耶？这真是小人！他巴结翁叔平，来为他作说客，说得天花乱坠，要我乞休开缺，为叔平作成一个协办大学士。我偏不告退，教他想死！我老师的‘挺经’，正用得着，我是要传他衣钵的。我决计与他挺着，看他们如何摆布？我当面训斥他，免得再罗唣。我混了数十年，何事不曾经验，乃受彼等捉开头耶？”李鸿章确实有卓越的眼光和敏捷的手腕，他就是凭着一股挺劲，在中国近代史上创造了数个第一。

五是李鸿章与曾国藩的矛盾。他俩的关系并非波平如镜，而是有冲突、有合作。二人高明之处在于都懂得有进有退，分寸掌握得恰到好处。曾国藩用“诚”字诀训导过李鸿章，一次在曾幕因李不按时起床吃早饭；一次为移迁祁门大营和弹劾李元度事件闹得不欢而散；再一次是李鸿章接替曾国藩办理天津教案，商讨李接手后办理方法。同治二年（1863 年）五月，曾国藩因大局需要，调黄翼升由扬入淮，攻打周家口。李鸿章此时正处于进攻苏州的紧要关头，拒不同意。曾国藩忍无可忍，以“参办”为威胁，李鸿章仍不为所动。曾国藩终于无计可施，只好作罢。这反映了曾国藩的一贯风格，他在与人交往之中，习惯采取守势，不到迫不得已，不会选择决裂的。曾国藩荐举李鸿章率领淮军援沪的目的之一，是守上海以保饷源。李鸿章刚刚抵沪，曾国藩就提出：“上海所出之饷，先尽沪军，其次则解济镇江，又欢乃及敝处。”李鸿章起初采取临时协济方式，抵沪半年，就两次协济湘军 9 万两。但是曾国藩并不满足，要求“每月酌提四万，万不可减”。李鸿章于 1863 年春特地为湘军筹定专款，以上海所收九江茶捐指拨金陵大营，以加收上海厘金1成指拨安庆大营，两项合计大约每月3万两，另外加上原有的一些船捐。曾国藩预感到每月从上海酌提4万，“恐不免大有争论”。果然不出所料，李鸿章“意甚不平”，在写给曾国荃的书信中“牢骚满纸，至有‘东门黄犬，其可得乎’之语”。

六是曾对李有恩，也有负面影响。曾国藩对李鸿章的成长起到至关重要的作用，这是谁也无法否认的事实。但曾对李今后的成长同样带来致命伤。他首次到江西谒见曾国藩，曾对李是搁置不理。加之建议祁门移军、反对曾弹劾恩人李元度等事件，好心未得好报，李负气离开曾幕。在二次返回曾幕之前，李悟出了能制约自己的人是得罪不起的。你再能干，不让你干，就是不能干；你不能干，让你干，你就是能干。在当时封建制度下不明白此“道理”，是难以生存下去的。加之李鸿章是拼命做官的人，所以他对太后老佛爷一向惟命是从，导致听命签约，最终背上卖国贼的骂名。他敢于拼命与太平军交战，敢于排除推行洋务的重重困难。但他要明哲保身，不敢涉及清朝政体，更不敢“另立炉灶”。

七是李鸿章与曾国藩是相互理解、情感深厚。李是十分尊敬这个老师的，“别人都晓得我前半部的功业是老师提挈的，似乎讲到洋务老师还不如我内行，却不知我办一辈子外交，没有闹出乱子，都是我老师一言指示之力”。薛福成先在曾国藩幕府，后在李鸿章幕府充当幕客，对两人个性、嗜好、特征是比较清楚的。他在《庸庵笔记》中说：李鸿章入曾国藩幕府，“初掌书记，继司批稿、奏稿，数月后，文正谓之曰：‘少荃天资于公牍最相近，所拟奏咨、函批，皆有大过人处，将来建树非凡，或竟青出于蓝亦未可知’。傅相亦谓：从前历佐诸帅，茫无指归，至此如识南针，获益非浅”，可见曾对李的佩服。李鸿章建立淮军之初，曾国藩不但把曾国荃部中最能战的大将程学启、黄翼升借给他用，还特意把自己最能战的两营亲兵送给他，作为“赠嫁之资”。李鸿章对曾国藩确实感激涕零，多次在信中表示“实感师门与沅丈厚赐”。

同治二年三月间，曾国荃部缺粮，曾国藩要求李鸿章想办法提供八万两白银。李鸿章在淮军已经出征苏南、饷银同样紧张的情况下，仍在一个月左右凑足六万两及时送去，使曾国藩发出“枯旱得雨，众苗勃兴，感荷何极”的感谢之辞。知道退步，顾全大局，这就是李鸿章的长处。在进攻金陵时，李鸿章主动让功于曾国荃，更是他的情商之高的具体体现。

1872年3月12日，曾国藩在江宁两江总督官署病故，时年61岁。李鸿章得此噩耗即致书曾国藩的两位公子曾纪泽、曾纪鸿，痛表哀悼。在给他人的信中，李鸿章的悲哀之情也流露无余。他在致鹤章家书中说：“曾涤生师自九江劳师，旋回南昌，遂以病入膏肓，扁陀束手，而于十二月十六日寿终。予谥文正。呜呼，吾师讲义理学，宗尚考据，治古文辞，谋国之忠，知人之明，昭如日月。生平公牍私函，无一欺饰语。治军行政，务求踏实。或筹议稍迂，成功转奇。发端至难，取效甚远。凡规划天下事，鲜不效者。竟以天不愿遣，黯然长逝。中流失柱，滔滔如何。兄等后学，隐鹄昌依。提之携之，端在元老。一朝仙去，不复归来。为公为私，肝肠寸裂。兄本拟为文哭之，无如一字落墨，泪寄千行，不得成句读。而为之搁作者再。日来心绪稍宁，作联以哭之云：‘师事三十年，薪尽火传，筑室忝为门生长。威震九万里。内安外攘，旷代难逢天下才’。吾弟居家无事，可以涤生夫子之平生事绩，为我代草一篇，以尽阿兄师生之谊。”他的哀痛无疑是发自内心的，因为曾国藩对他确实有“知遇之恩”。

第三章 李合肥与合肥

大凡奉行百善孝为先的人，亦对故土有浓烈的炽爱之情。

李鸿章人生三分之一光阴在合肥度过，合肥本土文化对他的生活习惯、个性形成有着重大的影响。合肥作为南巢古邑，怀抱巢湖，南凭长江，北望淮河，西襟大别山，汇江淮之灵气，融南北之风情，形成了独特的本土文化——巢文化。李鸿章受其熏陶，既具有北方人的豪气，又具有南方人的聪灵，拼搏精神强，创新思路广，爱乡又顾家，节俭爱面子。

十二、乡音难改得雅号　庐韵出洋曾辉煌

李鸿章从咿呀学语的孩童到蒙学初开的私塾小学生，从求知若渴的少年到追求功名的士子，从"翰林变绿林"，除受益于老师们的谆谆教诲外，也受到家庭教育和本土巢文化潜移默化的影响。合肥人的乡土人情、风俗习惯……在李鸿章头脑中打下了深深的烙印。

何谓巢文化？始祖有巢氏是巢文化形成的溯源，古巢国和逐步强盛的政治实体促使巢文化形成发展，巢文化是几千年来地方本土文化的积淀。李鸿章家乡肥东县大陈墩遗址是农耕文化代表地之一；银山智人遗址是长江下游唯一早期智人化石遗址，对研究中国人类起源和环境演化都有重要意义。靠近巢湖的凌家滩遗址的考证，更增添了巢文化的厚重。巢文化的内涵是十分丰富的，包括以木筑巢的建筑文化；自古号称"三百六十汊"的水文化；巢湖的军事文化；巢湖的农耕文化；区域独特的方言与民俗文化。

李鸿章成为晚清重臣时，在说话、处事、生活习惯上都保持着合肥本土巢文化的特征，虽正史未记载，但经后人提炼出的很多故事都与合肥本土巢文化影响密切相关。

首先说说李鸿章与合肥话（方言）。合肥地处江淮之间，南来北往的人员交流促成了合肥话的特点和趋势。合肥话融汇北腔南调，音色和发音力度偏向北方，较刚劲；而语音多偏向南方，音变非常多，并缺少后鼻音和卷舌音。

合肥话不仅"鸡"与"资"不分，连"吃"与"七"、"姐"与"子"、"地"与"自"、"题"与"瓷"、"洗"与"死"也读音相似，难辨别清楚。"合肥老母鸡"闻名全国，并非是合肥产的老母鸡品种优良，受人赞赏，而是因为合肥的方言把"老母鸡"念成"老木资"，被外地人引作笑谈。"从肥东到肥西（希），买了一只老母鸡（老木资），回到家里杀死鸡（资），拿到河里洗一洗（死一死），尽是皮。"成为今天人学说合肥话的口头语。

由于语音不清，往往会发生误会。传说赵小莲生李经述时，李鸿章两个妹妹去贺喜，就发生一则笑话。二姐妹有很长时间没有见面，为了叙话，晚上住在同一房间。晚间在洗脸时相互谦让：

妹妹说，"大姐（子）先洗（死）。"

姐姐说，"妹妹先洗（死）。"

两姐妹相互谦让，"你先洗（死），你洗（死）了我才洗（死）"，几句

话中“洗”字都说成“死”字。恰被江苏本地的佣人在屋外听见，以为他俩在寻短见，慌得破门而入。姐妹俩不知何故，发出大声尖叫，惊动了全家，最后才知道听错了话音，发生了误会。因此，过去每逢春节，合肥人为了忌讳，便改称“洗脸”为“抹把脸”。否则，大年期间，全家老少“ 你死（洗）”“我死（洗）”地叫个不休，实在太不吉利。

在合肥方言中，有许多词汇的含义与众不同。例如：

“屁磨”表示“说谎”；

“停当”赞女人“能干”；

“得味”表示“有趣”；

“呱淡”表示“闲谈”；

“疼嘴”表示“接吻”；

“缺景”表示“稀罕”；

“逗猴”表示“开玩笑”；

“精味”表示“十分讲究”；

“噴”表示“漂亮”；

“麻个、后个”表示“明天、后天”；

“高头下头”表示“上面下面”；

关于吃饭的“吃”字说法更多，如：乞、嘞、扪、啶、扫、剋（kie）、肿、嗑、劈、干。

李鸿章除在合肥生活二十多年外，即使在天津，合肥及合肥周边的淮军和亲属在天津的也约有几万人以上。他是乡音难改，与别人谈话时，同意某件事时，经常突然冒出一些合肥方言：“就这样搞！”或者说 ：“照！”（就这么办的意思）。“痞气腔”和“杂烩”这些名词都是来自于合肥土话。

有一个苏格兰人叫傅兰雅，是一名传教士，当时正在上海主办《中国教会新报》。他在上海给苏格兰家乡的一个朋友写信说：“我已经学了六年汉语，懂三种方言，假如我把一切都扔掉，等于我的时间白白浪费，另外，我回英国又能得到什么工作呢？中国刚刚向西方文明开放，每年它都会出现相当大的进步。”这个苏格兰人懂得中国三种方言，合肥话是其中之一。

李鸿章“打乡谈”的故事，也表明他乡音难改，对家乡的眷顾。他曾经给门房下了一道命令 ：凡安徽老乡来，随时禀报，不得怠慢。起初，来投奔的安徽人都得到了妥善安置。到后来投靠的人越来越多，李鸿章便未见到真正的合肥老乡。安徽其他县区的人为了冒充合肥人，往往花费几个月的时间到合肥学讲合肥话，最后能达到以假乱真的程度，这让李鸿章不胜其烦，于是他又给门房下了一道命令：今后有自称合肥人的来，必须先问他是否会“打乡谈”，他的“打乡谈”，就是说合肥土话。会则引见，否则挡驾。

在合肥至今还流传着李鸿章发迹后的顺口溜：“会说合肥话，就把洋枪挎。只要认识李鸿章，长枪马上换短枪”，“一口合肥老母鸡，走到京城无人欺”等。既表明李鸿章家乡观念特别浓厚，又表明合肥人对他的亲切感。因此人称他为李合肥，他不但不生气，反而十分喜欢这个雅号，在自己书法作品中经常署名“合肥李鸿章”，“合肥”成为李鸿章的代名词，外国人甚至连“李”字也不要，干脆叫他“合肥”。不少外国人是先认识李鸿章，然后才知道中国有一个“合肥”的。在他的影响下“合肥刘铭传”“合肥段祺瑞”相继出现，把合肥名号打响了国内外。

李鸿章不仅乡音难改，而且对合肥地方剧种倒七戏（庐剧）也情有独钟，时而，边临摹名家书法，边吆喝几句倒七戏小调。倒七戏（庐剧）是以大别山地区和淮河地区的山歌、民歌以及花鼓灯等民间歌舞为基础发展形成的地方民间剧种，因其盛行于安徽中部一带，此地古时属庐州府管辖，所以称之为庐剧。庐剧唱腔板式丰富，落板常有帮腔，满台齐唱，称为“吆台”，有浓郁的乡土气息。

光绪二十二年（1896），李鸿章以外交特使的身份，赴俄罗斯和欧美访问，对方国家要在欢迎仪式上演奏来宾的国歌。李鸿章思索，自己的国家虽有几千年的文化历史，但还真的没有什么国歌，甚至连国歌这个名字也没听说过，如今要自己唱国歌，这到底唱什么呢？仓促之间，他灵机一动，以林洪七律诗作为歌词，“金殿当头紫阁重，仙人掌上玉芙蓉。太平天子朝元日，五色云车驾六龙”。他用家乡合肥的倒七戏曲调，即兴演唱，倒也不输风采，称之为《李中堂乐》。这是合肥倒七戏最初的辉煌。

十三、痞气非痞显聪慧　笑谈合肥大杂烩

在有关李鸿章的很多作品中，经常提及他与外国人打交道时，爱耍“痞气腔”。“痞气腔”作为名词是合肥土话，作为形容词是说明李鸿章受到巢文化影响的一种个性特征。

“痞气腔”原出于李鸿章接手天津教案时，与老师曾国藩的一段对话中。天津教案开始由曾国藩办理，弄得上不协于天心，下不合于众口，同僚借机倾轧，旧友驰函责备，他实在捱不过，对外说了一句“内疚神明，外惭清议”的套话，私下，则写好遗书，交待后事，准备以死明志，洗刷污点。无奈之下，朝廷让李鸿章接替办理。曾国藩问他，准备怎么样与洋人打交道，他的回答竟然是：“与洋人交涉，不管什么，我只同他打‘痞气腔’。”曾国藩盯着他看了好一会儿发问：“呵，‘痞气腔’，‘痞气腔’，我不懂得如何打法，你试打与我听听？”李鸿章听出老师口气不对，赶紧认错，求老师指教。曾国藩还是用一个“诚”字教训了他。

李鸿章虽然嘴上应允，但在办理此案中可没有听老师的，还是与外国人打“痞气”腔、玩“痞气”手段，以收拾残局。

名人的一言一行往往影响一生，甚至涉及历史。

现代人喜欢写李鸿章的“痞气腔”，并不一定含有贬意，可能是为吸引读者。“痞气腔”不是痞，按现代说法，在理政方面，把握政策的原则性，具体运用方式上讲究灵活性；在军事上称之为兵不厌诈，趁虚而入，攻之不备；在社会事务中，就是灵活机动，讲究办事效果，讲究人际关系融洽。

说李鸿章“痞气腔”也好，还是说其灵活善变也好，从何而来呢？这些皆与合肥巢文化有极大关系。合肥位居皖中，南北文化交融。合肥人既有南方人的聪明灵活，又有北方人的爽直大气。在待人方式上，讲究“人敬我一尺，我敬人一丈”和“以牙还牙”。在处事上，有出“怪招”的习惯，用意想不到的方式处理一些重大事件，合肥方言叫“拐点子”。《隋书·地理志》曾形容巢湖一带人：“人性躁动，决战而贵诈。”《巢县志·风俗志》曾辩驳道：“此或因五代之后，兵革数用，人竞武事，贵诈谋，故云。然今则与此相反矣。”李鸿章用“拐点子”巧妙处理了“天津教案”，用“拐点子”方式镇住了目空一切的外国公使。既体现了他的乡土文化气息，更体现了他才智过人。

李鸿章与外国人打交道时，很清楚自己的国情和实力，很清楚外国人是

用坚船利炮说话的。他们强霸中国土地，掠夺中国资源，比“痞子还痞子、比小人还小人”，是彻头彻尾的一伙强盗。与这些人打交道，他们本来就是“痞子”和“小人”，有理可讲吗？有诚可待吗？如果用“诚”对待他们，本身就是“迂腐”。

李鸿章办洋务多年，深知洋人中不乏流氓、无赖，无法待之以“诚”，只能以“痞气”腔相对。比如那位刁蛮傲慢、常常口出不逊的法国公使，按照鸿章家乡歇后语形容就是“豆腐渣上船——不是货”。当时，这个法国公使根本不把朝中大臣放在眼里，恭亲王等莫不认为其人无法。一日，鸿章与其相见，其人坐无坐相，一副嬉皮笑脸样子。深知外国礼节的李鸿章骤然询问他一个西方人忌讳的问题：

“你今年几岁矣？”

这个公使一愣。尽管心里恼火，但慑于李鸿章的威望，还是如实作了回答。鸿章遂掀髯笑曰：

“这么说，然则是与吾孙同年。吾上年路过巴黎，曾与你祖父相谈数日，你知道吗？”

这个公使蹙蹐而去，自是气焰灭落，从此不敢再像以前那样嚣张了。

李鸿章生活在封建末世，长期沉浮在腐朽与鼎新、没落与思变、封建主义与资本主义激烈搏斗的漩涡之中。他不仅与外国人打交道时需要“贵诈”痞气”腔之术，而且在当时朝廷尔虞我诈的官僚之间，若非其机锋敏锐、辞令巧善，也是难求自保的。久而久之，造就了他狡猾时特狡猾，讲义气时特义气，也形成了他既傲慢清高，又忠诚仗义；既宽厚贤良，又残忍暴戾；既温文尔雅，又锋芒毕露的“双重”特征。

李鸿章说话、个性特征都受巢文化影响，他的饮食习惯也不例外。就说“李鸿章杂碎”的由来，版本很多，总的来说分为中、美两个版本。

中国人的版本是：1896 年，李鸿章出访美国。一天，他在住处宴请美国客人，随身厨师做的中国菜很快被外国客人一扫而空。李鸿章急中生智，便如此这般地交待了厨师。不一会儿，厨师端上了一盆五颜六色的什锦大烩菜来。客人越吃越高兴，指着菜问是什么菜名？李鸿章没听明白，就反问一句：好吃？这“好吃？好吃？”和英语“杂碎”的“Hotch-potch”发音差不多。就在这一刻有了“李鸿章杂碎”的名字。

美国人的版本是：“李鸿章到了纽约后，一日宴请美国客人，席间李鸿章上了道由芹菜、豆芽、鲜肉、咸肉，加上美味中国酱组成的菜，以满足中国主人和美国客人的双重口味。席间客人问起菜名，李鸿章急中生智，美其名曰“大杂烩”。

梁启超是在李鸿章访美七年后到美国访问的，他曾在《新大陆游记》中对“李鸿章杂烩”作了另一番解释：“杂碎馆自李合肥（即李鸿章）游美后始发生。前此西人足迹不履唐人埠，自合肥至后一到游历，此后来者如鲫。西人好奇家欲知中国人生活之程度，未能至亚洲，则必到纽约唐人埠一观焉。合肥在美思中国饮食，属唐人埠之酒食店进候数次。西人问其名，华人难于具对，统名之曰杂碎。自此杂碎之名大噪，仅纽约一隅，杂碎馆三四百家，遍于全市。”

事实上，“李鸿章杂碎”属于合肥地方菜系。合肥人由于受农耕文化熏陶，具备内敛自足、节俭淳朴，“既好客讲面子，又节俭过日子”的巢湖流域饮食文化特点。

合肥人有吃咸菜的习惯，咸肉、咸鸡、咸鹅、咸鸭等，既细水长流，味道又很香。为招待特殊客人，将腌咸肉放在菜碟表面，下面放置一些素菜蒸着吃，蔬菜不需要放油、盐，也比较节俭。

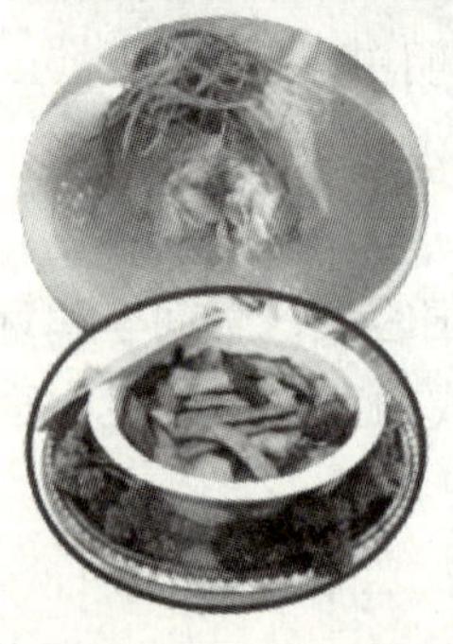

合肥素有“春腌咸菜冬腌腊”之风，春天素菜旺长，菜价陡跌，家家户户备缸备坛腌制芥菜、白菜、晒雪干菜；夏天泡制豆角、辣椒、瓜类；腊月将宰杀猪、鸡、鹅、鸭、鱼腌制。食用咸菜不仅香而且可用做到细水长流。今天仍然保持着这种生活习惯，这是肥东县双庙高速道口饭店晒腌咸肉、鸡、鸭等广场的实景图。咸肉或咸鸭香味足，能调节做菜的味道，是李鸿章大杂烩必不可少的配制原料。

合肥人为了节俭，习惯将一二个鸡蛋用水搅拌后蒸熟，叫蒸鸡蛋；或制作鸡蛋皮，切成条子，放在客人碗头上，叫摊蛋皮；用三四两新鲜肉切成薄片后粘上淀粉，用小铁锤继续捶得更薄，用水煮着吃，叫捶肉；将咸肉或新鲜肉切成条子，再放上几种蔬菜进行爆炒，然后分到客人碗内，叫“调头”或称“肉臊子”等。这样的吃法就是讲究荤素搭配，用少量精细原料配制烹调成多份量的菜。为了节省柴禾，合肥人还把上一餐吃剩的菜，同放一锅杂烩着吃。

李鸿章与外国使节共进午餐

李鸿章吃惯了家乡菜，连他的厨子也是合肥人，长期跟随着他。“李鸿章杂烩”就是家乡炒“调头”烹调方式，与“热剩菜”方法结合。当然原料高档，注重营养。

李鸿章厨子在美国烹调“李鸿章杂烩”

“李鸿章杂碎”的菜谱流传种类繁多，选择一种作介绍。主料有：鸡肉、海参、咸火腿、鱼肚、鱿鱼、腐竹、蛋黄糕、鸽蛋、净鱼肉、玉兰片、冬菇、猪肚、干贝。配料有：大菠菜梗、鸭蛋黄。调料有：葱结、姜片、精盐、黄酒、鸡汤、猪油。

其实，此菜没有固定的菜谱，可根据吃菜人口味、身体状况，临时配制菜谱。但必须有腌制的肉类食品，几种荤素搭配，难烧菜要先煮熟，然后放在一起杂烩，这就是“李鸿章杂碎”。

十四、求续富贵信风水　觅寻宝地建相府

在李鸿章合肥老家的李家楼、李公馆两地，一些老人们至今还津津乐道着李鸿章讲究风水的趣闻轶事。

同治十三年（1874）二月初三，李鸿章写信给李瀚章，专门商议是否聘请风水先生来合肥看地。“李振宇望后来谒，自称十八岁后从地师看山，今七十三岁，耳目步履不衰，向在口外及京城附近，用事最多。……谓若有南中朋友有请，可去住一二年否听命。已送给廿金归。乐亭催信，令刘升禀商三弟，应否招令赴肥斟酌各稿。祈兄酌定。转商季弟。李振宇日吸洋烟四口，他无嗜好，若令远行，须一妥实之人常伴他看地。至盘川薪资即由弟酌给可也，方泰青云曾从学。”

光绪六年（1880）翻盖李家庙时，因六弟李昭庆已经去逝，兄长李瀚章和五弟李凤章是一种意见，三弟鹤章和四弟蕴章是另一种意见。兄弟们各执其见。特写信请示李鸿章，他在同年三月初三日“复三四两弟”家书时说：“接二月十八日来书，知家庙修改一节，大兄、五弟与弟等意见不甚相同……其时兄尚未定有兴筑李楼之议，意即以此间房为归田栖息所也。四弟仓卒兴工，又未遑考究品官家庙定式，……或照风水家言，拆移西宅，扩开中殿，为一劳永逸之计。……大兄、五弟欲拆去西宅，自为形家所惑，又嫌余房太多，省却后累，皆有远虑”。最后李家庙翻盖，经李鸿章定论：“正殿不可不遵礼制建五间，免为识者訾议；中三间为堂，似可依照祠堂办法，每间各一大龛，中龛供高曾祖祢考妣四代神位；左右间吾兄弟可依次入祀，揆诸先光禄在天之灵、祖孙子欢聚一堂，当甚愿也。”

说明李鸿章专门从京城请来风水先生李振宇，其居住合肥时间较长，凡是李家1874年及以后在合肥周边建造和翻盖的房屋，基本上都是经风水先生李振宇过目的。通过信中对风水先生日常生活、薪资安排等话语，可以看出李鸿章对风水先生是相当尊敬的。

李家楼亦称“宰相府”，是李鸿章讲究建筑风水的代表作。据《李家楼田宅禀县立案告示》记载，鸿章为官后，兄弟六人分居多年，所有老宅处田、房均已建祠，创立义学、义庄，归六房公产。同治十一年（1872），李鸿章和李鹤章共同买了肥东县长乐乡温家大村。对于如何建李家楼，兄弟俩酝酿了很长时间，直到1881年才动工兴建。在原住36户人家迁移的基地上，又

增加田亩建盖住宅房，四周挖的是圆形濠沟，设寨门。建盖平瓦房大小六宅，每宅七路，每路五间，共二百一十间，呈正方形。加之佃房，共约四百余间，佃房和其他用房沿主宅呈八角形建筑，中间有一天井院。新建李家楼，坐南朝北向，内建东西两村，中以公火巷为界，形成东西两座府第。其间数、大小、用材及前后左右空地全是一样。

李鹤章住东宅，顶梁立李东堂名。距东宅大门前二丈许，有一照壁，照壁正中有一个“福”字。照壁至大门之间，前置松柏，后置石狮一对。大门虎头铜环，门楣上方有御赐的“甘肃甘凉道”府第匾额。宅后有花园，园内置盆景，植桂、菊、梅花等，园中有月牙池。

李鸿章住西宅，顶梁立李西堂名。西宅房屋与东宅相同，唯不同的是门楣上方有光绪御赐匾额。二进为“福寿堂”。每岁鸿章生日，悬挂慈禧、光绪御赐匾额和福寿字幅。

两兄弟公买温家大村田塘五顷十亩三分九厘，各人一半，每年田租各房轮流值管。

鸿章、鹤章两兄弟专门签订《李家楼田宅议定》，以后年远，所有私界无可添建。李家楼房屋高大宏伟，室内陈设豪华。以家俱为例，床桌椅凳均为紫檀木所制，大理石之类桌几比比皆是。此建筑毁于抗日战争时期。建国后，在李家楼废墟之上兴建肥东县国营农场，现已不复存在，只有十几间简易房，已成为私人企业加工厂。今名叫南圩农场。

民间传说，他兄弟俩在修建李家楼时，曾请了17个风水先生，从磨店开始到众兴，然后围绕龙泉山、西黄山一带寻找，直到天黑，也没有找到好地方。从西黄山返回磨店路途中，到处漆黑一团，唯独肥东县长乐温家大村灯火辉煌。当时温家大村，分上、下各十八户，除一户姓余外，均姓温。家家都是做小生意的，制做豆腐、熬糖、酿酒、欢团、挂面等，要晚上做好，第二天才能到合肥和梁园、店埠集镇上卖。当时能有36户人家的村庄就很大了，再加上每家点灯，甚至一家要点几盏灯，当然是灯火辉煌。说明这里人气很旺，加之东有龙泉山，南有巢湖，西有店埠大河，风水先生认定此地是好地方，兄弟俩就选定下来。

按照合肥风俗，一般老大应该住在东宅，为什么李鸿章住在西宅，东宅让给鹤章住？鸿章兄弟十分珍惜手足之情，他与鹤章为什么立有《李家楼田宅议定》？李家楼为什么所有私界无可添建？根据收集的资料，解释不了上述问题。

根据民间传说，依照原地形，作者在李氏后裔指导下，绘制了李家楼建筑风水八卦草图。李家楼建筑外濠沟是圆形，鸿章与鹤章两兄弟东、西二府宅合并组成横“日”字形，加上厢房和佃户房屋围绕周边组成八边形状。太极图里面画着阴阳鱼的圆形，设计为两兄弟公火巷中间的圆形天井。把宅基的方位纳入八卦卦气之中，体现圆中有方，方中有圆，主次有序，严谨对称。东有龙泉山、西黄山，并有围濠环抱，南是巢湖，西是三叉河，直通店埠河，真是“清涟甘美味非常，此谓龙泉龙脉长。春不盈兮秋不涸，于此最好觅佳藏”。李鸿章住在西边，是根据推算的宅命而定的。古人认为：无极生太极，太极生两仪，两仪生四象，四象生八卦，八卦生六十四卦，这是太极生八卦的基本理论。李家楼的八卦建筑设计，除建筑上讲究择方位，通风择风水，数字讲吉祥、外观讲美学外，更重要的是平面呈八角八卦之象，取平面对等均衡的四面八方之意，属大吉大利之象。从现代通风学讲，八面来风是至高至圣的最佳风水之利，也是八面威风所在的不可多得之象。从现代人住房理念来说，人有喜怒哀乐、万般追求，天亦有千般变幻，天方地圆难容人生对住房的无限寄托，也许只有八卦，八八六十四卦的变幻无穷才可化解人生万般寄托。

但是，李家楼建筑八卦图，是按照坎南、离北、震西、兑东、乾东南、坤东北、艮西南、巽西北的方位设计的，这方位与后天八卦完全相反。这种反布八卦的布局，是极为少见的。

为了保证苦心设计的八卦住宅建筑长期完好，兄弟俩决定签订“所有私界无可添建”的协定为据。嗣后，李鹤章孙子李国荪和李鸿章大儿子李经方建造李家公馆时，也只好移到距李家楼西边四华里处。

李家楼住宅风水图

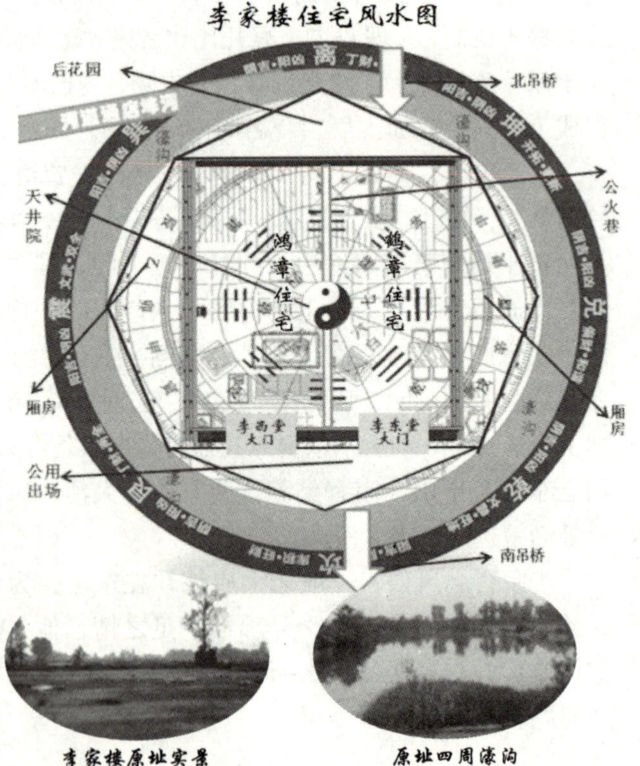

李家楼原址实景　　原址四周濠沟

“李家公馆”亦称李家花园，位于肥东县原长乐乡兴隆街，现属撮镇镇仙井村临河郢。“李家公馆”之所以选择在这里建造，一是因李家楼不允许添置房屋；二是此地位置适中，距李家楼较近，仅四华里；三是在庄园西边有一条店埠河，接南淝河入巢湖，李家大都在外做事，乘船回乡，可直接在后花园下船；四是与风水有关，看风水应有整体布局大势，风水家之言，以形势为身体，以泉水为血脉，以土地为皮肤，以草木为毛发，以舍屋为衣服，以门户为冠带，若得如斯，是事严雅，乃为上吉。此地风水是把小环境放入大环境中考虑，东处有山、又有老宅李家楼，西边临河并突起一块地方，北边地势偏高，南边宽敞平坦，既得水，又得势。正符合《阳宅十论》“论宅外形”中说的：“人之居处，宜以大地山河为主，其来脉气势最大……”“阳宅来龙原无异，居处须用宽平势”。同时这里地名叫荷叶地，又能与恩师曾国藩居住的荷叶地相比。当地人也把这里风水说的活龙活现，据他们介绍1954、1991年大洪水时，四面都淹没了，唯有此地丝毫无损。

李家公馆门前有一个广场，柳椿成荫，越过广场是吊桥，后是木质大门。门楣上方，左右各有象鼻卷、麒麟头，门旁置石鼓一对，大门三间，中敞一间为门，两旁供守门人居住。大门东西侧各有八间平房，为杂役人居住。东西角各有炮楼，在西角有两间卫兵室。进入大门，有东西二横巷，对直向后有屏门。屏门红漆，有“书传邮架经著函关”楹联。经雨楼，可直进二路平房，十六间，有静养房、书斋等。二路后有一宽大照壁，照壁东西各有三宅，每宅四进，每进五间。

照壁之东三宅如下：

东一宅，首进五间，中敞三间为当铺，两厢住人。二、三进亦各五间，为库房。当铺后有庆丰粮仓。

仙井，井栏被盗，属绝版照片

原厢房，是佣人住所

东二宅，首进五间为客厅，穿过花园后再有五间。二进后有四路房屋，每路五间，都为李家人居住，最后一路是主人住所。

西二宅原布局形状

东二宅原房屋一间

东三宅，首进也是客

厅五间，厅前有虎皮廊、万字栏杆。大厅后为祖先堂，五间，中敞三间，两厢储放祭器。后有小院，东西各有厢房四间。穿过小院，有上房住宅五间。通过小院越过濠沟就是李公馆大花园，花园位于公馆东北侧，占地五十多亩，名也园。园内作池引水，叠石为山。进入花厅，对面有假山，穿过假山有一小河，上架沁芳桥。小河北经沁芳闸可通园墙外。小河之南有藕塘，沿河两岸植桃、杏、柿林，越过沁芳桥，东北有一点缀景园，屋不过数椽，地不过数亩，有供游人憩息之五间平房，名曰“稻香村”。园内有轿厅、马棚。

照壁之西三宅：西一宅，为静养房五间。西二宅，为鹤章孙子李国荪原配夫人吴氏住所。前后两进，每进五间，在静养房后，有中仓房粮仓。中仓房前后四进，每进五间，一、二进供仓房管事人员办公、居住。三进为砻房，四进为杂房。

西三宅五间为女工住宅。在此西边是厨房若干间，厨房后是财神楼二间。在其后是北仓房，北仓房为四合院，左右各建房屋十二间，院中一横排建房十间，整体呈“日”字排列。中仓房与北仓房之间有濠沟，沟外有一小花园。小花园位于李公馆西北角，花园后门就是店埠大河，园内以盆景为主，杂以其他花木。

李公馆占地百余亩，房屋数百间。室内陈设别致，家具考究，雕刻精致。

抗日战争爆发后，伪皖中清乡司令部曾设于此。1946年冬，安徽师大（安徽学院）迁至李公馆，一年后才迁出。1947年合肥正谊中学扩建，买去部分房料。建国后由县房产科接管。此地目前是村庄，虽然原房子只保留三间，但仍可模糊看到当年建筑的大概构形。

李公馆由三部分建筑组成，住宅、大小花园、三大粮仓。除住宅外，巢湖周边区域收租粮食可直接通过航运到此地储存；李家回籍人员直接乘船可到达李公馆憩息。

据当地百姓介绍，李公馆与李家楼虽相距四华里，但用回廊和亭阁相连接，穿梭两庄园之间，下雨可不需打伞。

李公馆与李家楼之间有一口井，称之仙井，此地也因井得名，叫仙井村。据村支书介绍，这口井之所以叫仙井，有两个故事，一是大旱之年，此井不干枯，能保证周围两三个庄子人的饮水。二是住在李家楼的李家人，原来专门雇人到十里路之外的龙泉寺挑龙泉水饮用。一天，挑水夫早上起床迟了，中午要用水的时候来不及了，就偷偷挑了此井水回去。结果李鹤章一口茶喝下去，就感觉不是龙泉山上水，就问挑水夫，挑水夫只好老实回答。李鹤章呵呵一笑说：此井水比龙泉水还甘甜，以后就挑井水吧！

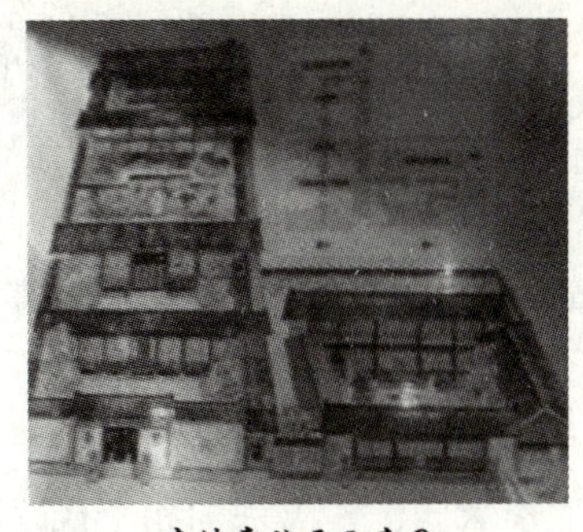

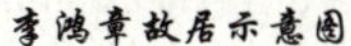

李鸿章故居示意图

“李鸿章享堂”效果图

李鸿章不但相信风水，而且还研究风水。他在致瀚章兄函中说：“数月游山，见南山人讲究风水较北人尤精，渠兼讲峦颅理气，以点穴试验为要宗。”由此可以看出他对风水之理应该是懂得的。

关于李鸿章迷信风水之说，有人还曾写过有关李府、李鸿章享堂等风水花絮。作者未作研究，仅摘录如下：李府是按照“灵龟型况建程”，结构严谨，雕梁画栋。中厅又称“福寿堂”，是明三间暗两间共五间结构，按灵龟五行金木水火土构建成的内五行建筑，明三间从房梁到地面的垂直距离有九米三九二十七尺，正是天地人逢九进位，上层是灵龟上盖为十大天干，子午南北象，下层天井院正是十二地支建筑。方圆四方形状建筑正是一年四季春夏秋冬，此“福寿堂”是故居建筑中规格最高的灵龟上盖部分。“走马转心楼”供李家家眷居住，布局典雅，是二进二层回字型木雕楼，全榫卯结构，为典型的微式灵龟内脏巡返建筑风格。它与外五行内五行相结合在一起，形成阴阳和谐左右平衡的完整灵龟形状。

李鸿章出生于合肥东北边磨店乡，为何葬在合肥东南边距老家几十里的大兴集夏小郢？据说这是李鸿章生前自己选中的风水宝地。当地老人说：“享堂坐北朝南”，“前面的南淝河就像官服上的腰带”，李鸿章之所以葬于此，并非仅仅是“风水”之由，可能与包公有关。在大兴西南侧，前后不到半公里的范围内，长眠着包孝肃公、蔡文毅公、李文忠公三位历史人物，这便是合肥有名的“一里三公”。

十五、有口皆碑大孝子　知恩图报贤名扬

李鸿章由一介学子，最终登上权力巅峰，虽然位置变了，但其一贯奉行的孝道报恩之心，从未有丝毫改变。得益于他的身体力行和言传身教，其子李经述被列入国史孝友传，作为孝子楷模流传后世。

孝敬祖宗。鸿章与兄弟们一起捐资修建了李家庙、李氏宗祠和李氏宗谱，还修建了许氏宗祠(报恩寺)。

孝敬祖父李殿华。鸿章与兄弟的交往信函中，经常满怀感激之情地回忆："前吾祖父穷且困，至年终时，索债者几如过江之鲫，祖父无法以偿，惟有支付以对。支吾终非久长之计，即向亲友商借。借无还期，亦渐为亲友所厌。""前吾祖父，吾兄弟宦学，家屡空，奔走称贷。"鸿章对祖父的感情很深，不仅没有忘记祖父的困境和辛劳，而且对曾经帮助过祖父渡过困境的妹夫张家和老师周菊初的恩情也是念念不忘。

孝敬父母。鸿章父亲去逝较早，他专门为父亲修建了专祠。母亲李氏，是同县梁园乡李鸿谟之女，与磨店乡相隔五十华里左右，鸿章外公李氏也是一个大家族，并对文安一家是有资助的。并不是如有的传记上误传，李母自幼是捡来的。李母是一个具有大智慧的女性，每当丈夫和儿辈遇有升迁，别人总是喜笑颜开时，她却不然，总是不露喜色，沉静地时时以盈满为戒，显示了"福人"的真功夫。在收集李鸿章相关资料时，笔者特此到梁园李氏宗祠（鸿章外公李氏）进行了实际走访，祠堂内还有仿制的曾国荃等晚清大臣们送来的匾额，和李氏宗族家谱。李鸿章专门为外公李氏家族修的家谱撰写了《序》。在序文落款时较有趣，加盖的是两边带花纹的文华殿大学士和一等肃毅伯的印章。

他对母亲十分孝敬，尽管母亲一字不识，但在《李鸿章家书》中，"禀母"家书居多。

鸿章在致四弟家书中，专门谈到要孝敬老母："我弟兄四人，惟吾弟年幼，尚在乡攻读，家中事务，全恃老母亲主持。老母年近古稀，精神日退。兄服务在外，不能时时回来，吾弟年逾弱冠，事务情形，当默自考察。佐母亲精力之不逮，晨昏侍奉，尤须必恭必敬。倘有不满意事，不可趁一时血气，以使母亲不悦。遇疑难事宜与诸长辈商量，不可独断独行。谚云：'一人腹中，无两人志'是也。"

图片上的“李氏宗祠”是李鸿章外公李鸿谟家族的祠堂

李鸿章是个对母亲无比孝敬的人。他刚刚考中进士时间不长，便致书禀母:“开读上月十八日手谕，忻悉人参、阿胶克奏大功，白银收到为慰。所示十款，朝夕拜诵，如睹亲颜，出入奉遵，以慰慈念。男现阅《十三经注疏》，春闱即应经试，无论得第与否，必乞假归省，以补漫游之罪，稍承菽水之欢。现以同乡陶邦良旋里之便，奉上银四十两，人参六枝，阿胶十盒，伏望检收。男鸿章谨禀。”

他不仅时常通过书信向母亲问安，且把自己的快乐也与母亲一同分享，“放榜之日，男列二甲第十三名，诸好友均高中”等，包括他打胜仗、赐高官都及时告诉母亲。他把忧愁也通过书信向母亲倾吐，如苏州杀降和天津教案。“学启初于云官等约为兄弟，至是恐降从复判，力请于男，尽杀云官等八伪王及党数百人，此事虽大不仁，然悠关大局，不得不为。”他在与瀚章书信中反映了把侍奉母亲看成是一件快乐的事。

李鸿章上任江苏巡抚后不久，母亲来信训导儿子。鸿章回信：“命儿为官清正，毋作贪想，临事尤宜谨慎等，敢不遵命。当儿来接篆之时起，一般谋缺者纷来道贺，户为之穿，彼等有愿以巨金为儿寿，儿弗论财物，却面壁之。盖不义之财，不取为是也。”

鸿章在入京考中举人后，就到何府上就馆。按照现代说法，就是一边学习、一边打工。不但不需要家里解决他的生活费，而且“兹托同年朱吉甫寄上银六十两，以充家用”。他经常叮嘱兄弟们要孝敬老母。母亲不在身边，他经常写信问安，带一些补养品。还经常把母亲接到天津共享天伦之乐，所以在天津流传着“大脚女人逛街”的故事。

李鸿章母亲七十五岁生日时，适逢慈禧太后四十寿辰，清帝为笼络汉臣，推恩及亲属，特下《褒赏谕旨》。李家为彰皇恩，着人将其刻石作碑，立于李氏家庙内。后来，这块碑在修建村路小桥当作桥板时，被拖拉机压断。残缺的“圣旨碑”被扔到水塘里。2005年打捞出水，虽已残缺不全，但村民葛敬和是一个有心人，早将圣旨碑文拓下，交给合肥教院许有为老先生，后由原瑶海区委宣传部副部长王俊曾撰文发表。碑文：同治十三年十月初八日内阁奉谕，本年十月初十日荣逢慈禧端佑康颐皇太后四旬万寿，普天同庆，已将京外大员查明，现有在亲年届八十以上者优力加赏赉，因思大学士直隶总督一等肃毅伯李鸿章、湖广总督李瀚章之母，教子有方，均能□国宣劳重□疆寄李鸿章削平臣憝动绩尤多，朕心甚为嘉□，其母年近八旬，禄养承欢，康强逢吉，允宜特沛恩施著赏给御收匾额一面，□檀三镶玉如意一柄，大卷江□袍褂二匹，大卷八丝缎袍褂料二匹，以示赐类推恩开泽覃敷至意，钦此，瀚章鸿章恭勒。（录碑文拓本）

上方是圣旨碑，字迹清晰可见，下方是竖立圣旨碑的石座。现存放在于湾村李氏家庙旧址院内。

1882年，李母年纪大了，身体久病不愈，皇上又下谕旨，赏李鸿章一个月假期去湖北（李瀚章的督署）探望，并赏其母人参八两，以资调理。可是那八两人参，老太太并没有享用到，因为圣旨下达的当日老太太就去世了。其母是在李瀚章湖广总督署病故的，讣闻传来，李鸿章千里奔丧，前往皖江，迎护先慈灵柩回合肥。此后又接连三次上奏，要求开缺回籍守制。但因当时朝鲜形势危急，内乱一触即发，强邻日本虎视眈眈，朝廷谕旨一方面准其开缺，一方面又令李鸿章以大学士署理直隶总督，俟穿孝百日后即行回任，因此李鸿章只好将母柩暂厝在家庙，百日后匆匆赶回天津，待处理完朝鲜壬午兵变诸项善后事宜，法越边衅又起，转眼已是年底。次年正月，李鸿章再次上奏，恳请赏假数月回籍葬母。清廷准假两月。二月二十一日（1883 年 3 月 29 日）他再次由天津乘轮南下，料理营葬事宜，三月廿日（4 月 26 日）方正式将母亲合葬于父墓之中。仅仅五日后，圣旨又下，以法越事急，命李鸿章秉金革毋避之古训，迅往督办越南事宜。就这样，李鸿章只好急忙赶往上海，两次回合肥，总共在家庙只呆了一个多月。国家多难，人子只好移孝作忠，好在这也符合李母的教诲。母慈子孝，是李氏优良的家风。

李鸿章的身教言传，对儿子李经述影响很大。赵小莲常年患有肝病，发起病来剧痛不止。李经述在母亲发病时，总是衣不解带地服侍在旁，亲尝汤药，无微不至，想方设法为母亲减轻病痛。母亲于 1892 年去世，李经述悲痛欲绝，以至于常常昏厥过去，身体遂大亏。1901 年秋，李鸿章与十一国公使的谈判结束了，人也倒下了，住在贤良寺里，咳嗽常带血。李经述听说后急忙带着长子李国杰前去探望，李鸿章已卧床不起了。李经述每天在父亲跟前服侍，昼不甘食，夜不交睫，连续五十多天寸步不离，每天还要烧香吁天，宁肯以自身相代。父亲去世后，李经述自感未能保住父亲的生命，实为儿子的无能，遂欲以身殉父，后经家人环跪相劝，方才作罢。但他的身体也从此垮了，每念必哭，每哭必喘，每喘必汗，焦肝灼肺，渐渐形在神亡。李经述去世后，清史列传中把他列入孝友传，作为一个著名的孝子留名后世。

百善孝为先这是身为人子必备的美德。如果连养育自己的父母都不尽孝道，那能孝敬谁呢？只有遵守孝道之人，才能孝敬自己的祖先，才能“孝敬”养育自己的一片故土，对家乡有浓烈的炽爱之情。

李鸿章还是一个“滴水之恩，涌泉相报”的人。为报效太后知遇之恩，他恪守“君虽不仁，臣不可不忠”的儒学纲常，只要是大清需要、太后急办的事，他总是忍辱负重、一往无前。

为报答恩师曾国藩栽培之恩，在筹饷银、让功名等方面给足老师面子。

为安抚效忠自己的部下，他总是在各方面关心、支持他们。

为报答父老乡亲，他召集兄弟四人筹资数万两，“仿范文正之例，开办义庄，庶族中贫有养，孤有教也”。并积极在家乡合肥周边举办建学校、修府志等公益性建设活动。光绪二年（1876），李鸿章主办轮船招商局，在芜湖设立航运机构。其后，李鸿章子侄依赖招商局的资本，在芜湖建立李记利济轮船公司，为方便家乡人出行，首航合肥，开通了巢县、合肥等地的常年或季节性航线客班。李记小轮公司专营客运的轮船名号多以庐州地名命名，如“巢湖”“大蜀”“丰乐河”“逍遥津”等。民国《芜湖县志》载：“小轮自光绪二十四年商人创设公司，先行江北的巢湖、合肥，次行南京、安庆。共有小轮二十余艘，惟冬令水涸则多停业耳。”史料记载的“先行”与“次行”和轮船名号，充分体现出李氏家族对家乡百姓的一片深情。

为报答当初帮助自己家庭走出困境的亲朋好友，李鸿章在家书中一再告诫自己兄弟，一定要记住祖父家境贫寒时，他人在经济上给予很大支持的恩情。一个是大妹的老公公，他在致弟书中说：“妹之舅以妹贤，又伟视吾兄弟，不待求请，辄资给之。吾兄弟婚宦之需，张氏之佽居多”。另一个是老先生周菊初，“其时幸有姻太伯父周菊初者，稍有积蓄，时为周济，并劝祖父以勤俭，并亟命儿孙就学”。李鸿章对有恩于祖父的人，亦加报答。“吾与诸弟能有功名，非有周姻大伯，焉克至此。吾虽服役在外，未尝一刻或忘。今周姻大伯之后，亦如吾祖父之穷困，亟应筹款接济，以报昔日之功。今特命使者携银五十两，送去暂济涸辙。”年终再送周菊初后人百两，并嘱其他兄弟也要尽力相助。

李鸿章在含山县运漕镇蒙难，幸遇乡民袁百顺相助，终生不忘报其恩德。事由是李鸿章返乡办团练，受命防守裕溪口粮道，一直率领乡团配合清军，转战于柘皋、巢县、无为一带。咸丰三年（1853年）十月，李鸿章率团练与太平军激战战败，匆忙逃奔，太平军紧追不舍，他逃至运漕镇袁百顺家躲藏起来，太平军追至袁家搜捕未果，李鸿章在袁家躲过了太平军追杀。李鸿章发迹后，没有忘记在袁家逃过一劫的救命之恩，帮助袁家很快发迹起来，建立了袁公馆，成为运漕镇大户。同时袁的侄子袁世坦是淮系出身，李给予提拔。为感谢当地百姓参与搭救，他在这里致力发展运漕，用重金先购买周边良田10万亩，开设江北粮仓，即李万兴、李巨兴粮仓。接着，李鸿章大儿子李经方在运漕开发了房地产，李蕴章开设了“元和质”典当和道隆钱庄，当地习称“李鸿章当铺”，当时的运漕是相当繁华的。今天，这些商铺虽已经看不到了，但李鸿章与运漕百姓的一段情缘是人人皆知的。

李鸿章当铺

在肥东县张集乡河湾村有一座十分引人瞩目的古色古香的祠堂，它系清代庐州名儒刘福庆的宗祠。祠堂雕梁画栋，古朴典雅。在庭院内有两株牡丹，高约1米多，花簇直径亦约1米多，左为红牡丹，右为白牡丹。据《肥东县志》载，这两株牡丹是清咸丰三年（1853）李鸿章赠送给他的老师刘福庆的。李就学时，常作文章请刘福庆（字瑞麟）修改批阅。为感恩，他特地奉赠两株牡丹。同治元年（1862）刘福庆主持兴建刘氏宗祠，遂将其牡丹由家中后院移栽至祠堂院内。在刘氏祠堂居住的人，对两株牡丹个个十分珍惜，代代周密管护。岁月悠悠，斗转星移，近160年的牡丹，每年谷雨前，红白牡丹盛开，每株开花150朵至250朵，如玛瑙，似碧玉，清香四溢，沁人肺腑，吸引着四乡八邻的人络绎不绝地前往观赏。

咸丰三年李鸿章赠老师刘福庆两株牡丹

“谁知寸草心，报得三春晖。”如果不懂得知恩图报，那能与谁相处融洽、真诚交往呢？感恩是一种良知，一种美德，一份责任，一份情感。只有懂得知恩图报的人，才能懂得人间真情，永怀感恩之心，常表感激之情，人生就会充实而快乐。

十六、侠骨柔情大丈夫　舐犊情深好父亲

李鸿章遗留的资料诸多。通过对《李鸿章家书》的研读，可以感觉到他是一个有血有肉、情感世界丰富多彩的人。

巢文化区域范围的人趋于稳重，家庭观念比较重，比较讲究家庭温馨，家乡观念极强。其大致范围：东为原巢湖，北为庐州（合肥），西及舒城，南至枞阳。有趣的是从东北西南区域范围地名第一个字——“巢、庐、舒、枞”，通过文字考释看，都与居住（家）的意思有关联，且很有特点：

“巢”——鸟搭窝栖息之处。《说文》：鸟在木上曰巢，在穴曰窠。从木象形。《礼记・礼运》：先王未有宫室，冬则居营窟，夏则居缯巢。《古史考》许由夏常居巢，故号巢父。《括地志》：庐州巢县有巢湖。如果从“巢”小篆写法拆分看，下边是树木，木上是三只鸟和鸟窝。合起来表示鸟栖于树窝上。古人根本没有想到延伸至今，中国多数青年人正是三口之家的组合。

“庐”——房舍、茅庐也。《说文》：寄也。秋冬去，春夏居。《诗经・小雅》中田有庐。又《玉篇》：屋舍也。《集韵》：粗屋总名。如果从“舒、盧（旧体）”，小篆写法拆分看，广下是虎，中间为田，下面为皿。教民衣皮护体；农人作廬焉，以便田事；反映出合肥早期农耕文化特征，饮食必然需要器皿。所以一个旧体庐字组合，涵盖着巢文化的起源与发展，体现了有巢氏功绩。

“舒”——是会意兼形声。从舍，从予，予亦声。如果从“舒”小篆写法拆分看，就是音读矛（茅）舍的组合。郑玄《注》：荼，读为舒。古文舒假借字。“荼”字在古书上指茅草的白花。古典中《淮南子・原道训》云：“柔弱以静，舒安以定。”《晋书・地理志》解释：“言稟中和之氣，性理安舒。舒读作豫。”靠中和之气，性、性理、性情得以安泰舒畅，把茅舍之家建成安闲舒适的场所。

本图注明“巢文化”形成的区域，通过《说文解字》对“巢文化”区域的东、西、南、北地名的研究，发现这些地名的首字都与居宅建筑历史演变发展有着密切的关系。

“枞”——枞树也。又叫冷杉。木材供制器具，又可做建筑材料。

《说文》引《尔雅》枞，松叶柏身。郭注：今太庙梁材用此。如果从“枞”小篆写法拆分看，以木筑巢后，发展到男人与女人组合成家；夫妻双人头挨头，双腿合并，过上夫妻生活，有描述巢居功能形体的想象。

上述四个地名第一字（巢、庐、舒、枞）从寓意看，都是围绕一个“家”而取的地名。“巢”只是窝，是最原始的栖息场所；“庐”是从窝到茅庐，开始简单建造茅房居住，同时有皮护体（有衣穿），有田种粮，有器具吃饭，引发出农耕、器皿等；“舒”是对居住提出发展的标准，要舒展、舒心；“枞”字不仅说明建造房子的材料之源，突出表现了对居住（家庭）功能的体现之一，巢文化尤重家庭。

李鸿章从小就生活在巢湖北岸，深受巢文化影响，家乡观念重，爱家、恋家；对老婆至情至性，对兄弟情同手足，对儿女舐犊情深。

李鸿章元配夫人周氏（1821—1861）是合肥人，是周菊初的侄孙女。李鸿章幼童时在柳荫塘与周菊初老先生对诗，周老先生一直赏识李鸿章的才学，认为他将来一定会有所作为，因鸿章家庭比较困难，经常接济他家，其中包括帮助李鸿章交学费，在李鸿章离乡赴京前，把自己的侄孙女许配给了李鸿章。

周氏比李鸿章大二岁，嫁入并不富裕的李家，勤勤恳恳侍奉公婆，夫妻感情好。据说与她婆婆一样，大脚、能吃苦、能干活，但命运与婆婆相比差距很大。婆婆是先苦后甜。周氏在丈夫进京考取进士，取得功名时，仍在合肥操劳家务，服侍婆婆。丈夫回乡办团练，不但未享受到富贵，而是一日数惊，命不保全，房屋烧焚，全家逃难，寄于江西，竟未熬到战争结束；在丈夫快发迹时，就离开人世，真是苦命的女人；婆婆生有六儿二女，她生育二女，名曰：镜蓉、琼芝，生育一子经毓却早夭；婆婆活到 83 岁，可惜她 40 岁时就病逝，只活到婆婆一半岁数，只能感叹她红颜薄命！李鸿章对周氏是有恋情的，在分家合同上明确写到：将在安庆市桐城县内的四处产业，留作元配夫人周氏祠堂的开销之用，说明周氏确实葬在桐城与庐江接近的地方，李鸿章亡羊补牢，让周氏享受到死后哀荣，尽到了丈夫的责任。

在周氏去逝后的两年多时间里，由于李鸿章戎马倥偬，无暇顾及个人婚事。1863 年 12 月李鸿章在战上海、夺苏南战事即将胜利结束，移驻苏州之后，战功显赫，功成名就，志满意得，感觉需要一个家，而且重建家庭的时机已经到来。

继配夫人赵小莲（1838—1892），安徽太湖县人，出身于一个著名书香仕宦之家。其祖父是清嘉庆元年的状元赵文楷，父赵昀，道光进士，系李文安好友。赵小莲是赵昀次女，在家排名老八，又称赵八小姐。李鸿章求婚时，身为广东按察使的赵昀还担心女儿会不同意，因为小莲自幼读书好学，自命清高，24岁时还待字闺中，按当时年代应算一个老姑娘，比李鸿章又小15岁，且为继室，没想到小莲十分爽快，一口就答应了下来。

赵小莲与女儿合影

1864年1月迎娶赵小莲为继室时，李鸿章特地请长妹陪同老母前来主持婚礼，在完婚之后，姑嫂关系尚可，可婆媳之间关系并不十分融洽，长妹时常调和于婆媳之间。李鸿章说："继室未谙姑起居，颇虑不得吾母意，妹左右导迎之，妇姑相待尤欢。"中年迎娶少妻，当时十分疼爱。但鸿章是一个大孝子，只好左右顾及，真是难为他！

赵夫人生二男一女，即经述、经远和菊耦。她是一位深受封建礼教薰陶的女性，李鸿章对之宠爱有加，赞扬她"奉侍慈闱，经理家政，礼法秩然，贤明之称，中外无间"，使自己"藉免内顾之忧"。

赵小莲有"旺夫运"，从1863年到1892年，她嫁到李家30年，恰恰是李鸿章在中国政坛上大红大紫的30年，办洋务，办海军，办学堂，都是在这一时期。1892年赵小莲去世，李鸿章开始走向低谷。李鸿章死后与继室赵小莲合葬。

李鸿章50岁时还纳了一位比他小30余岁的莫氏为妾。侧室莫氏（1854–1913），本是赵氏夫人的丫环。李鸿章身兼直隶总督兼北洋大臣之后，两个官职有两个衙门，一个在天津，一个在保定，需要两边跑。赵氏夫人身体不好，不能总跟着，就让莫氏跟随服侍，后来莫氏就被提拔为侧室，生子一，即李经迈。赵小莲死后，莫氏被扶正，被诰封为一品夫人。

李鸿章在教育子女上是严父，李经方大约九岁时，他写信说："谓祖母年老，家事不可使其烦心。吾儿在家，攻读之外，每日至四叔处请安，并讨论学问，虽微小之事，亦可与四叔商量也。四叔之训，不可违背。"教育子女在家时，一定要听长辈的话，尊敬长辈；并训导子女在做人做官方面要学好榜样，不能仗势欺人。在谕儿信函中说：“顷见曾夫子涤笙书寄世兄一笺，亦颇可为吾儿训，录以转示：凡做好人、做好官、做名将，俱要好师、好友、好榜样。吾儿少蓄为官之志，颇好。惟行事尚未就于正轨，业师足为吾儿模范，惟友朋辈尚嫌未足耳。师长常具畏忞之心，未敢朝亲夕近。虽有良师教训，难于转移学生性情。友朋等良则同席，出入同阶，惟有爱慕之心，不若师生间之敬惧而难于转移也。今尔友类都大家风气，习俗殊生厌恶。而有志为官者，亦所更忌者也。吾儿不可因侍父兄显贵而仗势欺人。尔知汝祖父穷乏之时，为人所凌暴，敢怒而不敢言。尔当念祖父之被困，而生反感焉。”

在教育孩子学习方面，他引导子女学习外文，专门请外国人当子女外文教师。李鸿章很会启发孩子掌握学习方法，“以读书不得其法，颇为怅恨。要知读古文，须从头到尾，一气读完，万不可分段读。盖文贵气魄，忌散漫，分段读，势必失通篇精警处，而淡然无味也。既知读法，则一面读，应一面想。如李华吊古战场文，李陵答苏武书，能想到一幅凄凉图画，满纸生风。汉皇负德，只字泪寄千行，而为之声泪俱下者，可谓得读书之玄奥焉。此层我与伯叔等，时时论及。汝可翻阅长上之日记，就近请教四叔。汝兄弟家居，宜听诸长训言，读书写字，刻苦用功。我以身体不适，不能

李鸿章和儿孙们：由左至右（中排）儿李经迈、儿李经述、李鸿章。（后排）孙子李国杰的夫人（张氏）、李经述的女儿、李鸿章小女儿李经璹（菊耦）、李经迈的夫人（卞氏）、李经述的夫人（朱氏）。前排为李鸿章的孙子们（国字辈），经述四子李国熊，经述三子李国煦（从小患眼疾，故戴墨镜，长大后就成了张爱玲笔下的曹七巧丈夫姜二爷），经述二子李国燕，经述大儿李国杰。

多及，他日当反复论之。”“文字为思想之代表，思想为文字之基础，故二者之研练，相为表里者也。且夫思想为事实之母，今日学者听积之思想，他日皆将见诸事实者也。思想有不宜于事实者，则立身处事，安保尤自误误人之虑。是以读文宜先读纪叙文字，作文亦宜先作纪叙文字，参以文家法律，而平日要宜随时留心事物之实际。如此循序奋进，虽愚必明，虽柔必强，可预决焉。读文之选择……读文之法，可择爱熟诵之。每季必以能背诵者若干篇为目的，则字句之如何联合，篇段之如何布置，行思坐思想，便可取象于收视反听之间。精神之研习既深，行文自极熟而流利。故高声朗诵，与俯察沉吟种种功夫，万不可少也。所以须熟读者，……非脑海中蓄有数百篇之佳文，三四千个可以分类（谓名，代、动、静、状、介、连、助、叹九类之文法）之字，心手必不能相应。（寻常人说话所用之字，大约三千多，但无规律耳。）秉资虽有敏拙，习性虽有文野，而此熟读功夫，则不可少耳。”他在教育子女方面保存下来的史料很多，尤其是教育孩子掌握学习技巧和方法，值得今天的学生家长一读，可以借鉴参考。

李鸿章亦是个儿女心重的慈父，时时关心孩子们的身体健康。1872 年他写信给儿子说：“吾儿身体不佳，宜自保重，每日工作宜有定时，弗过度。耳眼不灵，疏之处颇多，可恨可恨。”劝慰爱女忧能伤人自排遣等。他在致瀚章信中，对李经方娶了张集馨长女表示非常高兴，“方儿率妇回署，新妇婉顺知礼，像貌较刘女略秀，而心颇灵敏，将来操作家务当可学习，弟妇甚爱之”。对李经述也是如此：“述儿娶朱少桐世兄三女，人颇

李鸿章与孙子在一起

李鸿章在德国皇宫与李经方、李经述及随行人员的照片

灵秀。”鸿章没有重男轻女思想，给女儿写的诗词，充分流露出当时心境和对女儿的疼爱之情。1861 年，返回曾府路经江西饶州府时，曾赋诗寄怀：“惟有娇痴小儿女，几时望月泪能干”。这首诗以生动的笔触，抒发了投笔从戎“半生失计”的感叹，透露出前进道路崎岖的感慨，表达了思念女儿的骨肉之情，反映了渴望早日结束战乱、重享天伦之乐，期盼娇女茁壮成长的意愿，情真意切。

李鸿章晚年访问欧美八国时，将李经方、李经述二个儿子带在身边，李经述是没有正规出入晚清官场上的，更不懂得外交事务，由此足以看出他内心深处是十分疼爱子女的，期待和子女在一起、以慰天伦之乐。

十七、血浓于水手足情　兄弟互帮家和兴

李鸿章家兄弟六个，妹妹两个，他们兄妹之间向来相互照应，互帮互敬，关系十分融洽，实可谓：兄妹情谊重，家和万事兴。

1896年3月，李鸿章为特使赴俄参加沙皇尼古拉二世的加冕典礼。在离开上海赴俄前，和兄长李翰章话别，两家的男丁拍下了这张合影。

大哥李瀚章（1821—1899），从湖南省的一个小县官、总理湘军的后勤官，一直升到湖南巡抚、浙江巡抚、湖广总督、四川总督、两广总督，成为清朝封疆大吏之一，他曾为老二鸿章创办的淮军，购办了大量军火。官场上事俩兄弟函信交流最多。

李鹤章（1825—1880）排行第三，跟随鸿章多年，却落得一个以道员记名遇缺简放，负气回老家发财了。兄弟分家后，鸿章与他一起购地、一起建房、住在一起。兄弟俩函信交流书法心得体会颇多。

李鸿章与李翰章合影

李蕴章（1829—1886）排行第四，虽然眼睛看不见，但精明能干，留在家中照料一切，免除了鸿章在外做官的内顾之忧。他曾捐巨款助饷，出资撰修了《续修庐州府志》等。

李凤章（1833—1890）排行第五，随父戎马，深得曾国藩器重。曾在江南机械局督事，后倾心经商，成为李家兄弟的首富。1888年庐州大旱荒，捐白米五千石归官赈济，捐米二千石分给族戚，筹谷万余石平粜各乡镇。1899年山东黄河堤决，又捐万金助赈。

李昭庆（1835—1873）排行第六，只活了39岁，在鸿章手下听命，成为淮军将官一员。

大妹李玉英嫁给记名提督张绍棠，小妹李玉娥嫁给江苏候补知府费日启。

在李家没有发达时，两个妹夫家都是对李家有恩的。大妹夫张绍棠父亲在李家困难的时候，曾屡番接济李家，令李鸿章数年后还感激不尽，在家书中还提及此事。李鸿章的祖父与张绍棠的祖母为亲兄妹，张绍棠是李鸿章的二从姑表弟，张绍棠娶李鸿章的妹妹玉英为妻，成为李鸿章的妹夫。此后，张李两家亲上加亲，继续联姻。李鸿章随同父亲李文安到费氏墨庄读书时，其主人费氏就是小妹李玉娥的婆家，费日启很照顾他父子俩，二妹出嫁时也十分风光。

他在致弟家书中，专门谈到兄弟团结、耀祖光宗之事。“曾夫子致其弟函曰：余蒙祖宗遣泽，祖父教训，幸得科名。内顾无所忧、外遇无不如意，一无所觖矣。所望者再得诸弟强立，同心一力。何患令名之不显？ 何患家运之不兴？余意与曾公之决正同。余与诸弟虽隔千里，盼望诸人之心，未尝或 断。每间一月，乃作一函，训诸弟。未知诸弟对余意如何？”他在信中，没有丝毫朝中大臣说话的口吻，而是与兄弟平等相处、相互协商。

鸿章与兄弟相处，原则归原则，情谊归情谊，分得很清楚。他没有利用自己的职权，袒护兄弟，给予其升官晋级，有时甚至让自己亲兄弟作出必要的牺牲。他与李鹤章同建李家楼，为了保证八卦建筑风格，避免后代扯皮，兄弟之间制订了《李家楼田宅议定》，尽管如此，也丝毫没有影响他们兄弟之间的情谊，反而减少了矛盾，加重了兄弟手足之情。

李鸿章刚到北京准备考试时，写给瀚章的家书开头就是“天南地北，想念之忱，无刻或忘”。结尾时：“两弟因功名不遂，满腹牢骚，吾兄知其一二否？望有以教之。严冬霜雪，调摄自珍。弟鸿章拜手。”这些语句可以说明兄弟之间相互关心的深重情谊。

1867年李鸿章从江苏巡抚升任湖广总督时，正好接替他位子的是李瀚章。鸿章与兄弟相商安顿家小，写了一封家书：“……老人家颇爱洁静，弟妇则从我于富贵，而非从我于贫贱者，谅蒙鉴及。六弟妇须住屋三四间，五弟妇本在金陵仪凤门制局内，因署中狭窄，自求搬出，将来能否随行，听其自便。小姑来信附览，欲就回皖另居教子，却是长计。弟已允之，拟帮贴若干……”尽管赵小莲是他心爱的妻子，还是把老母亲放在第一位。说到妻赵小莲时用语含蓄，谓“谅蒙鉴及”，对五弟媳、六弟媳和小姑的安排就是直言相告。一个高官能把家务事考虑得如此周全，面面俱到，实是少见。

与鹤章交流书法心得时，鸿章对兄弟身体亦示关切：“五弟何时回里？烟瘾闻已戒断，确否？”在致昭庆家书中，他表示“母亲桑榆之境，尤其弟勤于定省，以慰兄于客地也”。兄弟之间，口气委婉，无话不说。上至朝廷大事，下到婚丧嫁娶、家族中鸡毛蒜皮的小事。尽管他身居高位，兄弟们或多或少跟后沾光，但丝毫没有自高自大的语调，从不用命令的口气与兄弟说话。前面谈及他请风水先生李振宇来合肥，不是自己独断专行，而是与兄弟们协商。李鹤章家书反映，鸿章平时与兄弟通信时，还要问及兄弟的后代情况。李鹤章第五代孙子李永民介绍，据她祖母讲，李鸿章回合肥不容易，回来很少，也很忙。除地方官员要过来拜见他外，他还要忙于看一些原来在家的好友及过去对李家有恩的人。不管再忙，家族里人是要见的，由于李氏家族人丁兴旺，后来发展到百余人。干脆，家人集中见面一次。凡是新生的侄子孙们，第一次相见的，都由管家负责，当面包一份见面礼。“半个安徽是李家”，这与他们兄弟之间情谊深厚、相互补台有很大关系。

李鸿章兄弟的后裔们，不仅对前辈们血浓于水的精诚团结表示尊崇和羡慕，且也承袭着前辈们的传统，虽然之间已相隔五六代了，都仍然保持着联系，时常进行书信往来。

十八、热爱乡土李合肥　善举遗泽留后人

李鸿章不仅热爱家乡合肥、所到之处宣传家乡合肥，且乐善好施，做了大量有益合肥地方的事。

续修《庐州府志》。因《庐州府志》年代久远，李鸿章提出续修，并把这一差事交给李蕴章，让他主持编修《续修庐州府志》。光绪九年（1883）开局修志，次年成稿，十一年刻印。此志以嘉庆《庐州府志》为底本，增拟嘉庆八年（1803 年）至光绪十一年（1885 年）间 80 年的史事，依据附属各州县送来的采访册联缀而成。由汪宗沂对初稿进行修改，拟定序例，并撰四字韵言小序。后来，李经世又进一步进行删定，将《皇言纪》列为卷首，增补卷末补遗一卷，在各门类添加新资料，并突出了淮军纪事，为我们今天了解合肥、研究合肥，留下了宝贵的文史资料。

捐助重修包公祠。太平天国时期，原建筑包公祠毁于战火。光绪八年（1882 年），李鸿章筹白银 2800 两重建，规模依旧，只增添了东西两院。当祠堂落成之时，李鸿章曾写一匾额，不料中心位置已被其兄李瀚章捷足先登，挂上“色正芒寒”的横匾，李鸿章不好相争，又不愿屈居偏旁，即另写一篇《重修包孝肃公祠记》刻石于祠后。故合肥有“包家祠堂李家修”之说。

合肥包公祠

包公祠背靠合肥老城区的环城南路，在城南的包河畔，有一狭长小岛，三面临水，绿树掩映，莲荷盈盈，花木繁茂。其间隐显着一座白墙青瓦、素朴典雅的古典建筑，不仅为合肥市增添一道靓丽的风景，更成为家乡人民怀念先贤、学习弘扬包公精神的基地。

修建巢湖昭忠祠。位于中庙东侧，有一座保存完好的徽派古建筑，是祭祀淮军阵亡将士的祠堂——淮军昭忠祠。1892 年春，淮军成军整整 30 周年，淮军创始人李鸿章已年届 70 岁。俗话说“打仗亲兄弟，上阵父子兵”，是淮

军中无数舍生忘死的乡邻宗亲用血肉之躯，换来了他头上的顶戴花翎。农历二月初九，李鸿章以文华殿大学士、太子太保、直隶总督兼北洋大臣名义上奏《巢湖建淮军昭忠祠折》，奏折递上后没几天，很快就接到上谕："著照所请，礼部知道。钦此。"建造淮军昭忠祠，备料用了一年时间，于 1893 年夏日动工，1894 年 6 月落成。李鸿章特请著名桐城派大师吴汝纶撰写《合肥淮军昭忠祠记》。刘铭传亦捐银数百两，并亲笔撰写了楹联曰：升高以望东关，情随事迁，百战江淮如昨日；积厚仍归南岳，才为世出，再生申甫更何年。读来令人遐思万千。

巢湖忠庙淮军昭忠祠

捐资修缮文峰塔。文峰塔位于湖心姥山岛上，姥山是巢湖中最大、最美的湖心岛。东西长 1200 米，南北宽 700 米，岛上有一塔、三亭、六山、九峰，该岛坐卧湖心，安谧宁静，景色宜人。《姥山四季歌》曰：

阳春，巢湖姥山之美，美在林秀，万物复苏，竹木吐绿，湖光林影，鸟鸣莺飞，青山叠翠，梦游仙境。

盛夏，巢湖姥山之美，美在山幽，川岭逶迤，飞红流艳，绿树若盖，花溢芬芳，深谷留踪，清馨怡人。

金秋，巢湖姥山之美，美在曲径，六山九峰，崎岖盘曲，金蛇狂舞，溶洞奇幻，一步一景，空谷回音。

隆冬，巢湖姥山之美，美在湖色，八百烟波，寒涛衔天，静影沉碧，帆樯点点，渔歌晚唱，湖漾岛醉。

在巢湖汽艇上拍摄的湖面和姥山及群鸟飞舞的画面

司马光登姥山赋诗云："湖岛映微寒，荷菱连水天"。郭沫若曾亲临巢湖，留下翰墨："遥看巢湖金浪里，爱她姑姥发加油。"

人杰地灵的合肥，代出文官武将，却没有出过状元。民谚曰："姥山不尖势不足，合肥状元难得出。"为应证此谣，明崇祯四年（1631 年），在庐州知府严尔圭的倡建下，于姥山上修建文峰塔，甫成四层，因战乱而辍工。

李鸿章官至极品，更感觉到合肥这块风水宝地之灵气，非他乡可比，便于清光绪年间（1878年），积极倡捐，再续建三层。并将此工程交给闲居在家的吴毓芬完成。续建好的文峰塔，塔身由外壁、回廊、塔心三部分组成。塔高七层51米，133级，八角对着八方，外观雄伟，结构精巧。李鸿章题“文光射斗”，并作《姥山塔碑记》一文刻之于石。塔内藏有李瀚章题写的“举头近日”、刘铭传题写的“中流一柱”等25幅匾额和802尊砖雕佛像。李鸿章为此留下了一首气势磅礴的七言绝句：“巢湖好比砚中波，手把孤山当墨磨。姥山塔如羊毫笔，够写青天八行书。”

姥山文峰塔是明清两朝合作雕琢的佳作。明末由庐州知府严尔圭主持修建四层，因战乱辍工。1878年，李鸿章积极倡捐，续修三层。

人立文峰塔七层上，只觉风声呼啸，铜铃叮当，如立云端之上。倚窗远

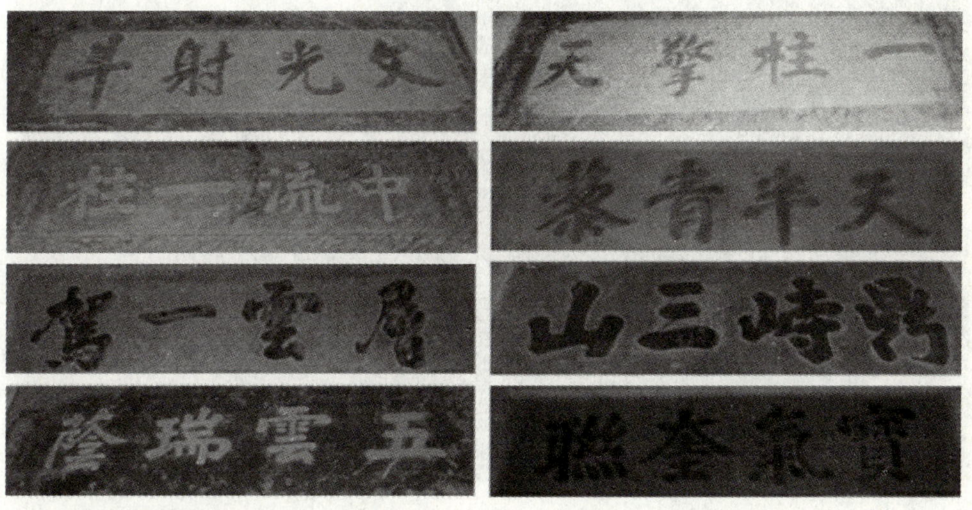

图片是从巢湖姥山文峰塔内嵌入25幅匾额中节选的。在25幅匾额中，除三幅是严尔圭、熊文举所作外，其余都是淮军名将遗留的作品，为研究淮军文化提供了很有价值的资料。

望，烟波浩淼，渔帆点点；近观脚下，姑、鞋二礁如在雾中。每逢清秋三五之夜，一轮明月倒映在波漪微微的湖中，犹如一颗玉珠镶在湖面上，月光、灯光、湖光交相辉映，月影、塔影、云影溶成一片，真可谓“一色湖光万顷秋”，美妙之极。

捐资重修“圣妃庙”。巢湖北岸圣妃庙始建于公元239年，坐落在巢湖北岸凤凰矶上。矶为一红色砂砾岩半岛，突兀临湖，形如飞凤。相传很久以前，黎民常陷于洪水浩劫之中，巢州太姥预知天机，登上凤凰矶拯救溺水者，人们便造“圣妃庙”以作祭祀。后来也祭奉传为泰山玉女的碧霞元君。“圣妃庙”在历史上几经毁坏，至清光绪十五年(1889)，在李鸿章的倡议下，得以募捐重修，重建后的圣妃庙共有前中后三殿，计70余间。一进大殿供神龛，描神鬼，琳琅满目。二进大殿为佛事活动场所。后殿为藏经阁，三层结构，稳重质朴。现有殿阁为清末所建，三进，四合院，木质结构。此庙三面临水，楼台高峙，气势巍峨，有湖天第一胜境之誉。民国三十七年，后进大院遭受火灾，现仅存庙舍24间。

综上所述，李鸿章在合肥的善举遗存，目前都保存完好。这些遗存不仅为合肥增添了多处美景，亦给这块乡土和子孙后代留下了宝贵的历史文化遗产。

圣妃庙创建于239年，历代香火不绝。唐龙纪元年（889）重建时改称“巢湖太姥庙”，南唐李璟保大二年（944）再度重建，续用原名。清光绪十五年（1889）李鸿章倡捐重修，当地人称为圣妃庙。

第四章　务实与误失

举大事者难免有褒有贬，天下惟庸人无咎无誉。

李鸿章在晚清社会政治舞台上纵横捭阖四十年，其为政时间之长，涉及领域之广，开创事业之多，无出其右者。纵观李鸿章一生，可圈可点处颇多。他作为晚清时期重大事件的当事者和关键人物，既功绩勋显，又错失严重；是中国近代史上最具争议的褒贬不一的政治家、毁誉参半的外交家。同时，他又是位鲜为人知的书法家。

十九、殚精竭虑图自强　身体力行求中兴

美籍华人学者徐中约教授在其编著的《中国近代史》第六版（英文版）序言中说："一个半世纪以来，中国内部的腐败和外来帝国主义的羞辱性掠夺，如同一对孪生恶魔，给它带来长时间的衰落。中国为了克服这种孪生恶魔，推动社会进步，经历1861至1895年间的自强运动、1889年的百日维新……每一个阶段都是艰难的拼搏，有成功、有失败，但它们加到一起，对中国重现青春活力做出了贡献。中国的复兴在今天是有目共睹的。"

追述自强运动的历史溯源，真正倡导自强运动的第一人应该是林则徐，真正系统介绍自强运动知识和提出主要理论的首推魏源，而真正身体力行推行自强运动的中心人物当属李鸿章！他是1861至1895年间的"自强运动"的主要推手之一，既充当筹划者，也是实施者。

林则徐是中国近代"睁眼看世界的第一人"，他不仅雷厉风行禁止鸦片，还命人翻译澳门、新加坡和印度的报纸，收集西洋地理、历史、政治、法律等方面的资料，翻译《世界地理大全》等书籍。他敏锐意识到夷人器械之精良，中国急需了解其秘密。

林则徐把一些资料转交学者魏源，魏源将这些资料编纂成大部头著作《海国图志》。他在序言写到，"是书何以作？曰：为以夷攻夷而作，为师夷长技以制夷而作"。这部书共分四部分：第一部分略述西洋列国的历史、地理和政治局势；第二部分是关于洋炮的铸造和使用的；第三部分为造船、开矿及西洋实用工艺等综合描述；第四部分为魏源及其同时代人提出如何对付西洋的建议。该书为中国人了解和研究西方的第一部重要著作，书中的一句名言"师夷长技以制夷"成为李鸿章这个时期推行自强运动的精神动力。

列宁在《评经济浪漫主义》一文中指出："判断历史的功绩，不是根据历史活动家没有提供现代所要求的东西，而是根据他们比他们的前辈提供了新的东西。"如果以此标准衡量晚清自强运动核心人物李鸿章，他不仅把前人的"师夷长技以制夷"口号变成实际行动，而且显而易见，与前辈们相论，他提供了较多的新东西。同时他对中国所面临的危难形势的认识，远比前人及周围同僚们要更为深刻。

推行自强运动不是李鸿章一人所为，有相当一部分同僚们都在积极响应。其中较具影响力的人物有：曾国藩、恭亲王、左宗棠、文祥等。

清廷以前一直没有设立外交官衙，只是在藩务（封贡事务）和商务基础上对待他国。在鸦片战争之前，藩务由礼部执管，俄罗斯和边疆事务由理藩院管辖。经过两次鸦片战争，帝国主义侵入中国，1860年《北京条约》重申了西方外交代表驻扎京城的权利，从实际需要，经恭亲王奏请，清政府于1861年3月11日在北京设立了总理衙门。恭亲王是总理衙门首任，也是长期负责的大臣，军机大臣兼户部侍郎文祥是衙门的主要大臣。其衙门内部分五个股：俄国股、英国股、法国股、美国股和海防股。另有二个附属机构：海关总税务司署和同文馆。衙门成立后，恭亲王和文祥向朝廷灌输一个观念：中国之所以吃败仗并非因为将士不卖命，而是因为装备不善，中国若要在将来抵御外国侵略，就必须采纳西洋火器、船艇，训练新式军队。正好这个时期，曾、李、左正在积极推行自强运动，尤其是自强运动主要人物李鸿章，他在与常胜军及华尔和外国军官交往中，认识到现代枪炮、舰船的威力。所以李鸿章积极装备淮军武器，开始创造军工企业，如此，正好符合恭亲王、文祥职责所系和思想观念，在以后发展中也得到了他俩大力支持。

李鸿章在推行自强运动过程中并非一帆风顺，而是阻力很大，困难重重。主要是遭到朝廷守旧派强力反对。守旧派基本上对近代世界充耳不闻，对实施现代化视而不见。

1867年，由李鸿章提议，恭亲王奏请皇上旨准在同文馆内增设一个算学馆，并聘请洋教习向那些通晓汉学的生员讲授该类科目，此事遭到守旧派猛烈抨击。首先是监察御史张盛藻反对，他说："朝廷命官必用科甲正途者，为其读孔孟之书，学尧舜之道，明体达用，规模宏远也，何必令其习为机巧，专明制造轮船、洋枪之理乎？"接着是理学宗师、大学士倭仁，他说："夷人称兵陵我畿甸、焚我园囿，凡我国人何能一日忘此仇耻哉？何能复举聪明俊秀之中华才士变而从夷？"恭亲王的反驳很直截了当：既然倭仁有更好的良策，著其奏来。

当时有人用"欲用夷变夏"指骂李鸿章等，指出中国不应该使用新式枪炮，在中国的土地上不应该出现铁路、轮船、机器、电报等。所以自强派与守旧派之争非常激烈，令自强派不得不在开展自强运动的道路上披荆斩棘。

根据李鸿章推行自强运动理念和着重点的变化，大致分三个阶段：第一阶段（1861年至1872年），主要以吸纳西洋火器、机器、军队训练、科学知识、培养技术和外交人才为主；第二阶段（1872年至1885年），他认识到，一个国家要建立强大国防力量，必须有很好的交通体系，有工业和企业作经济支撑。如轮船、铁路、开矿、办厂和电报等。第三阶段是1885年以后，他进一步重视陆海军建设，正式成立北洋水师，强化了工业，如棉纺织业等都呈现迅猛的发展势头。

二十、师夷长技始三局　欲雄国威建军工

李鸿章在率领淮军与太平军交战的过程中，看到西方洋火器的威力，从强军角度的需要，引发他发展军工火器制造的设想，为他后期积极推行自强运动积累了经验、奠定了基础。

从强军火器入手，装备淮军。在解决新式装备的来源问题上，李鸿章主张两条腿走路，购买与自制相结合。他认为，在中国军事工业还未建立起来或规模不大、技术不发达的条件下，应该充分利用国际军火市场，借以刺激中国军事工业的发展。

1862年初，李鸿章率淮军从安庆赴援上海，他遵循“专以练兵学战为性命根本”的师训，在与洋人的频繁接触中，萌发了“师夷之长技”的强军思想，亲身感受到“外国强兵利器，百倍中国”。因此他极力强化军队训练，开展“练兵练器”。李鸿章改善淮军西洋新式武器装备，强化军事实力。曾委托外国军官练军、带兵，聘请外国军官教演洋枪，最早始于刘铭传的铭字营。此后，其他各营也广为聘募，以此教习。

李鸿章“讲求洋器”，一开始就遇到不少阻力。外则英法列强对先进武器“禁不出售，价值过昂”，内则遭受怀疑，困难重重。就是其师曾国藩也“始不深信洋枪火药为利器”，不大赞成李鸿章的做法。李鸿章复信曾国藩说：“岂敢崇信邪教，求利益于我。惟深以中国军器远逊于外洋为耻，日戒渝将士虚心忍辱，学得西人一二秘法，期有增益而能戢之。”李鸿章奏报清廷：“臣军由江南剿贼，人手本宜水而不宜陆，嗣因西洋火器精利倍于中国，自同治二年以后，分令各营雇觅洋人教练使用炸炮洋枪之法，传习日久，颇窥奥妙。”后期，他购买洋枪洋炮不惜重资，首先将程学启“开字营”装备为一支完全独立的洋枪队，将张遇春的“春字营”装备为一个炮队。终于使淮军成为当时国内实力最为强大的一支劲旅。之后，李鸿章就依靠这支军队击败了坚守苏南地区的太平军，并击败了捻军。

从引进西方技术入手，到仿制新式火器。在淮军学习洋操、使用洋枪洋炮的过程中，李鸿章深深地认识到兴办军事工业的重要性。“中国但有开花大炮、轮船两样，西人即可敛手。”

1862年11月清廷指示各省督抚“饬令中国员弁学习洋人制造各项火器之法，务须得其密传，能利攻剿，以为自强之计”。李鸿章有了朝廷上谕，

胆子大了。他的主张是“及早自强,变易兵制,讲求军实”，其具体办法是“废弃弓箭，专精火器”，“仿立外国船厂，购求西人机器”。从1863年起，以向外国购买为主，辅之以设局仿制。遵旨聘请精巧匠人，先后创设金陵机器制造局、江南机器制造局，其后扩充了天津机器局。

淮军洋枪炮

1862年，一个小型兵工厂在松江创办，后发展为苏州洋炮局。李鸿章由江苏巡抚升任两江总督后，在离开苏州迁驻南京时，由马克里、刘佐禹负责将苏州洋炮局一个车间迁移到南京，于1865年动工，次年8月峻工，定名为金陵机器制造局。

1865年李鸿章在虹口买下美商的旗记铁厂，以上海洋炮局并入铁厂，成立江南制造总局。厂内设备来自苏州洋炮局的部分机器和曾国藩派容闳从美国买回的机器，以后屡加扩充，占地70余亩，雇用工人2000多人，建有机器厂、洋枪厂、汽炉（锅炉）厂、铸造厂、轮船厂等。到1880年后又相继建成炮弹厂、水雷厂、炼钢厂、栗色火药厂、无烟火药厂等。该局以生产枪炮子弹为主，辅之以修造船舰，并附设翻译馆、机械学校等。

克虏伯大炮

江南机器制造局

金陵机器制造局

江南制造局炮弹厂

天津机器制造局

车间一角

江南制造总局翻

天津机器制造局经历前期、初创和扩充三个阶段。李鸿章升任直隶总督，极力扩充天津机器制造局，将亲信沈葆靖从江南机器制造局调到天津制造局，从厂房、人员、购置机器上着手，以制造洋火药、洋枪、洋炮、各式子弹和水雷为主，并附设了水师、水雷、电报学堂等。

自 1862 年李鸿章任江苏巡抚，直至走上直隶总督位置，洋务派重点开展了围绕与强军有关的洋务运动。此阶段主要功效归纳如下：

1862 年在上海设立三个洋炮局，开始逐步装备淮军武器。另命属下向英国军官学习操用火炮，向德国军官学习操用步枪。

1863 年在上海开设外语学堂。

1864 年在苏州开设一个小型洋炮局，广州开办外语学堂。

1865 年和曾国藩在上海开办了江南制造局，附设一个翻译馆。

1866 年左宗棠在福州城外的马尾开设福州船政局。

1867 年开设金陵制造局，崇厚开设天津制造局。

1870 年将天津机器局扩充为四个厂。

1871 年筹划在大沽口修筑——西式炮台。

李鸿章建立的江南、金陵机器制造局给淮军提供了所需要的大小炸炮和各色炸弹，补充了从西方购用的不足。因此，受到总理各国事务衙门的表扬："阁下莅沪以来，设立军火局，广觅巧匠，讲求制器以及制器之器，击锐摧坚，业已著有成效。"南方军火生产发展较快，他就任直隶总督后，又着手在北方设置了天津机器局，这就是中国早期的近代军事工业，也是洋务运动"自强新政"的重要项目。李鸿章之所以这样做，亦如他所说，"今日喜谈洋务

与李鸿章有关的近代第一

第一支完全由洋枪装备的部队	开字营
第一支由洋炮装备的炮兵队	春字营的炮兵队
第一次创办大型综合军工企业	江南机器制造局
第一次设置外文翻译机构	江南机器制造局翻译馆
第一次公派留学生	1872 年选派幼童赴美留学
第一家轮船航运事业	1872 年成立轮船招商局
第一个近代平等条约	1875 年签订的《中秘条约》
第一次设立电报局	1880 年天津电报总局
第一条中国自建铁路	1881 年自建的唐胥铁路
第一次发行的股票	1881 年轮船招商局集股
第一次台湾正式建省（巡抚）	1885 年首任巡抚刘铭传
第一所陆军军官学校	1885 年创办的天津武备学堂
第一支近代海军	1888 年成立的北洋海军
第一部海军军制	1888 年制订的《北洋海军章程〉
第一家机器织布厂	1889 年创办的上海机器织布局
第一个整体规划建设海军基地	1880 年至 1890 年旅顺海军基地的建设
第一个以海防建设为目的，开发的城市	1892 年章高元驻防胶澳，建设青岛
第一个一品官员出国考察最多的国家	1896 年李鸿章出访八国

乃圣之时，人人怕谈厌谈，事至非张皇即卤莽，鲜不误国”，“中国日弱，外人日骄，此岂一人一事之咎”。因此，只有顺应世界潮流，勇敢地面对现实，才可能达到“自强”“自立”而不至于贻误国家。

二十一、真知灼见自省悟　强兵求富铸根基

历史上任何政治、经济方面的革新措施，都要经历一个反复实践不断深化的过程。李鸿章官至直隶总督兼北洋通商大臣后，触及范围更广，视野更宽。

当西方列强打开了中国沿海及长江门户，仍不满足，又想把侵略的魔爪伸向广大的内陆。光绪二年（1876），慑于英帝国主义的淫威，清政府被迫与其签订《中英烟台条约》。这次签约，对李鸿章刺激很大，他回函丁宝桢时十分感慨地说："惟中国积弱由于患贫。西洋方千里数百里之国，岁入财赋动以数万万计，无非取资于煤铁五金之矿、铁路、电报、信局、丁口等税，酌度时势，若不早图变计，择其要者逐渐仿行，以贫交富，以弱敌强，未有不终受其敝者。"要抵御外国侵略，让国家长治久安，首先要解决中国贫穷落后问题。古今中外的经验告诫我们："古今国势，必先富而后能强，尤必富在民生，而国本乃可益固。"中国要真正强大起来，必须先强经济，才能强固国防。富是强的基础，求强必先求富。

摆在面前的现实问题，是如何"求富"？李鸿章在写《置办外国铁厂机器折》时，省悟道："洋机器于耕织印刷、陶埴诸器，皆能制造，有裨民生日用，原不专为军火而设。"随着自强运动的推进，李鸿章越来越认识到财富是强国的基础。西方国家因为敢侵略中国，就是因为他们不仅拥有先进的武器，而且有较强的国力能支配军费。他的自强思想得到了升华，开始由注重"强军"转向了"求富"，关注民族工业。

"船坚炮利"是近代中国人对西方列强最早的直观认识，最早学习西方就是从仿造轮船和枪炮开始的。就是这样利国利民的有益之举，却屡遭守旧派以经费紧张为由强烈反对。顽固派、内阁学士宋晋在奏折中说："殚竭脂膏以争此未必果胜之事，殊为无益。"当时，曾国藩、李鸿章、左宗棠、沈葆桢等坚决反对停止造船。

同治十一年（1872年）成立上海轮船招商局。李鸿章于1872年6月上奏《筹议制造轮船未可裁撤折》，谋求自强之道在于"师其所能，夺其所恃"，"若我果深通其法，愈学愈精，愈推愈广，安见百数年十年后不能攘夷而自立耶"？他提出创办民用轮船公司是"求富"的一种方法。同时又呈上《试办轮船招商局折》，此折得到清廷批准后，李鸿章委托上海著名绅商、沙船

主朱其昂正式开始筹建轮船招商局。

创办上海轮船招商局的过程，并非一帆风顺。虽不是战场，却充满着斗争的“火药味”，除要面对朝廷守旧派的斗争，还要面对与外国轮船行业的激烈斗争与竞争。在华的英国太古、怡和、美国旗昌等轮船公司，联成一气，采用大幅度降低运费等手段想挤垮上海轮船招商局。李鸿章针锋相对，采取筹借官款、增拨漕粮及承运官物等措施，予以回击。不但未被挤垮，反而扭亏增盈。到光绪元年（1875），三年时间，上海轮船招商局已有自制轮船，加上承领闽广轮船 8 艘，向英国购进轮船 2 艘。外国轮船公司搬起石头砸了自己的脚，旗昌公司破产，迫使太古、怡和等公司，不得不与上海轮船招商局三次签订“齐价合同”，在一定程度上保护了国人的权益。

轮船招商局

1885 李鸿章年重新委任盛宣怀为督办，马建忠、谢家福为会办。经过这次“整旧重新、抽帮换底”的改组，轮船招商局的“商办”大为削弱，“官督”大为加强。李鸿章希望盛宣怀把该局办成“铁板模样，使来者确不可移，庶商务蒸蒸日上”。轮船招商局成立之初，只有轮船 3 只，至 1877 年收购美商旗昌轮船公司产业后，拥有轮船 33 只，23967 吨，此后始终徘徊在这个水平上，到 1893 年，拥有轮船 26 只，24584 吨。这个时期，它主要经营沿海与内河航运，水脚收入每年平均为二百万两左右，除去轮船费用、拆旧提成等开支外，每年净利达 30 万两左右。从此中国轮船开始畅行中国海域，成为海防自强的一大业绩。

创办上海轮船招商局，是晚清自强运动官督商办企业之一，开辟了中国水上交通由木船运输进入轮船运输的新纪元，标志着外国资本主义轮运势力包揽中国航运垄断局面的结束。

光绪四年（1878）正式成立开平煤矿矿务局。随着自强运动开展，各地兴办的军事工业和兴起的民用企业，对煤、铁的需求量越来越大，土法生产的煤铁不仅跟不上需求，而且质量较差，向外商购买价格又十分昂贵。据当时各通商口岸统计，每年共进口煤炭约10万吨。

“中国兵商轮船及机器制造各局用煤，不致远购于外洋，一旦有事，庶不致为敌人所把持，亦可免利源之外泄。”在李鸿章倡导、主持下，唐廷枢于1876年前往开平勘察煤铁矿产资源，次年实施开采开平煤铁计划。为了得到地方官吏的配合，李鸿章还委派官员会同督办。1878年，官督商办的开平矿务局正式成立。1879年，煤矿开始凿井，1881年，正式出煤，年产量3万多吨，到1894年，年产量已发展到70万吨。开平矿务局是自强派创办的采矿业中最卓有成效的大矿。该矿用机器采煤，配以铁路、运河、专用码头及堆栈，在一定程度上制约了外国煤炭的大量涌入。

1881年，李鸿章在请求开办平泉州铜矿的奏折中指出：天津机器制造局制造子弹、药帽等，所需要的铜料，都要从外洋购买，运输很不方便，价格昂贵。而且，不能长久依赖于洋人。中国应当设法开办自己的矿产，以节省费用，并使用方便。采用先进手段来发展中国的矿业，已是一个刻不容缓的问题。从1881年5月开始至1891年止，先后开办了热河平泉铜矿、山东平度金矿、黑龙江漠河金矿等等。以李鸿章为代表的自强派大力兴办矿业，不但保护了中国工矿权益，而且为中国带来了西方国家新机器、新知识、新技术，造就了一批近代化矿业技术人员队伍。

光绪五年（1879）着手筹建上海机器织布局。第二次鸦片战争以后，西方国家棉纺织品在中国的倾销，很快占领了中国市场，使中国传统的手工棉纺织业濒于破产。为了抵制外国棉纺织品，一些自强派官员提出自行设厂的建议，以作为富国的一项

上海机器织布局一角

措施。光绪二年（1876），李鸿章在致沈葆桢的信中说：英国洋布入中土，每年售银三千数百万，实为耗财之大端。既已家喻户晓，无从禁制。亟宜购机器纺织，期渐收回利源。李鸿章创办上海机器织布局，从弹花、纺纱到织布全用机器，是中国第一家全用机器的棉纺织工厂，从而在一定程度上抵制了“洋纱”进口。1893 年 10 月，工厂失火，使得在艰难中发展起来的中国近代第一座大型纺织厂毁于一炬，但其丰厚的利润与抑制洋商的作用，吸引和促使着李鸿章再次重整旗鼓、继续开办的决心。经过一年时间的紧张筹备工作，1894 年 9 月，华盛机器纺织总厂成立，边建设边投入生产。

光绪六年（1880）在天津设立电报总局。盛宣怀为总办，同时附设电报学堂。李鸿章认为，发展电报业，不仅是“富国”的办法，而且是强兵的必要手段。“用兵之道，必以神速为贵。”光绪五年（1879），首先架设了大沽至天津的电报线，为后来较大规模地发展电报事业积累了一定实践经验。李鸿章接受盛宣怀的建议，以电报便利防务、便利通讯为由，向朝廷奏报得到批准。仿照轮船招商局的办法，募集商股，自建从天津至上海的陆线。于 1881 年 5 月开工，同年 12 月竣工。津沪陆线的建成，使南北洋讯息相通，“调兵馈饷”，电传官商等紧要公、私事，瞬息可达。1883 年春开始架设沪粤线，次年夏全线通报。电报总局迁往上海，在各地设分局、子局、子店、报店四个等级的分理机构。之后通往西南、西北、东北的干线陆续建成。上海电政局大楼的建筑，作为上海标志性建筑之一，载入上海《图画日报》上。

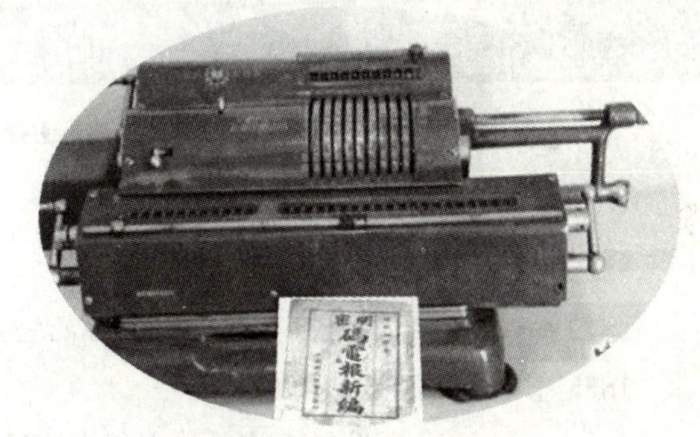

旧时发报机和《明密码电报新编》

从 19 世纪 80 年代初至 1895 年止，经过 10 多年的修建与扩展，初步形成了贯通全国的电讯网。1908 年改为官办，隶属邮传部，称电政局，兼办电话事业。电报总局是自强派具有爱国民族意识经营的民用企业中比较成功的一个，对于促进经济交往、抵制外商有一定的意义，对加强国防情况的迅速传递都发挥了积极作用。

综上所述，从 19 世纪 70 年代开始，李鸿章的自强思想得到进一步升华，由强兵转向求富，在他的主持之下，自强派同僚们继军工企业之外，又创办

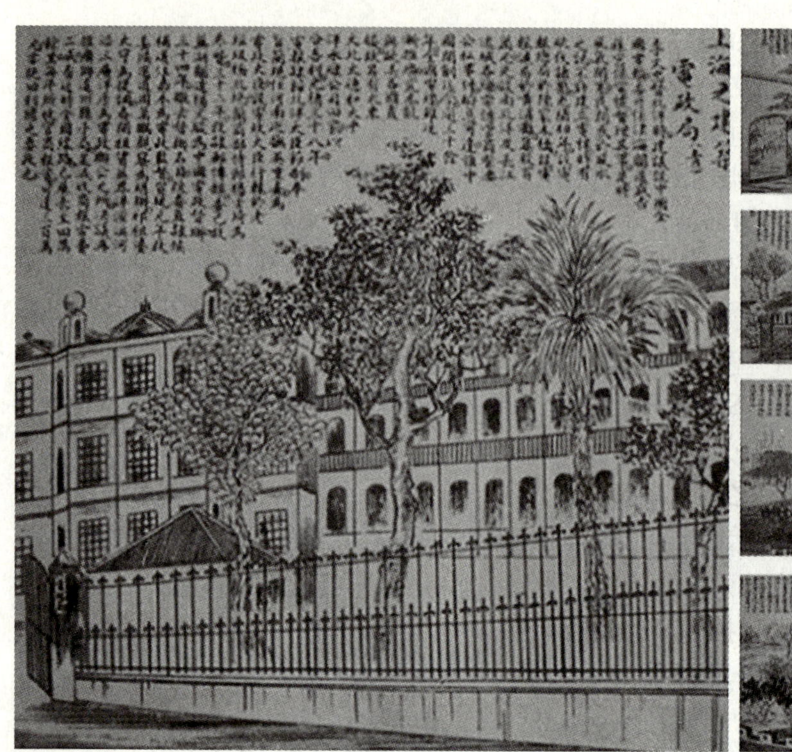

1909 年上海《图画日报》连载《上海之建筑》

了一系列的民用企业。

1872 年　在李的支持下开设官督商办的轮船招商局

1875 年　计划修造铁甲船

派遣福州船政局的学生留学法国

1876 年　李鸿章派遣七名官佐赴德国

从福州船政局选送三十名学生和艺徒赴英法两国学习，此后数年又遣使往聘其他国家

1877 年　丁宝桢在四川开设一个机器制造局

1878 年　李鸿章开办开平煤矿务局

1879 年　大沽与天津之间开设电报线路

1880 年　李鸿章在天津开办一所水师学堂

李鸿章奏请铺设铁路

着手建设新式水师计划并开始购买外国师船

1881 年　电报总局在天津成立

上海至天津的第一条电报线路开通

在天津以北铺建了一段二十里铁路

遣十名水师学生出洋留学

1882 年　李鸿章在旅顺开筑一座军港和一所船坞

1883 年　李鸿章派遣十三名水师学生和四名艺徒赴英、法、德国研习造船

1885 年　李鸿章在天津开设武备学堂

成立海军衙门

1886 年　张之洞在广东建纺织局

1887 年　李鸿章先后开采漠河金矿、热河平泉铜矿等

分别与张之洞在天津、广东开设制造局

1888 年　设立北洋水师

1889 年　张之洞在广东开设织布局和铁政局

1890 年　张之洞在广州开办大冶、汉阳铁厂和萍乡煤矿

1891 年　李鸿章在上海开办伦章造纸厂

1892 年　李鸿章设机器纺织总局

1893 年　湖北省建二家火柴公司

李鸿章等自强派对推行自强运动的认识，经历了一个不断发展深化的过程。由重视军工到发展民用工业，由“强兵”到探寻培植国本的“富国”，走实业救国之路，从而推动了近代中国民族资本主义的发展。

二十二、筑建铁路遭诽难　力排众议挺唐胥

中国第一条营业铁路是吴淞铁路（于 1876 年正式通车），第一条自办铁路是唐胥铁路（于 1881 年正式建成），这两条铁路都与李鸿章有极大关系。前者是他与英国谈判拆毁的，后者是他坚持一个“挺”字诀，顶住来自各方面压力，亲自督办修建的。

李鸿章对铁路由不知到熟知，由熟知到构想，由构想到实践，经过了反复认识的过程。起初，他对铁路为何物一无所知，将兴建铁路拒之国门之外。后来随着他对铁路知识由知之甚少到知之较多，逐渐转变了对办铁路的认识，从而在反对西方列强在中国兴建铁路利权的同时，排除诸多干扰，极力推动中国铁路的兴建。在他的努力下，至 1889 年晚清政府将铁路定为强国之策。

西方列强侵略中国，已经不满足于向中国输出商品从中获取高额利润。他们采取向中国输出资本的方式，掠夺中国资源，榨取中国廉价劳动力，攫取高额垄断利润。洋人以先进的物质文明染指落后的晚清封建社会生产力和生产关系，在中国兴建铁路成为他们重要的猎取目标。李鸿章保持着高度的戒备心理，阻止洋人在中国继续扩大经济侵略的范围和规模。同治二年（1863），李鸿章任江苏巡抚时，以英国为主体的上海 27 家洋行，呈请“钦差大臣江苏巡抚李（鸿章）大人，要求建筑上海至苏州间铁路的特许权”。李鸿章明确地通知领事说：只有中国人自己创办和管理的铁路才会对中国人有利，因为筑路，中国人民的土地被剥夺的时候，将会遭到极大的反对。

上海吴淞铁路是英国怡和洋行采取欺骗手段，于光绪二年（1876）擅自修建的，该路长 14.5 公里，是中国最早出现的一条营业性铁路。这条铁路由清政府以 265000 两白银于次年赎回，并于 1877 年 10 月拆除。光绪二年九月李鸿章在《禀母》家书中，对此情况说的很清楚，“缘英人擅筑铁路，虽沈葆桢等照会领事阻止之，何奈该领事多方偏护，置之不允。后由各国事务衙门商之威妥玛，亦不允。于是命男李鸿章与之妥商，会议多次，乃定以二十六万五千两买断，行之听吾国自便 。”

同治十三年（1874），李鸿章晋见总理各国事务衙门大臣恭亲王，极力陈述修建铁路的利益，请先造清江至北京铁路，以便南北转载运输。恭亲王却以天下无人敢出来主持这件事及两宫太后也不能决定此等大计为由相拒绝。李鸿章感慨万千，牢骚满腹，发誓“从此就绝口不谈修铁路”这件事了。

牢骚归牢骚。尽管他提出修建铁路的主张一再碰壁，但对修建铁路的主张，丝毫没有放弃。他感到中国交通阻滞，调兵运饷，缓不济急。要求富，军事工业、民用企业的快速发展，尤其是煤矿之类产品产量激增，这些都急需解决运输问题。因此他仍然在等待时机，施行自主修建铁路的主张。

光绪二年（1876），丁日昌受命为福建巡抚后，秉承李鸿章的意愿，上疏建议在台湾修筑铁路以防外安内。李鸿章和沈葆桢一致支持丁日昌的主张。1877 年，清政府批准了他的建议，要他审势地势，妥速筹策。这是清政府首次批准在台湾修建铁路。李鸿章非常高兴，写信支持和鼓励了丁日昌，但这次修筑台湾铁路的计划，虽经清政府批准，终因费绌而中止。

此后，李鸿章又多次主张在东南和西北两个地区修铁路，以解决海防和边防问题。由于阻力过大，一直未能实现。

唐胥铁路上骡马拖拉的车辆

直至光绪六年（1880），刘铭传上疏请求兴建铁路，明确提出："自强之道，练兵、造器固宜次第举行，然其机括，则在于急造铁路。铁路之利于漕务、赈务、商务、矿务、厘捐、行旅者，不可殚述。而于用兵之道，尤为急不可缓之图。"此观点仍遭到清廷守旧派利用小农经济阻碍与社会心理排弃的理由强加阻碍，认为兴建铁路是"奇技淫巧""洪水猛兽""失我险阻，害我田庐，妨碍我风水"。中国人历来讲究风水，认为破土修建铁路那是要破"龙穴"的，坏自家风水的事，决然不能做，甚至搬出先辈祖宗及山川之神来威吓。自 1880 年至 1887 年清政府围绕着是否兴建铁路的问题上争论不休，事实上，这是守旧派与自强派政治势力的较量。

李鸿章早就作好与守旧派斗争的思想准备，在上疏《妥筹铁路事宜折》时，不仅驳斥了守旧派反对兴建铁路的谬论和对铁路的诬蔑，同时全面阐述了兴办铁路九大利处。利南北贯通，增加税收；利调兵快捷，有利军政；利拱卫京畿；利调济物价，有利民生；利军民物资运输；利邮政，海运漕运之不测；利矿务煤铁；利轮船招商，轮船不达之处，火车达之，二者互为表里；利官民兵商的行旅，要求"朝廷决计创办"。"而国计、军谋两事，尤属富强切要之图"，兴办铁路不仅方便本国，而且可以防止洋人攘夺路权；兴办铁路

1882年，李鸿章（前排左起第4人）乘“龙号”机车视察唐胥铁路。

对商业、交通、矿务都是极大的促进，是扩大民生之计，并不存在扰民问题；关于路款不足，可以在不出卖路权的前提下商借洋款。“破除积习而为之”。他是当时清廷官僚中最早对兴建铁路提出自己思想认识的人，是中国最早主张兴建铁路的人。

1876年，直隶总督李鸿章委派唐廷枢筹办开平煤矿，并提出在矿区修铁路以利煤运的方案。早已习惯别人说三道四的李鸿章，坚持一个“挺”字诀，不顾守旧派的强烈反对，决定修建唐山至胥各庄的铁路。铁路于1880年动工，1881年建成。这一铁路当时命名唐胥铁路，为近代中国自建铁路最早的一个区段，标志着中国铁路事业发展的开端。中国第一辆火车是当时唐胥铁路总工程师的夫人仿照英国著名的蒸汽机车造成的，因为中国工人在机车两侧各刻一条龙，于是把它叫做“龙号”机车。1886年，开平矿务局把唐胥铁路从胥各庄延伸到阎庄，1888年再延伸到天津后，拟再延伸至通州，由于京中守旧派官员反对未果。1890年，因东北局势日紧，改建关东铁路。至1893年修通了天津至山海关路段，后又向关外延伸了64公里。至1894年中日战争爆发，修建山海关外的铁路暂行停工。

1885年台湾设省，首任巡抚刘铭传于1887年再度奏准修建铁路，在1888～1893年间，修成基隆至新竹段，限于经费，停止修筑。1895年台湾割让与日本，这条99公里的铁路也落入日本手中。八国联军入侵之后，国内要求保卫路权、自修铁路的呼声越来越高，清政府终于决定自行兴建京张铁路。该铁路由铁路工程专家詹天佑主持设计建造。作为京张铁路总工程师，詹天佑创造性地运用了“人”字型铁路，使火车能在山区陡坡通行。

近代中国铁路发展与李鸿章的关注与推崇密不可分，在100多年前，封建势力空前强大，反对修建铁路的呼声甚嚣尘上，他在这种背景之下倡导和主持修建铁路，依靠中国自身力量，总计在北方修建了300多公里长的铁路线。铁路所有权和经营权以及管理权属于中国，外国人无权插手，这些都体现了李鸿章的民族意识，体现出他自强图变和顺应时势的能力与勇气。

二十三、近代教育闯新路　公派留学开先河

19 世纪下半叶的中国，正处在一个前所未有的大变动时期。西方列强用鸦片和洋枪、洋炮、军舰，逼迫中国实行“门户开放”，闭关锁国的大门被彻底打开了。清王朝幻想回到唯我独尊、“天朝上国”的梦想已经完全破灭。许多洋商陆续来到中国，大量洋货进入中国市场，洋人们不择手段地边做生意，边欺诈中国百姓，边抢夺中国宝物。列强不断用武力相威胁、寻衅滋事，中外交涉频频不断。

洋人、洋货、洋技术冲击着中国，是中国人必须面对的。李鸿章敢于正视现实，面对时局变化，以开明方式了解西方国情，接受西方先进东西，在交涉中据理力争。

李鸿章自己是不会洋文的，但与洋人打交道后，他注意洋知识的学习积累，重视培养学习洋文的人才。同治二年初（1863）是他任江苏巡抚、统帅淮军第二个年头，政务上千头万绪，军务上是与太平军交战的关键时期。在政务、军务十分紧张的情况下，李鸿章于同治二年正月二十二日上疏了《请设外国语言文字学馆折》，可以看出，他对学习外国语言的重视程度。

《请设外国语言文字学馆折》只有一千三百多字，但条理分明，从介绍与洋人交往，到洋人学习中国文化与中国人学习洋文的差异程度，认为不论是军营，还是“于士、农、工、商之外别成一业”都应该学习洋文。他又说：“即如会办防堵一节间与通习汉语之大酋晤谈尚不远乎情理，因琐屑事件不能一一面商，因而通事假手其间，勾结洋兵为分肥之计，诛求之无厌，挑斥之无理，支销之无艺，欺我聋暗，逞其簧鼓，或遂以小嫌酿大衅。洋务为国家怀远招携之要政，乃以枢纽付若辈之手，遂至彼已之不知情伪之莫辩，操纵进退汔不得其要领，故非细故也。”李鸿章用亲身经历例证谈学习洋文、洋知识的重要性，同时，把洋兵的嘴脸刻画得入木三分。此折涵盖内容多，有理有据，包括对学习洋文人才选拔、培养使用及办好外国语言文字馆的意义都作了阐述。不能正确看待当时国情、不熟悉外国情况的，是写不出这样的奏折的。

李鸿章敢于改良科举考试制度，是旨在推动中国走上近代化道路的纲领性主张。他通过与常胜军交往和洋枪队的威力，感受到中国武器的落后，缺少精巧的制造工艺。四书五经固然重要，但章句小楷是难以造就这样的人才的。

当务之急是改革教育，培养近代化急需的人才，“实为中国自强之根本”。

在“内忧外患”情况下，暴露了科举乏才的危害，李鸿章极力推动晚清科举改革，提出包括教育改革在内的一系列变法主张。他在《筹议海防折》中指出：“用人最是急务，储才尤为远图。洋人入中国已三十余年，驻就已十余年，以我胁我，殆我虚荣……下不学由于上不教也，军务肃清以后，文武两途，仍由章句弓末由进身，而以章句弓马施于洋务，隔膜太甚。”他认为旧的教育科举制度与求富强是不符合的。对历史沿袭下来的科举制度“即使科目不能骤更，时文不能遽废”，那么“考试功令”也要“稍加变通”。洋务实业人才依靠科举考试制度是发现不了、选拔不了的。科举考试门槛，阻碍了人才选拔使用。为培养洋务需求的人才，要“另开洋务进取一格以资造就”。

他对科举制的抨击，多见于 19 世纪六七十年代陈述变法主张的一些奏折和函稿中。他认为，历史上沿用了一千多年的科举取士制度，面对近代世界科技的“月异日新”、外国“利器强兵，百倍中国”的千古变局，早已不合时宜。继续采取科举考试制，对培养近代化人才不但无用，而且有害。

他在推行新式教育过程中阻力重重。守旧派不仅把科举作为士人进身的惟一正途，把八股试贴作为科举选拔人才的惟一标准，还把学习西方科技的新式学堂归入末流，严厉规定其学生不得参加此类科举和考制。对此，李鸿章据理力争，如果此类现象持续下去，只能使天下人继续埋头于“四书五经”，阻碍新知识在中国传播。“往往见贤而不能进，见不善而不能退，此类是上下相忍为国习，为和同。有立异者则必推而远之，不但无总揽事权运量回海之才，即有其人，亦不容于今之朝矣。”

中国人才缺乏，并非中国无聪明才干之人。原因是那些“中国士大夫沉浸于章句小楷之积习……以致所用非所学，所学非所用。无事则嗤外国之利器为变怪神奇，以为不能学。不知洋人视火器为身心性命之学者已数百年”。

国家要自强，培养人才是关键。必须打破旧的科举考试制度，否则会严重阻碍人才选拔、培养和使用。他进一步指出：“欲学习外国利器，则莫如觅制器之器。师其法而不必尽用其人。欲觅制器与制器之人，则或专设一科取士。”为扩大新学堂的影响，增添吸引力，他建议除“另开洋务时取一格”外，新学堂学生可以直接参加乡试，优秀的可以和科举正途出身享有同等待遇。

李鸿章对科举考试制度的质疑和抨击，其尖锐、深刻和无所畏惧的精神，都需要胆识和勇气，这是政治家的务实精神。他为开创近代新教育事业提出的一些改革主张和措施，对推动中国近代教育发展产生了深远的影响。

李鸿章改革传统教育，创办学堂，1863 年他奏请在上海设立上海同文馆，

4年后改为上海广方言馆。并制定上海广方言馆章程十二条，明确规定增设算学馆，开设西方自然科学科目。他把广方言馆学生分成上下两个班，初进馆分在下班，学习外国公理公法，如算学、代数、几何、天文、地理、绘图以及外国语言文字等。上班主要偏向于制艺技术和军事实战、外国国情等知识学习。

上班设：辨察地产，分炼各金，以备制造之材料；
选用各金材料，或铸或打，以成机器；
制造或木或铁各种；
拟定各汽机图样或司机各事；
行海理法；
水陆攻战；
外国语言文字，风俗国政等。

在创办上海广方言馆后，1870年至1900年间，李鸿章在周馥协助下，先后创办培养军事人才和工商业实业人才两大类学堂。军事学堂有：水师学堂、武备学堂、鱼雷学堂等。工商业洋务学堂有：铁路、电报、航运、医学新式学堂等。在中国近代有名人物中，段祺瑞、徐世昌、冯国璋、王士珍、曹锟等都出自这些学堂。

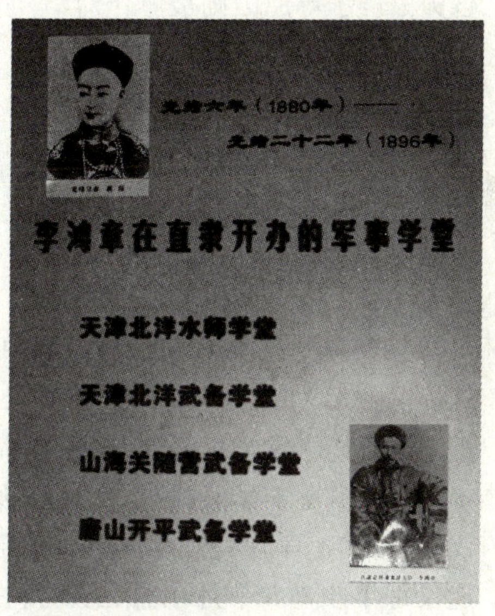

天津北洋武备学堂部分学员：
段祺瑞、冯国璋、曹　锟、王士珍、段芝贵、陆建章、王占元、李　纯、萧瑶南、雷震春、张怀芝、蔡成勋、卢金山、魏宗翰、陆　锦、陈光远、王汝贤、张鸿绪、张鸿逵、阎相文、杨善德、田中玉、李长泰、鲍贵卿、靳云鹏、何宗莲、周符麟、王怀庆、蒋雁行、赵理泰等。

近代教育的创办在教学模式上采取了请进来、走出去相结合的教学方法。为开阔学生视野，更好地接受西方先进文化，掌握实际操作技艺，真正使洋务学堂的学生成为国家需要的栋梁之才，李鸿章作出了积极努力，且卓有成效。

请进来——聘请外国军官充当教习，“于西洋后膛各种枪炮、土本营垒及行军布阵，分合攻守各法，必能通晓”。学堂取外国教学法，注重实际演练和考核。每日教习以外语授课，学生靠翻译听讲，隔三五日到军营一次，演练筑垒、操炮技术和步、马、炮、工各队攻守战法，检验所学军事知识。

派出去——在聘请外国军官充当教习实践中，李鸿章慢慢发现“洋人往往不肯把奥秘传给中国人”，或洋专家“高低不等”，有的人对“所使用的机器，不明其原理”，只不过是一些滥竽充数的庸人。鉴于此情况，李鸿章认为“选派留学生，培养人材，实在是中国自强的根本”。“中国选募学生留洋，学习西方以图自强，实在是当务之急。”于是，他选拔学生走出国门，分批到国外实习；选派幼童出国留学等，加强国内人才培养。

李鸿章与曾国藩很早就提出送幼童到外国留学。他在给朝廷的奏章中提到“拟派员在沪设局，访选沿海各省聪颖幼童，每年以三十名为率，四年计一百二十名，分年搭船赴洋，在外国肄习十五年后，接年分起挨次回华”。1872 年，第一批幼童 30 人赴美，随后三年又有三批被送到美国，到 1875 年共达到 120 人。但清廷官僚们对出洋留学看法是不同的，“士大夫议者纷纷”，指责留美学生入耶稣教门“流为异教”，仅因私自剪去辫子等原因则被看作对清皇朝的不忠被召回国的幼童就有 9 名。光绪七年（1881），清廷下令解散留学事务所，留学生全部停学、撤回。120 名留美学生除因事故早已撤回及在外病故的 26 名外，其余 94 名均分三批回国。

李鸿章和曾国藩联名上奏折，选送幼童留美。图片上是中国历史上最早一批留学生。

1876 年，李鸿章又派遣淮军中下级军官卞长胜等 7 人，随同洋教习赴德国学习陆军。1887 年初，李鸿章又会同福建船政大臣沈葆桢联衔奏准，选派福建船政局学堂学生 26 名、艺徒 4 名，赴英、法两国学习制造、驾驶。1888 年，李鸿章鉴于学习制造的学生，原定学制 3 年为期太仓促，“所学不全”，建议改为 6 年；学习驾驶的学生，每年仅有两个月在大兵船上实习，“阅历亦浅”，建议每年改为 6 个月在船上实习，以增加阅历，但原定学制 3 年不改。1889 年段祺瑞与 5 名同学就是从天津武备学堂赴德国学习的。

李鸿章等人所倡导的出国留学并非一帆风顺，守旧派认为出国留学是大逆不道，背叛中国传统文化，于是千方百计地加以阻扰。出国留学开创了近代教育先河，无论是从教育和外交，还是从工商企业方面看，中国留学生都起了巨大作用。这些留学生凭着强烈的爱国热情，为祖国贡献出了自己的力量。

二十四、精血诚聚兴水利　躬考黄河行千里

中国是一个农业国家，历朝历代把治水视为国计民生的要政，是衡量大小官吏政绩的标准之一。李鸿章在任直隶总督期间，目睹洪涝水患频繁、民不聊生的惨状。尽管身兼多职，但对治河治水没有丝毫推诿，而是主动所为，有所作为。他提出了一系列治河治水的主张，兴修了许多水利工程，其水利建设政绩是有目共睹的。

光绪七年（1881）李鸿章回顾自己接任直隶总督时，直隶河道的情形“同治十年前后畿辅永定、大清、滹沱、北运、南运五大河及其六十余支河原有闸坝堤埝无一不坏。减河、引河无一不塞。正河河身淤垫愈高。南泊、北泊、东淀、西淀早被浊流填淤或竟成民地。其河淀下游则恃天津三汊口一线海河迤逦出口平时不畅秋令海潮顶托倒灌。节节皆病，每遇积潦盛涨横冲四溢连成一片”。这样的河道状况，使畿辅难于修筑水利工程，“河道本来狭窄既少余地开宽土性又极松浮往往旋挑旋塌。且浑流激湍挑沙壅泥沙多则易淤土松则易溃”。光绪七年李鸿章上《覆陈直隶河道地势情形疏》，既然水利工程难以奏效，那么农田水利就不易成功。所以，他在直隶总督位置上时，对天津周边河道治理是十分重视的，查阅一下《李鸿章全集》，有关河道治理奏折就有十余封。

在河道治理上，李鸿章素以河务为念，筹划极详，虽限于经费不克大举，但每年补编救弊之劳已属不遗余力。同治十年(1871) 天津等府又遭到水灾，李鸿章在赈灾后，抓紧抢修南运河。

李鸿章曾派直隶候补道金福曾对南运河进行详细勘察，听取他的汇报后，亲自制订了治理南运河工程方案，测算工程量、经费需求及工程中所需工料及冯家浅苇子厂损失赔偿等问题，于同治十年十月十九日分别上疏两道奏折，即《南运河经费不敷折》和《南运河请赔修片》。首先对抢修南运河工程，要引起重视，加大国库投入。“今年伏秋大汛，南运河水势异涨，拍岸平漕，险工林立，至霜降后，始渐消退。两岸堤工，及应修补残缺，培厚加高，若仍临汛垫修，水患恐致日甚，上关国赋、运道，下系田舍民生。”“近二年，河员遂不复以治河为事，督臣亦不能责以徒手而治河。目前，似省小费，究之为害愈巨，为费更多。”他认为对治水要着眼于长远，不能因小失大。若省了眼前的小钱，就是花大钱的开始。

他对南运河抢修工程情况在奏折中清楚阐述，“应自恩县四女寺起……入东境乐陵海丰，逐节挑挖，并将河头坝基移进数十丈，另筑新基，改坝建闸，及修筑堤埝桥梁等项”，就是“凭挑土就有一百二十万一千余方。又河头改建五孔石闸一座，每孔宽一丈六尺，进深三丈，闸墙四座”。这根本不像一个直隶总督笔下的奏折，很像一个水利专家书写的工程策划报告。

他为抓紧抢修南运河筹集经费，决定择机在开春时开工，并派人加大对工程质量的监督。“俟春融农隙，次第兴工，再找领抢修银两，预备大汛防险之料，责令该道，督率厅汛，印委员弁，就款筹办，逐段验收。倘敢偷减草率，即详请撤参。”李鸿章为修理南远河有功者请功嘉奖，于光绪十三年（1874）专门上呈了《南运河闸各工请奖折》，“若照部议，仅按局务劳绩请奖虚衔等项，不足以昭激劝。此河关系畿南两省，利病甚钜，非寻常一隅挑筑可比，应请仍遵前奉命旨，按照河工奖章核办”。并对三品衔候补道金福曾，因统筹督率，调度有方，赏给二品衔。

李鸿章亲赴永定河察看堤工、漫口险段，连续七次写奏折上报洪灾情况，派官员堵堤，对施工质量进行监督。同治十年（1871）十月底李鸿章准备回保定，相约钱鼎名“查勘永定河堤工程，即顺道回省”。他经常与懂水利的幕府人员如周馥、金福曾商讨河道治理问题，“直省永定、南北运、滹沱等河挟壅沙泥皆极浑浊，盛涨时奔腾浩瀚，其泥沙尚可随流而下。涨过则水平力弱，节节停滞”，用了“混江龙铁扫帚”也难有效。说明在永定河治理上即便已采取了措施，但水灾隐患仍未消除。光绪十三年三月二十六日，李鸿章呈《永定河秋后察办折》，“……今年凌汛因旧河身下口淤高，恐致改流，曾于该汛购料防守。乃冰泮后，上游凌水源源而来，叠次增涨，势甚汹涌。河流忽改南趋，逼刷该汛堤根，连日竭力设法抢护，乃二月二十二夜狂风大作，水益抬高，排空而下，人力难施，从南八下汛十三号漫过堤顶”。治理河道要因地制宜，分清利害轻重，要各尽其责，追究责任，“将办不力之厅汛各员撤任、道员暂记大过随时察看核办……”从奏折看，李鸿章对永定河察看仔细，情况了如指掌。提出治理河道的措施比较有针对性，追究治理河道责任人的措施比较强硬。同年冬季，经过反复对永定河水势河形的细致勘筹，准备引河70余里，他动用淮军进行治河，积极筹款解决工程和淹没村庄迁移费用，于十二月初十再次呈《永定河仍拟堵筑片》，“惟口门宽至二百丈河坎，抽深至二丈，引河长至七十余里，实属工大费钜。除酌调淮练各军协挑引河外，仍需银十数万两，容臣督饬司局竭力挪措，以应急需。至被水村庄，业由臣与府尹臣分别筹款抚恤。所以永定河南七工漫口，仍以就原口堵筑，酌改引河下归韩家墅出口缘由”。

李鸿章对治理天津周围河道十分重视，简直是专家式人物，研究比较深，并付诸实施。他于光绪十九年（1893）十月十一日，专写了《论永定河》，“二百年来，永定一河久劳列圣廑怀，屡兴大役，迄无全功”。高宗纯皇帝圣制《过卢沟桥书怀》云：“知其非长策，而实无计可图。”李鸿章在文章谈到自己治理永定河感悟：第一，治理主要做法，“至于挑挖中洪，疏导海口，尤为不遗余力。前于天津城东开陈家沟引河，接挑金钟河，分由北塘入海”。第二，通过治理后效果是明显的，“从前长水一丈六尺，有报溃者，近年长至一丈八九尺，尚堪保护，惟长至二丈以外则河槽断不能容。况庚千两年及本年暴雨浃旬，异常大涨，实数十年所未有……灾情雨势都下人士所共见闻，不独永定一河为然也”。第三，永定河治理责任及存在的问题，“鸿章自来畿甸，当各河糜烂之余，频岁设法兴修，案牍多于束笱，生民利害所系，岂有视为缓图？惟独永定一河受病太深，劳身焦思，智尽能索，只能补偏救弊，竟无完善之谋”。永定河属五大河之一，累年漫决，害尤甚。李鸿章修复金门徬及南、上、北三灰坝。卢沟桥以下二百余里，改河筑堤，缓其溜势。

李鸿章在治理直隶河道时，百姓送其“万民伞”。现摆放在保定直隶总督议事大堂左右两侧。

光绪九年、十年（1883、1884）是李鸿章在天津、保定大修水利之年，除对永定河道进行治理外，先后还对马颊河、热河、大清河、滹沱河、北运河、减河等河道都进行了水利治理。淮军名将周盛传任津沽屯田事，履勘天津东南纵横百馀里，沮洳芜废，议疏潦、浚河渠，引淡涤咸，以变斥卤。光绪二年（1876），调天津镇，移屯兴工，开南运减河，自靳官屯抵大沽海口，减河两岸各开支河一、横河六，建桥闸五十余处，备蓄泄，使淡水咸水不相渗混，成稻田六万余亩。滨河斥卤地沾水利，可垦以亿计。至六年（1880）工竣。在李鸿章领导下，周盛传在京畿水利治理上任劳任怨，带领淮军兄弟们在天津农田水利建设上做出了很大贡献。

光绪二十四年（1898），李鸿章自上年奉命出使俄、德、英、法、美等各国归国后便在总署衙门行走，尚无实职。入夏以来，山东黄河先后在惠民、历城、寿张、平阴等地决口，数十县被淹，洪水过处，难民号哭连天。面对这一严峻而又棘手的问题，慈禧想到了肯干事、能干事，又闲着无事可干的李鸿章。一道懿旨命令他为山东履勘河大臣。

其实，李鸿章很早就关注黄河的治理，与黄河结下不解之缘，最终赴任勘河大臣。

同治十二年 (1873) 二月李鸿章在写给鹤章信函时，与其弟专谈黄河问题。摘抄几段，就可以看到他对水利知识的渊博。

对黄河总体情况描述：“黄河为吾国一大害，缘水性固急，不能立时流下，即有口决之患，两岸居民饱受其祸。于冬季水涸之时，河底竟无滴水。历朝每欲止其祸患而不可得。兄仰受圣上之旨，默察利弊之所在，作根本补救。”

对黄河的治理之策，还是恭亲王说的四句话：“审地势，识水性，酌工程，权利害”。至于黄河入淮河、或是入运河，都不是好计策。与“淮不能合流，天时、地利、人事三者皆穷。今即能复故道，亦不能骤复河运，非河一南行，即可侥幸无事也……”乾隆二十三年 (1758) 八月谕河臣白钟山曰：“引黄入运，黄水多挟泥沙，一入运河，易至淤塞，非甚不得已，不可轻为此迁就之计。”

对治理黄河方法，只有遵循古人所说“因水所在，增立堤防”一语。其后至 1898 年，李鸿章有关黄河呈上了许多折片，付诸治河许多措施。如光绪九年 (1883) 的《东明黄河添设中汛片》，主要是增添中汛汛员，专责中汛修守。光绪十年 (1884) 正月呈《黄河修防分别造报片》和《复奏黄河口门用机船片》，提出用兵船开挖黄河口门等。

按照慈禧旨意，李鸿章任山东履勘河大臣，根据《东营市黄河志·大事记》记录，李鸿章接受卢法尔的建议，首先测绘全河情形，研究沙从何处而生，水由何处而减，探寻根治办法。农历十月十六日他带着比利时工程师卢法尔和任道镕、张汝梅以及数名天津武备学堂懂得测量的学生，自曹州府（荷泽）

出发，顺河而下，直到利津黄河入海口。一个七十五岁的高龄老翁，历时3个多月，晓行夜宿，行之黄河千里，履勘河势情形，测量河道数据，访问地方河官（工）、汛目，获取了第一手资料，经过会议反复议决，拿出了治本、治标两套办法。李鸿章专门聘请懂水利的外国专家卢法尔一同前往勘察，边实践，边向卢法尔学习，自己的水利知识也有了很大提高，成为名副其实的水利专家。他于光绪二十五年（1899）二月初十撰写近万字的《勘察山东黄河会议大治办法折》和《筹议山东河工救急治标办法折》，在对山东黄河"望、闻、问、切"后，作了一个全面系统的"病理"分析报告。可以说是以科学、严谨的态度，客观地分析了当时山东黄河形势，提出了比较符合实际的治理举措和标本兼治的设想，其中关于山东黄河水患根源的论述，一直为后人所推崇。他对黄河情况了如指掌，对黄河"病理"分析透彻，对黄河治理深谋远虑，是一个真正的水利工程师。

作者不懂水利，但看了两道奏折后，感慨万端。

李鸿章呀！李鸿章呀！你是一个"不学无术"之人，为什么懂得用军之道？讲改革教育头头是道？讲工商企业样样知晓？讲治理水利从测算到河道，从堤、桥、圩坝到工程设计、经费预算样样知道呢？

你是一个迷。还是用你自嘲的对联作了结吧：

受尽天下百官气，养就胸中一段春。

鸿篇巨制九曲史，章节命题万众定。

二十五、心系百姓尽官责　体恤民情议赈灾

李鸿章在推行洋务时，注重把西方技术转化运用于民生日用品制造上。当化工工艺操作技术陆续传到了中国，中国官办和民办企业开始生产一些与民生直接相关的产品。光绪六年（1880）上海燧昌自来火局开始生产火柴。光绪十四（1888）叶澄衷在上海创办火柴厂，每年6万盒，约占当时全上海火柴产量的40%。我们现在用打火机、点火器等，十分方便。但在当时情形下，家用点火只有火柴，它与百姓的日常生活联系十分密切。

李鸿章关注民生，在赈灾、慈善上有着众多体现。阅读《李鸿章全集》，其有关赈灾方面奏折比较多。同治二年（1863）前后，淮军还没有夺取江苏整个控制权，与太平军交战正在进行时，李鸿章既是淮军统帅，又身兼江苏巡抚，他为江苏遭受战争之苦、民不聊生的情况倍感心疚，采取了战后赈灾、家园重建和开荒垦田一系列措施。

同治二年（1863），淮军三月复太仓州城，四月乘胜复昆山。李鸿章在此一边集中精力布置与太平军交战，一边查看民情，于同年四月十六日上疏《筹赈收复地方并酌请蠲免漕粮片》："查苏省民稠地密，大都半里一村，三里一镇，炊烟相望，鸡犬相闻"。他又说，这只是过去的景象，今天已经不存在了。现在看到情况是："今则一望平芜，荆榛塞路，有数里无居民者，有二三十里无居民者，间有破壁颓垣，孤嫠弱息百存一二皆面无人色，呻吟垂毙。"即使在相隔二三十里看到人，也是面黄肌瘦，这些人"近地无可求乞，远地不能行走，唯掘草根作饼充饥"。作为江苏巡抚看到这种情形，他深感自责："臣职在抚绥。目击情形不胜心疚"。战争带来破坏，最后受苦的还是老百姓。对战后赈灾李鸿章提出了三项抚恤措施。第一，抓紧落实分户分送钱米进行救济，"上年冬间，青、嘉初复时，即闻各乡被难之惨，特设善后抚恤局……分运钱米挨户散给，按期按村周而复始，籍苏残喘"，有的地方因战争"尚未及办"的，"赶紧前往分投接济，并会商各该州县官绅设局筹捐，次第赈抚"。第二，要引导百姓落实生产自救措施："因议招集流亡酌给芦席竹苇，俾其各就田庄搭棚栖宿，补种黄豆、包谷、荒菜等物，以备秋后糊口之需。其各县稍为完善地方另派员绅设法劝谕借种催耕，并督饬该州县廉静勿扰以养民力。"为了尽快地恢复和稳定秩序，还采取了"招垦升科"政策。第三条措施是"拟恳皇太后、皇上特沛殊恩，豁免本年漕粮，与民休息"。

李鸿章针对苏省存在的“浮赋”问题，于同治二年（1863年）五月十一日上呈《裁减苏松太粮赋浮额折》，同时上呈了《清查苏松漕粮积弊片》，浮收与赋浮不同，浮收是指额外多收，浮赋则是指超过了百姓纳税能力的额征。李鸿章认为：“苏松太三属岁征浮额积弊太深……今天下不平不均者，莫如苏、松浮粮。”理由是“上溯之则比元多三倍，比宋多九倍；旁证之则比毗连之常州多三倍，比同省之镇江等府多四五倍，比他省多一二十倍……”清代漕粮以江浙二省为大宗，居全国份额的3/4，但收漕却较江西、两湖重2倍，随着经济动荡、水利失修、银价上涨、漕弊日深和战争破坏，百姓负担越来越重。“凡田一年不耕便为荒田，今已三年矣，各厅县册报抛荒者居三分之二。虽穷乡僻壤亦复人烟寥落间于颓垣断井之旁。”李鸿章巡视收复的各州县时，“遇有居民，无不鹄面鸠形，奄奄待毙，伤心惨目之状实非郑侠流民图可比，已复之松太如此，未复之苏州可知。而欲责以数倍他处之重赋，向来暴敛横征之吏，所谓敲骨髓者至此而亦无骨可敲，无髓可吸矣”。如果仍责以重赋，肯定毫无效果。李鸿章指出，百姓“一闻减赋之令，必当感激涕零，望风增气……弩矢之驱必更奋箪壶之雅，必更诚”，减赋势在必行。李鸿章奏折呈报后，清廷很快给予回复，苏松太量减1/3；常州、镇江二府量减1/10。李接上谕后，转饬江苏藩司刘郇膏设立减赋局，专办此事。

同治四年（1865年）五月十六日，李鸿章将《苏省地漕钱一体酌减折》并附《裁革钱漕积弊片》和减米数清单一并呈上。十月初五日，上谕准照办理。

府别	原　额	减　数	新　额	核减率（%）
苏州	877564.9538	326632.3420	550932.6118	37.2
松江	427461.3940	116544.6382	310916.7558	27.3
太仓	153432.7439	42877.9955	110554.7484	27.9
常州	355980.5627	35598.0563	320382.5064	10.0
镇江	214735.0714	21473.5071	193261.5643	10.0
合计	2029174.7258	543126.537	1486048.1887	26.8

资料来源：《江苏减赋全案》卷七《减定应征米数册》、卷八《沿海优减米册数》。

李鸿章在《苏省地漕钱一体酌减折》中还提及“议者以为苏、松、太漕额偏重，减数尚须请益；又以银米相连，钱粮必须并减”。上表所列系漕粮正额，裁减浮收也同期进行。李鸿章奏请裁减赋税时，附《裁革钱漕积弊片》，“必以革除大小户名目为清厘浮收之原，以裁减陋规为禁止浮收之委”。将苏松太三属漕粮按则递减，五升以下轻则统减1/3，常州、镇江二属漕粮则一律普减1/10，“庶于培养元气之中，仍寓慎重度支之意”。江苏所减银数在六七十万上下，相当可观。

据清朝《国史本传·李鸿章》记载：“江苏为财赋之区，而赋额之重为天下之最。而苏、松、太三属尤为苏省最弊。”“自道光三年、十年，两次大水后，无岁不荒，无县不缓，蠲减旷典，遂为年例。又有官垫民欠一款，大抵移杂垫正，移缓垫急，移亲垫旧，移银垫米，以官中之钱完官中之粮，其后或豁免，或摊赔，同归无著。鸿章历陈积弊，请准减定。苏、松、太三属粮额以咸丰中较多为准，折衷定数。”

同治三年（1864）十月二十五日，李鸿章上呈《豁免江宁七县钱漕折》，“查明江宁克复后，地方困苦情形援案，请将该府所属七县钱漕豁免三年”。并于同年十一月又上呈《停止摊捐船工片》和《豁免摊款折》，因“民生日困，职此之由，兹际东南大定，吏治更新，所有从前摊捐积款，应请奏准一律豁免”。同治五年（1866年）夏天，雨水过多，造成湖河漫溢，清水潭二闸决口，江北大水成灾，高邮等各属悉数被淹没，他于九月初七上呈了《江北水灾筹办工赈折》，亟需量加赈恤。

李鸿章担任直隶总督25年间，据说13年水灾，9年旱灾，3年冰雹等其他灾害，可以说是无年不灾，无灾不烈。如此严重的灾情，李鸿章作为直隶总督，视赈灾为大政，成了他义不容辞的责任。直隶总督上任第二年，天津就发大水，同治十年(1871)“七月间，雨水过大，津郡为九河下梢，洪流横溢，平地深至丈余，其四乡难民，扶老携幼而来，不可胜数”。李鸿章督促安插好灾民，分发粮食救灾。他在《覆奏封河回省折》中描述：“臣督率官绅，就城厢内外，庙宇民房，分投安插，并于城头四围，搭盖席棚，以资栖止，日散馍米，以资糊口……又于城外四关，分设馍厂，四乡分设赈局。”光绪九年（1883）六月十四日后，“连旬大雨，加以上游山水暴发，势涌力猛，顺天、保定、天津、河间、永平、深州各属近河等县，多被水灾，坍塌民房甚多，并有损伤人口之处”。灾情发生后，“著李鸿章、毕道远、周家楣迅速筹款，派委妥员前赴灾区，详细查明，妥委赈抚，务使实惠及民，毋任一夫失所”。李鸿章于同年八月初一、十月初一分别上呈《请添拨银米赈灾折》《赈捐添收贡监片》和相关奏折。“秋禾多被淹没，房屋坍塌不少……穷黎危情饥寒交迫，为日甚长。”在库银空虚，势难多筹的情况下，“不得不设法劝捐，稍资接济”。“实成实银一体准捐贡、监生……如此办理，庶多收一分捐输，即以全活若干民命，灾区稍资补救，亦与现行例章并无窒碍。”此类赈灾事例折片甚多，不一一列举。《国史本传·李鸿章》记载：光绪三年，“八月，晋、豫亢旱。鸿章筹巨款赈济”。河南巡抚锡良在呈《河南奏建专祠疏》（建李鸿章专祠）是这样描述的：“光绪三、四年间，河南省与山西同罹大祲，赤地千里，道殣相望，筹款赈济棘手万分，李鸿章不分畛域，与原任侍郎袁宝恒、河南抚臣李鹤年、涂宗瀛等书牍往还，商拨银米，筹通运道，招徕商贩及轮船转输等事。规画周详，不遗余力，又借拨台湾绅士林维源捐款五十万两……借以数万济之，余悉赈豫。论者服其公允”“……劝募之广从古未有，皆李鸿章有以鼓舞而感动之”。

他在寄昭庆弟书信中说：“此间年有水灾，人民异常困苦，今年较往年为重。各属烧锅，本应饬禁，以裕民食。惟虑州县禁令不齐，私烧仍不能免。而吏役需索，弊窦丛生。且烧户千数百家，全行闭歇，亦恐坐失生计。饬据筹赈局司道，议照光绪九年奏案，免其停烧。即以资本之大小，酌令捐输。每户多至五十金，少亦二三十金，公归顺直助赈。不准影射巧避，兄以为此乃两全之法，盖既不可不顾民困而又不可忽于法治也。”

作为统治阶层的一员和封建王朝的忠实维护者，位极人臣的李鸿章尚能如此体察民情、虑及民生，当属难能可贵的了。

二十六、策划海防建青岛　首任总兵合肥人

青岛地区昔称胶澳，因胶州湾入口处北侧的小青岛得名，该岛对岸的原青岛村、青岛口、青岛山一带均沿用青岛之称。据史载，青岛地区古属东夷地，周朝初年属夷国，春秋时大部分地区属齐国，胶南沿海一带属鲁国。汉朝徐州设琅琊郡，青岛地区包括其中，隋朝属墨县，历史虽有变移，仍属墨县境地。在120多年前，此地居民很少，自古以捕渔、农牧业为主。清光绪十七年（1891），根据李鸿章策划与建议，清政府议决在胶澳设防。翌年，调登州镇总兵章高元率部移驻胶澳，在前海设立总兵衙门。青岛建置由此开始。胶州湾的小渔村，经过上百年的发展，胶州湾畔，潮起潮落，历经沧桑，终于发展成为今天的大都市——青岛市。

查阅青岛建置，始自李鸿章于清光绪十七年（1891）决策调兵遣将首次驻扎胶澳，以强固胶州湾海防为目的实施建设。奉调的章高元是驻守胶澳第一任总兵，是建设青岛海防、基础设施的实施者，成为青岛市建置的“首位长官”。

青岛市于1990年召开第十届人大常委会第十七次会议，会议听取了市政府秘书长吴希善作的关于确定青岛市建置时间和举行建市一百周年纪念活动的报告，会议通过了《青岛市人大常委会关于举行青岛市建市100周年纪念活动的决定》，实际上认定了青岛的建置时间，自光绪十七年五月初八日（1891年6月14日）清廷内阁明发上谕，允准在胶州湾设防时始。在青岛的发展历史上，李鸿章、章高元，对重视青岛海防、规划建设防务和公用基础设施，以及带动当时青岛社会经济发展，使之从渔村成为市镇，所起到的作用功不可没。

李鸿章对胶州湾布防经历了一个反复认识的过程。第二次鸦片战争期间，列强分途北上，自1860年5月后，以英国、俄国为主的外国舰船多次侵犯胶州湾一带。德国人李希特霍芬于1868年至1872年在中国进行了7次所谓的旅行，1869年，他第三次“中国之旅”，重点考察了山东，以相当大的篇幅介绍了山东，认为胶州湾是德国在东亚最理想的据点，甚至对胶济铁路的修建与走向都作了规划。随后德国派远东舰队司令棣利斯等人多次查勘，测绘地图。光绪十年（1884）法国侵略军“屡次声言将由胶州进图北犯”。胶州湾开始引起关注。清廷出使德国的大臣许景澄于光绪十二年（1886）三月上

疏《条陈海军应办事宜折》，六月陕西道监察御史朱一新又呈《敬陈海军事宜疏》，许、朱二人两道奏折均分别表述将胶州湾辟为海军屯埠，以防未然。清廷把许、朱的奏折交给李鸿章“详复核办”。李鸿章曾派刘含芳前往勘查。刘含芳是安徽贵池人，一直追随着李鸿章，在军队的后勤和装备职位上耗费他大半生。刘含芳从胶州湾勘察后，上呈了《查勘胶州湾条陈》，既提出对胶州湾设防想法，同时提出：“其布置之饷力，诚非易事。若以目前水师口岸而论，其事之难者更有数端……以兵力而论，北洋之船现仅十余艘自顾十四岛。旅顺、烟、威之门户，尚虑船单，即将来添至三十艘，亦不足分驻其地……轮船来往，百里外不见其烟，况数百里之外乎？设或一朝有事，如敌船由墨水洋北速，胶澳尚未知觉。此口地势之偏僻，断非目前之兵力饷力所宜用也。”

李鸿章对刘含芳勘察胶州湾所提出的建议十分慎重，遂又派丁汝昌会同英籍琅威理赴胶州湾“再行详细审度”。他俩经详细查勘后，先后呈复图、折各一份，即《布置胶澳说帖》。他们认为胶州湾“内外口无论潮之涨落，吃水最深之船可以随时出进，实为海军之地利，南北洋水师总汇之区也”，并提出了设防构想。

李鸿章凭着自己对胶州湾情况的了解，结合琅威理和刘含芳的汇报，于光绪十二年（1886）六月十五日上疏《筹议胶澳》奏折。他清醒地认识到胶州湾设防的重要性，“至山东胶州湾宜为海军屯埠一节，规画（划）远大，尤关重要”。“地利在所必争，若我不先置守，诚恐海上有警被人占据。虽北窜之路尚远，而肘腋之患颇长”。但“必不得已”，“自来设防之法，先近后远。旅顺与大沽犄角对峙，形胜所在，必须先下手。俟旅顺防务就绪，如有余力，方可议办距直千三百余里胶州”。使李鸿章感觉头痛的是军费不足，无法及时顾及胶州。若按照琅威理设防布置建议，“亦不足为海军屯埠，约估需费已不下数百万两”，“一旅顺小口，澳、坞军库并日而营，至今尚未齐备，断难远顾胶州”。由于当时经费严重不足，难以使胶州湾布防计划得以实施。但李鸿章没有放弃对胶州湾的设防布置，请旨饬山东巡抚酌拨数营兵力到该处驻守，按照琅威理布置分扎营垒，“俟筹有的款，再行购炮筑台，逐渐经营。将来南北洋水师添多铁舰快船成军后，即可在该处会哨驻操，随时择要布置”。但此项建议迟迟未得到落实。在特定的历史环境下，使胶州湾海防建设一道奏折推迟了五年。

1891年（光绪十七年）6月，李鸿章与北洋海军帮办大臣、山东巡抚张曜在旅顺检阅海军演习。事毕，一同乘船驶抵胶州湾巡视海防，详细勘察形势，亲眼目睹了胶州湾“门口系属湾形，从东至北，环山蔽海，形势天成，实为旅顺、威海以南一大要隘”，认为“胶州海澳宽深，口门紧曲，昔年英、法兵船犯津，皆在威海、大连湾停顿。现在威、大各口修筑炮台，水师相依，俱成海防重镇。若有敌船远来，必求一深水船澳停驻之处。至于乘隙登岸，陆路内犯之说，尤可虑也。是胶澳设防实为要图”。当即与张曜筹划在胶州湾设防之事，筹划议定：“烟台、胶州口炮台择定基址，酌量建筑，所需经费，拟请将山东海防捐截留，作为建筑炮台之费，虽数目极微，尚可分年兴办”，“所需布扎营队，拟就山东现有各营抽拨，毋容添募，以节经费”。6月11日，李鸿章上奏朝廷，将其此次检阅北洋海军与巡视海防之行作了汇报，具陈在胶州湾和烟台添筑炮台的重要性与紧迫性。清廷对李鸿章所奏《烟台、胶州添筑炮台片》十分重视，于光绪十七年五月初八日（1891年6月14日）决定在胶州湾设防，内阁奉上谕：李鸿章、张曜奏，会同校阅海军并勘查各海口台坞工程事竣一折，览奏均森。该大臣等周历旅等处，调集南北洋轮船会齐合操，并将水陆各营依次校阅，技艺均尚纯熟，行阵亦属整齐，各海口炮台船坞等工俱称坚固。李鸿章尽心筹画，连年布置，渐臻周密，洵堪嘉许，著交部从优议叙：张曜会同筹办，着交部议叙；各将领训练士卒，修建台坞，不无微劳足录，著准其择优保奏，以示鼓励。海军关系至要，必须精益求精，仍着李鸿章、张曜切实讲求，督饬提镇各员认真经理，以期历久不懈，日起有功。另片奏拟在胶州（注：当时指胶州湾）、烟台各海口添筑炮台等语，著照所请，行该衙门知道。钦此。

1892年，李鸿章奏派登州镇总兵章高元“统领广武、嵩武四营督修胶澳炮台工程”获准。同年，章高元率广武两营移防胶澳，从而与青岛的历史结缘。

作为淮军猛将的章高元，颇受李鸿章的青睐。李鸿章不仅力荐章高元赴胶澳创建北洋防御体系建设，并亲自指导择定基址、兴修炮台。章高元到胶澳后，便开始构筑胶澳防御工程。但开工不久就遇到重重困难，首先是兵丁不足，导致修筑工程所需劳力短缺。原定广武、嵩武共四营一并移防胶澳，初到胶澳时，仅带广武两营。后在山东巡抚福润多次奏请之下，嵩武两营才终于到位。最主要是经费捉襟见肘的窘况使整个驻防工程举步维艰。《胶澳志·历代设治沿革》云：“乃调登州镇总兵章高元率兵四营移驻胶澳，高元建衙门于青岛村天后宫侧，即俗称老衙门者也。又相地于青岛山及团岛（旧名泥洼村），筑土垒设炮台，置骧武、广武、炮兵等营。相传今之鱼山路即炮兵营故址，警察厅即骧武营故址。车站前第五公园乃广武营故址也。又用旅顺船厂铁材筑南海栈桥，以便军旅起卸；后经德人续修以迄于今。”

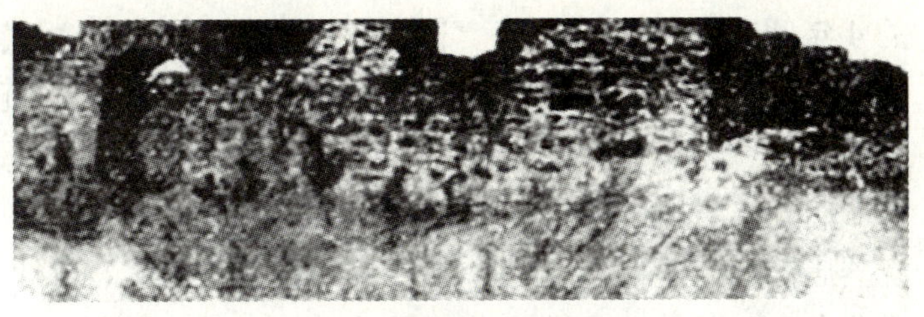
青岛前海岸角的炮台

1893 年 2 月由海关兼办的大清帝国邮政成立，东海关邮政改为大清邮政烟台总局，由东海关税务司兼邮政司，并在青岛设邮局。清政府在山东省沿海建立军讯电线，在杨家村（今台东邮电局一带）设军用有线电报房。

总兵衙门，俗称“老衙门”

1894 年 5 月，李鸿章率刘含芳等人到旅顺校阅海军事务后，23 日至胶州湾，勘察青岛口、团岛各处炮台形势，认为“所拟安设炮位处所，尚得形胜。惟团岛适当海口来路，一台尚嫌单薄，拟于岛左添筑炮台一座”。又“拟于铁码头后建造水雷营紧扼口门”，敦促章高元“督率四营将弁认真合力工作，以期早日告成”。李鸿章强调，“经营海疆，必须雷炮兼精，方称完固”。“现办烟台、胶州两海口防务，事同一律，宜各设水雷弁兵一营，各制下雷轮船一艘。”7 月，中日甲午战争爆发，山东沿海地区形势日趋紧张。胶州湾工程未竣，山东巡抚福润请求暂行停工，让胶州湾驻军专事巡操，章高元部被调往辽东战场增援。

中日战争结束后，经山东巡抚李秉衡奏请，章高元如愿带着四营人马再度回防胶澳。光绪二十三年(1897)十一月二十日，德国派远东舰队驶抵胶州湾，以“演习”为名，登岸后占领各制高点，致使德军不费一枪一弹占领青岛。历史对“视弹子如无物”的章高元开了一个大大的玩笑，这也成为他的奇耻大辱，至死心头大恨无法平息。据《章鼎臣先生行述》，章总兵得知青岛被德军“租割”后的表现：“闻信拔剑斫地，怒气冲肝，呕血数斗，博膺大呼曰：‘国事尚可为乎？’卧病数月，由是两耳俱聋，壮志顿损，忽忽入老境……”

清廷在胶州湾设防，大大刺激了青岛的社会经济发展，道路的开通、码头的兴建、通讯的便利等，使商业、运输业迅速发展，人口逐渐增多。短短的4年间就形成了一个商贾云集、货栈相连、颇具规模的市镇。曾任青岛中华商公局董事的胡存约(1858—1916)所著《海云堂随记》记载，丙申(1896)时的青岛“除新近由即墨、平度、金口、海阳来此赁屋暂营者六家外，计车马旅店九，洪炉一，成衣、估衣、剃发三，油坊、磨坊、染坊六，杂货、竹席、瓷器店铺七，药铺二，当铺一，织网、麻草、油篓、木材八，肉鱼盐铺六，鞋帽、皮货各一，纱布绸店、广洋杂货店三，酒馆、饭铺九，酱园、豆腐坊各一，糕点茶食三，计六十五家”，青岛小渔村成为颇具规模的市镇。

据民间传闻，当时在当地最有名气的饭馆，是以鲁菜为主的“胡家馆子”(春和楼前身)。1894年李鸿章来青岛时，章高元邀请李鸿章一行来到了胡家馆子。其拿手菜是“油爆海螺”，原料是近海捕捞的大海螺，个大皮薄，肉嫩味鲜，刀工讲究，片片薄如封窗纸，配黄姜、小葱为衬料，以底油滑锅，急火爆炒，快速出锅装盘，三色搭配色泽绝艳，螺片入口脆鲜。李鸿章吃了几片后，拍案叫绝。厨师朱子兴就此闻名，后来，成为春和楼第二任掌门人。

二十七、中法之战胜与败　败亦不败胜未胜

越南是中国南方的邻国之一，原是中国的藩属，受中国册封，定期向中国朝贡，中国则负有保护其安全的责任。早在18世纪末叶，越南就遭到法国的侵略。到了19世纪50年代，路易·波拿巴建立的法国第二帝国政府按照大银行家和工业资产阶级的需要在远东积极推行殖民政策，在英法二国对中国进行第二次鸦片战争的同时，法国已对越南进行了多次武装侵略。1858年—1862年法国进攻南圻，藉以迫使越南接受赔款割地的条约，企图要打开通向中国云南省和广西省的大门。同治五年至七年（1866—1869）在越南的法国殖民者作了一次深入中国国境的探路；同治十二年（1873），法国出兵攻袭河内及附近各地。在河内战役中，法国遇到了顽强有力的打击，法将安邺在战场上被杀死。这种抗击一方面来自越南各地奋起斗争的爱国人民，一方面来自当时驻扎在越南边境的中国人刘永福所率领的黑旗军。此人在官方文献上曾被告称为“匪”。

法国侵略者攫取整个越南，是有意要侵略中国。光绪七、八年间（1881—1882），清朝政府已意识到法国的居心和阴谋，派出了军队进驻广西、云南和越南的边境地区，通过外交途径向法国政府正式提出抗议。光绪八、九年（1882—1883），法国又一次武装侵入越南，阮氏王朝在刘永福的黑旗军支援下同法军交锋，互有胜败，击毙法军侵略军的司令李维业。法国政府立即任命了新的司令，加派军队，发动更加猖狂的进攻，先后占领河内和南定。1882年11月，李鸿章奉命与法国驻华公使宝海在天津进行议和谈判，这是中法第一次正式的外交谈判。清政府和李鸿章作出一定让步，于12月签订了《李宝协议》，撤退进驻中越边境的军队，以便结束中法争端。

光绪九年（1883），法国政局变动，法国茹尔·费里出任内阁总理，撕毁《李宝协议》，撤回驻中国公使宝海，改派驻日本公使特利古为专使到中国找李鸿章谈判。法国侵略者为实现对越南的殖民统治，及早达到占据越南而侵入中国西南的目的，开始以全力来对付中国，中法之间正面冲突的危机日益迫近。

在这期间，清政府还谕令因丧事在籍的李鸿章回北洋署任筹划战备。五月八日李鸿章奏报："谕旨派臣前往广东督办越南事宜。臣受恩至深，久已以身许国，如果于事有济，虽赴汤蹈火所不敢辞。广东距粤西边境数千里，粤西距云南边境又数千里，其间非驿站正道，文报往返须数月，声气隔绝，消息难通。若徒受节制之虚名，转贻以互相推诿之口灾，诚恐误事不浅。"李鸿章没有赴粤，而是到达上海，光绪九年五月间在上海，八月间在天津分别与法国公使特利古进行了二次火药味的谈判。其中，上海谈判时间长达一个月，特利古提出苛刻条件，并以绝交和开战相要挟。李鸿章对法国出尔反尔、得寸进尺无耻行为表示愤慨。直至九月谈判仍未能得出分晓，特利古无计可施，宣布中止谈判。在此之前，越南阮氏王朝被迫在1883年8月25日与法国签订《顺化条约》。

光绪十年（1884）三月，法国通过曾任天津税务司的德国人崔德琳提出议和。一个月后，李鸿章与法国代表福禄诺进行谈判，李鸿章将初步拟订的五款内容向朝廷奏报，接到总理衙门回电，"奉旨：详加批阅，均尚无伤国体，事可允行。该大臣即照所拟办理，嗣后详细条目，务当悉心筹画，毋滋流弊。钦此"。他在天津订立了《简明条款》，其主要内容是中国承认法国有权"保护"越南，并把进驻北圻的各防军营调回边境，法国商品可从越南自由输入中国。这个《简明条款》明显违背了中越两国人民的根本利益，在官僚集团内部引起一片反对声浪。但慈禧、李鸿章和翁同龢认为只有这样了结，才能避开一场战争。如翁同龢日记五月十日记录："廷寄略言，所拟五条，不索兵费，不入滇境，余亦于国体无损，可允。"

《简明条款》的订立并没有避开战争，两个月后，法国侵略军就向驻扎在谅山还未接到撤防命令的清军发动攻击，遭到清军有力的抗击，法军有些伤亡。为什么清军未接到命令？光绪十年闰五月十三日，李鸿章在《复陈使命约文情形折》交待明确，"前因福禄诺临行边之言，李鸿章并未奏闻，亦未告知总理衙门，业经降旨申饬。现在法使即以此为口实，并以简明条约法文与汉文不符藉词，尝试无理取闹。皆由李鸿章办理含混所致，为自赎之地等因"。李鸿章主动承担了责任。就此问题，法国又向清政府提出无理要求，要求"赔偿"法国二亿五千万法郎，声称要以海军进攻中国。清政府认为这是法国无理的勒索，便一边派曾国荃与法国公使巴德诺在上海谈判，一边作好应对战争的军事准备。

通过李鸿章《议复吴大澂赴粤折》和《酌保边材筹济军火折》看，事实上，于光绪十年（1884）二月初前，李鸿章就中法之战的军力布置和军火接济已作了周密布置。一、令潘鼎新署理广西巡抚；二、“上年夏间在沪曾拔给潘鼎新毛瑟后膛枪一千杆，该抚计当随带入粤。又去冬奏拔……山炮十尊，林明敦后膛枪一千杆，士乃得后膛枪二千杆，配齐子弹”；三、天津、山海关、烟台重兵把守，互相联络；四、择机给滇桂两省增派兵力；五、刘铭传督办台湾防务等。

七月下旬，曾国荃与法国公使巴德诺在上海谈判时，法国将战火扩大到中国东南沿海，继续制造事端，再次挑起战争。从1884年5月《简明条约》签订前后，法国将它在中国和越南的舰队合成为远东舰队，任命孤拔为统帅，乘机分别开进福州和基隆，一方面胁迫中国接受法国条件，一方面准备随时发动攻击，占领这些口岸。8月5日法舰轰击基隆，强行登陆，刘铭传带兵顽强抵抗，法军不得不退回海上待机再举。

在此期间，法人将以兵舰北来，意图要挟北洋，李鸿章身膺重任，务当力筹战备，与吴大澂会商办理。李鸿章在《力筹战备折》中，不仅对战争形势作了较准确判断，而且语句中透露出对战争有必胜信心。“该国（法国）远在数万里外，调兵需上下集议，必数月乃能来华。现在越南境内法兵及土兵，闻只一万数千人，势不能全数移调，即使联艅而至，水陆并进，臣等兵力虽非甚厚，但糈饷需无缺，当可设法鏖战，为京畿捍卫要冲。”随后，法国议会授权政府“使用各种必要方法”使中国屈服，法国政府拟定新条件向中国勒索，要求赔款八千万法郎，十年付清。清政府没有接受。中法外交关系正式破裂。1884年8月26日（农历七月初六）朝廷下诏宣布对法战争，指出法国方面“先启兵端”，“衅自彼开”。法国用海军进攻台湾，再次占领基隆炮台，但无法深入，宣布封锁台湾海岸。1885年初，法军接连从基隆向台北进攻，都遭到有力的还击；法国舰队又进攻浙江镇海海口，受到中国炮台猛烈轰击，未能得逞。同时，法国在陆战中也受到致命打击，法军侵占镇南关(今友谊关)，因兵力不足、补给困难，焚关而去，退至文渊(今越南同登)、谅山，伺机再犯。曾任广西提督的七十岁老将冯子材，率兵士驰赴镇南关，部署战守，筑成了较完备的防御阵地。光绪十一年二月（1885年3月）盘踞谅山的法军倾巢出动，扑向镇南关时，冯子材率部同法军展开激烈战斗，使法军遭到没有预料的重大打击，歼灭法军千余人，致使法军全军仓皇逃跑，连谅山也放弃了。镇南关大捷使清军在中法战争中转败为胜。

法国发动侵华战争后，各方面围绕和战问题的外交活动和秘密谈判几乎没有停止过。在英、美、德国的极力促成下，以中国方面的妥协让步为前提，实行中法议和。这些国家既不愿意法国得到过多的利益，更不愿意看见中国方面在战争中取得胜利。英外交大臣就曾说："中国的任何胜利，都会一般地对欧洲人发生严重后果。"因此，它们极力施加影响，迫使清政府尽快对法妥协。此时，法国也只好降低议和条件。清朝派其僚属英籍中国海关驻伦敦办事处税务司金登干为代表，赴巴黎和法国签订了停战草约。光绪十一年二月二十二日（1885年4月7日）慈禧太后颁发停战令，四月二十七日（6月9日），李鸿章与法国公使巴德诺在天津订立《中法会订越南条约》。承认法国对越南的保护权，中越陆路交界开放贸易，给予法国在中国边界广西、云南内开辟两个通商口岸。法国没有提及"赔款"，并从基隆和澎湖撤兵。

在中法战争中，李鸿章既表现有积极一面，又有消极一面，他是整个抗法战争的指挥者，在战略、战术上，尤其军备安排、军力布置上做到尽心尽力、周密策划，战争取得胜利不能说与他的努力没有关系。太后、李鸿章等一直以议和为前提，所以战争胜利了，也只是"乘胜就收"。中法战争，以法国败而不败、中国胜而不胜告终。左宗棠对于李鸿章签订的条款十分反对，并给予严厉批评："对中国而言，十个法国将军，也比不上一个李鸿章坏事"；"李鸿章误尽苍生，将落个千古骂名"。果然被左宗棠言中了。战争结束后两年，著名的思想家何启、胡礼垣便指出：中国在这次事件中"力难自顾，而又兼欲顾人"，真是一语点破。另有一种说法，在镇南关大捷前，清政府已经指使赫德、金登干秘密与法国接触进行和谈，通过他二人之间函件内容，好像李鸿章不知此事。在《中国海关与中法战争》中有一段文字耐人寻味，1885年2月17日赫德致金登干函说："我现在正在拼命地抓住裂缝的两端，以使它们能重新接合。我把事情全抓在我自己手里，并尽量保守秘密，连李鸿章都不知道实情，而且没法碰到它。"其文还记录了太后的旨意，1885年6月，李鸿章与法国人签署了正式条约。在最后的外交斡旋中，虽然李鸿章对谈判的每个细节都在过问，但他已经失去了谈判的主导权，用他自己的话来说："款议始终由内主持，专倚二赤，虽予全权，不过奉文画诺。""由内主持"是指由慈禧太后亲自决定，"专倚二赤"是指完全依靠赫德，他自己呢，不过奉命签字而已。如果确实如此，能为全国局势运筹帷幄，能指挥千军万马的李鸿章，却被一个女人玩弄于股掌之中，为朝廷、也为她背上了黑锅。

二十八、海防塞防起冲突　李左相悖执己见

中国是陆海复合型的地理特点，陆地边境线约有22000多公里，海岸线约有18000多公里。19世纪70年代，帝国主义列强对华侵略变本加厉，不仅从海上入侵中国，同时通过陆地边境对我边疆地区蚕食鲸吞。因此确保陆权与发展海权都十分重要，但大清外战内乱不断，有限的战略资源难以确保塞防与海防同时兼顾。收复新疆无疑是正确的爱国壮举，李鸿章在新疆问题上同左宗棠意见相左，引发起李鸿章与左宗棠“塞防”与“海防”之争，从而上升到“爱国与卖国”论争，他们两人开始分道扬镳。

咸丰十年（1860）俄国强迫清朝政府接受的《北京条约》，其中有一条就是关于西北边界问题。中国在新疆的西北国界原是巴尔喀什湖的北岸，但条约规定是以巴尔喀什湖以东三百多公里的斋桑泊和在它以南约四百多公里的特穆尔图淖尔（伊塞克湖）作为国界。同治三年九月（1864），在沙俄的欺诈和武力威胁下，清朝签订了关于划定中俄西部边界的《塔城议定书》，中国再次遭到资源掠夺、领土侵占。沙皇俄国利用人民群众对清朝的腐朽的不满情绪，操纵南部新疆各个地区实行了地方割据。同年六月，新疆库车爆发农民起义，建立热西丁政权；七月，和田建立帕夏政权；十月，伊犁建立苏丹政权；新疆各族人民举行反清起义，占领大部分地区，但领导权被封建主掌握，出现许多割据政权，互相攻伐。1865年，南疆封建主金相印向浩罕国（位于今乌兹别克斯坦的浩罕市一带）求援。这时阿古柏在国内争权斗争中失利，国王派阿古柏率军乘机侵入新疆等地，其势力到达喀喇沙尔及库尔勒一带。阿古柏盘踞新疆期间，在沙俄以及英帝国的幕后支持下，1867年阿古柏仿照中亚汗国制度，建立哲德沙尔汗国。1870年继续向北发展，1872年6月，阿古柏在新疆的喀什、英吉沙、莎车、和田、阿克苏、乌什、库车悬挂出奥斯曼土耳其帝国国旗并发行货币。阿古柏为英俄肢解中国的侵略政策服务，成为“一仆二主”的走狗。1872年、1874年阿古柏先后与俄、英订立“条约”，英俄承认阿古柏政权，给以金钱武器援助，阿古柏则给他们以通商、设立领事、低额关税等特权。英国为了排挤俄国势力，加强对阿古柏的援助，使阿古柏越来越依靠英国。俄国更在1871年乘机出兵侵占伊犁，直接向清朝政府进行勒索。

英国一边依靠军舰从东南沿海侵入，向长江流域伸展势力，一边以殖民地印度为基地，把侵略黑爪伸向中国的西部，即云南、西藏、新疆。同治七年（1868）英国第一次组织“探险队”由缅甸闯入中国，意图经过腾冲到大理遭到拒绝；同治十三年（1874）第二次组织“探险队”，由上校军官伯朗率领二百人闯入中国，在1875年越过中国边境线后，遭到了当地武装群众的阻击。马加理在蛮允被打死。英国方面立即抓住这个题目，掀起了一场大风波。在海上，1874年日本国入侵台湾。在这种局势下，加强“塞防”和“海防”建设都迫在眉睫，但两者建设都要经费作支撑，所以在清廷内部爆发了“海防”与“塞防”之争。

新疆自古以来就是中国的领土，是我国的西北大门，它的守备不仅关系到我国的主权，更维系着国家的安全。当时俄强清弱，要收复新疆，不付出一定的代价是不可能的。为了恢复新疆秩序，清朝当局不能不从关内派出军队。这个任务落在驻扎陕甘地区平息回民起义的左宗棠身上。胡绳在《从鸦片战争到五四运动》一书中叙述，“在左宗棠准备出关西征时，封建官僚集团中有很多人提出反对。西征的总兵力约为二百二十个营。虽然在哈密地区实行了屯垦政策，但封建的军队在这方面成绩是很有限的。部队每年所需饷银共一千万两以上，都由关内各省分摊。反对者既怀疑能否致胜，又认为不值得为此地花费这样大的财力。这种反对意见还有国际的背景”。

李鸿章对用兵收复新疆的看法是：“近日财用极绌，人所共知。欲图振作，必统天下全局通盘合筹而后定计。新疆各城自乾隆年间始归版图，无论开辟之难，即无事时岁需兵费尚三百余万，徒收数千里之旷地，而增千百年之漏卮……而论中国目前力量，实不及专顾西域，师老财疲，尤虑生他变。曾国藩前有暂弃关外，专清关内之议，殆老成谋国之见。今虽命将出师，兵力饷力万不能逮。可否密谕西路各统帅，但严守现有边界，且屯且耕，不必急图进取；一面招抚伊犁、乌鲁木齐、喀什噶尔等回酋，准其自为部落，如云贵粤蜀之苗瑶土司，越南、朝鲜之略奉正朔可矣……况新疆不复，于肢体之元气无伤；海疆不防，则腹心之大患愈棘……只此财力，既备东南万里之海疆，又备西北万里之饷运，有不困穷颠蹶者哉。”清廷中以李鸿章为代表的洋务派认为，自太平天国运动和鸦片战争前后相继，整个清政府财政空虚，保持住内地核心地带是国家根本利益所在，而新疆等少数民族区域只能给国家带来负累。在沙俄的操纵下，当时新疆的阿古柏政权和新疆喀什、和田地区的分裂势力叛乱政权，拥有一定的武装力量。鸦片战争两次失利后，清廷对西方势力较为畏惧，沙俄乘火打劫，加之太平天国严重的内耗，国家无力治理新疆，若收复新疆，必然会大兴兵事，当时清廷并没有足够的财力、物力支持这场战争。李鸿章之所以提出并坚持这种片面的防务方针，第一，不排除与扩充淮系集团力量有关；第二，是新疆问题已带有复杂的国际因素，对我国新疆怀有侵略野心的沙俄和英国，都企图利用新疆的动乱形势及阿古柏入侵势力来达到自己的侵略目的，竭力阻挠中国主权在新疆的恢复；第三，同治十三年(1874)三月，正是日本藉口台湾居民杀死琉球船民，日本派兵侵略台湾。一向被视为“蕞尔”小国的日本因学习西方而崛起，竟敢藐视以天朝大国自居的大清帝国，震动了朝野上下。李鸿章于十一月初二上《筹议海防折》提出了自己的主张，这是朝廷就重大问题征询臣子的意见，不管论见对错与否，都是在为朝廷或国家筹谋。

对用兵收复新疆，左宗棠在《覆陈海防塞防及关外剿抚粮运情形摺》中指出：“窃维泰西诸国之协以谋我也，其志专在通商取利，非必别有奸媒……商贾计日求赢，知败约必碍生计也，非甚不得已，何敢辄发难端。自轮船开办，彼挟以傲我者，我亦能之；而我又博心抑志，方广求善事利器益为之备；谓彼犹狡焉思启，顾而他之，似亦非事理所有。”他又说：“自撤藩篱，则我退寸而寇进尺”，尤其招致英、俄渗透。他认为“重新疆者所以保蒙古，保蒙古者所以卫京师”。清廷采取了海防与塞防并重，于1874年5月，授命左宗棠为钦差大臣，毅然出兵西征，督办新疆军务。次年4月，左宗棠坐镇甘肃酒泉，收复新疆战役打响。

1876年，指挥多路清军讨伐阿古柏，次年1月占和田，收复除伊犁地区外的新疆全部领土，阿古柏在绝望中服毒自杀。左宗棠随即上疏建议新疆改设行省，以收长治久安之效。1880年春，在新疆部署兵事，出肃州抵哈密坐镇，命令三路大军并进，彻底击溃了阿古柏残余势力，收复大片国土。

图片为1：1比例复制的“定远”号舰艇

1881年初，中俄《伊犁

条约》签定，中国收回了伊犁和特克斯河上游两岸领土。清政府决定新疆正式建省，以刘锦棠为新疆省第一任巡抚。

1870—1895年，李鸿章任直隶总督期间，致力于海防建设，财政资源不是想象的那样多。1875年，清帝许诺的每年四百万两“海防经费”，到1877年后期只收到不足二百万两，因为各省受到另外更大的压力，要它们给左宗棠远征新疆之役提供经费。1882年，清帝国可以号称它拥有约五十艘战舰，其中约半数为中国自造。李鸿章直接经管只有十二艘船——八艘小炮艇，两艘1，350吨的巡洋舰（通过赫德向英国订购），以及两艘福州船政局的产品。李鸿章得到南洋通商大臣沈葆桢的支持，坚持扩充海军舰队，建立一支海军。1881年1月8日第一号铁甲舰合同正式签约，就是“定远”号。4月18日丁汝昌等赴英国接受“超勇”和“扬威”号巡洋舰。李鸿章除订购舰艇、组成北洋水师外，还有计划地在旅顺和山东的威海卫建设了海军基地，先后又在烟台、青岛加强了海防建设，在天津建立船坞，加固和建设了大沽、北塘炮台等，创办了天津水师学堂等等。

天津大沽口炮台遗址

天津大沽口炮台遗址博物馆

天津大沽口炮台遗址纪念馆

“海防”与“塞防”之争的焦点是战略部署和有限的财力分配问题，这是一条不可回避的事实。李鸿章反复强调他之所以提出这么一个主张根本原因在于财力不足，左宗棠也一再为军饷不足叫苦不迭。他们分歧的实质在于这个贫弱的国家如何分配极其有限的财力最为有利。左宗棠曾直言不讳：“饷事奇绌，实缘时论正急洋防，所有各省关常年协款均被占去。”“大抵财源只有此数，洋防不减，塞防增无可增，将来非从此着想，别无生发。”李、左关于海防、塞防何者为重的争论说到底就是争军费。左宗棠使大片国土免于沦亡，确实是功垂千古。但当时的中国，更多劲敌来自海上，李鸿章的主张也是无奈的。

二十九、甲午之战成败局　削权解柄背罪名

北洋水师是李鸿章一手建造的，经甲午一战，损伤殆尽，作为其统帅的李鸿章难辞其咎。

中日甲午战争(1894—1895)距今已近120年了，这次战争对于中国近代历史的影响极为重大。每一个中国人或多或少都清楚这一段历史，或多或少都有自己的说法。这次战争既是中国人永记的耻辱，又是激增中国人子子孙孙强国御辱的斗志。

在甲午战争之前的几十年里，中国面临西方列强的入侵，李鸿章致力于洋务三十年，在军事上重点仿效西方，试图建立现代化的海军保卫国家。日本与我们几乎是同步的，效仿西方、脱亚入欧，通过明治维新，消除了藩封割据，完成了中央集权和君主立宪，又把海外扩张、以朝鲜为跳板踏上大陆，继而侵略中国作为具体的步骤实施。李鸿章很早就看出日本崛起会对中国的安全产生严重的威胁，曾在1874年指出："泰西虽强，尚在七万里以外，日本则近在户闼，视我虚实，诚为中国永远大患。"为了防御日本侵略，他重视海防建设，组建北洋海军，十分明确地提出："今日所以谋创水师不遗余力者，大半为制御日本起见。"

中日甲午战争是日本早有预谋发动的一场战争，是由日本直接挑起的，并用朝鲜东学党事件作为导火索引发的。

朝鲜邻近中国东北部，在明清两代，被中国人看成是极重要的"外藩"和主要朝贡国，曾组成507个使团到过北京，清朝时每年四次。中国曾派169个使团前往朝鲜。朝鲜对中国至关重要。日本于1592年、1597年分别入侵朝鲜，明朝不顾国库空虚，第一次派出211500人到朝鲜抗击日本，耗费了一千万两；第二次抗击日本与第一次相当。朝鲜是闭关锁国的，除与中国交往及偶尔向日本派遣使臣外，一概不与外界交往，西人称之"隐士王国"。

1635年，一艘荷兰船漂流至朝鲜海岸，这是朝鲜接触西方之始。中国和日本开放之后，朝鲜也受到西方冲击，但拒绝同西方进行贸易交往。1866年外国传教士在朝鲜遭到屠杀，10月法国7艘军舰对朝鲜讨伐，占领江华被击退。美国商船曾在朝鲜要求通商被焚毁，5艘美国军船报复性袭击江华岛，遭到有力还击。对此，清廷总理衙门曾在1867年巧妙劝解朝鲜与西方人和解。中国的态度力促朝鲜与西方建立条约关系，以抗击日本日益增长的影响。1875年

日本派了一支配备炮艇探测队，在江华湾与朝鲜开战，日本获胜。这个时间，中国正在忙于马嘉理案件处理，就指令朝鲜与日本谈判，于1876年2月24日朝日签订《江华条约》四条，日本极力破坏中国在朝鲜宗主权地位，在朝鲜造成与中国的尖锐矛盾和多次冲突。1885年4月中日签订《天津会议专条》，确立了两国在朝鲜的对等地位。

1882年清廷委任李鸿章从礼部接管朝鲜事务，他曾派马建忠和丁汝昌率三艘战舰前往朝鲜，推动朝鲜向西方商业与外交开放，同年5月朝鲜与美国签订了《美朝条约》，并且朝鲜还单独发表声明，仍属中国属帮。之后，朝鲜与英、法、德相继签订条约，推进开放。李鸿章的积极外交活动，挽回了清廷因推诿朝鲜责任而丧失的部分声誉。

1882年朝鲜兵变，马建忠和丁汝昌亲临朝鲜调查此案。之后，李鸿章为加强中国在朝鲜的地位不断努力，与朝鲜缔结商约，给予中国以治外法权。中国提供贷款给朝鲜，赠送一批洋枪。并令袁世凯负责训练朝鲜军队。中国有6个营军力驻扎朝鲜。1885至1893年间，中国强化了对朝鲜的控制权，袁世凯成为朝鲜最有权势的人。

1894年，东学党以“广济众生、尽灭权贵”相号召，形成在下层民众中有广泛追随者的政治性宗教团体。日本借机煽动东学党策划了一场叛乱。朝鲜王室向袁世凯求助，日本驻扎在朝鲜公使以日本不出兵为藉口，以“我政府必无他意”相诱惑，怂恿袁出兵镇压，以保护日本贸易。

事实上，在中国派军朝鲜时，日本早已作了充分的准备。清军刚扑灭东学党，日本即以保护使馆和侨民为名，八千名日本军就出现在朝鲜。中日矛盾在朝鲜爆发，并且马上就要上升为军事冲突。

李鸿章指示袁世凯与日本谈判，提出双方共同撤兵的建议，而日本托词是“更革朝政”，迟不撤兵。对此，国内有人建议要增兵朝鲜，以防不测。李鸿章决心寻求外交途经解决，希望争取西方列强的同情，出面干涉调解，但是西方列强只有侵略野心，哪有同情心，是不愿意涉足于中日战火之中而损害自己利益的。

他不仅通过外交努力未得到实质性效果，反而延误了军事准备和战机。妥协退让并未换得日本人的让步，反而更加助长了日本人侵略气焰，决意要发动侵略战争的日本，继续增兵。到6月下旬，侵朝日军达万人之多，超过清军二三倍。李鸿章在外交努力一切告吹的情况下，才开始派兵增援，应对日本出兵朝鲜即将暴发的侵略战争。李鸿章对日本发动战争只有预测，未引起足够重视，耽误了战机。

1894年7月25日，清廷租用三艘英国汽船，并在三艘战舰护航下向朝鲜运送援兵。到达牙山口外丰岛海面时，日本实行了海盗行为，不宣而战。北洋三艘舰艇一艘受重创，一艘被俘，另一艘铁甲船在船长的命令下临阵脱逃。在陆地上，日本由汉城方面进攻清军，聂士成所部在牙山附近与日军交战败下阵来，驻扎在公州为后援的叶志超所部放弃阵地逃跑，绕道北走，辗转到了平壤。

在海上、陆地上遭到日本方面突然袭击后，8月1日，中日双方正式宣战。

战争第一仗的胜负是十分重要的。胜者可以鼓舞士气，败者则会锐气大减，影响后来战斗力的发挥。丰岛战役后，由于清军的败北，更加助长了日本进一步扩张侵略的野心。

战争继续升级，在陆地上，日军采取了积极进攻，合击包围平壤，导致了平壤战役的败局。

在海上败得更惨。当时中国号称有65艘军舰，相比之下日本只有32艘，尽管当时中国海军力量排名世界第八位，日本排名第十一位。但是，清廷没有动员所有舰艇参战，只有北洋舰队参战。南洋等其他舰艇“维持自保”。中国舰艇庞大，陈旧且迟缓；日本舰艇小巧，新颖快捷。9月17日在黄海海面两舰队相遇展开了激战。北洋水师共有13艘军舰参战，海战刚开始，丁汝昌在旗舰定远号的飞桥上督战，由于舰桥年久失修，第一发炮弹打出就震断了飞桥，丁汝昌自空中坠落，负重伤。尽管刘步蟾代理指挥，但由于帅旗打毁，信旗打坏，导致指挥失灵。正当战斗激烈时，北洋水师方伯谦驾驶的“济远”号仓惶逃出阵外，“广甲”号也随之而逃，其中一艘还撞沉了一条友船。经过五个小时交火，有3艘舰艇被敌人击沉，还有7艘舰艇，包括旗舰定远号都遭到轻重不等的创伤，尽管如此，很多官兵在战斗中表现很英勇。以邓世昌为舰长的致远号，在舰负重伤、弹药用尽情况下，邓世昌鼓励全舰官兵道，“吾辈从军卫国，早置生死于度外，今日之事，有死而已”，“倭舰专恃吉野，苟沉此舰，足以夺其

蚊子船“龙骧”

蚊子船“镇东”

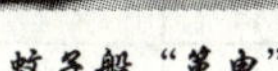
蚊子船“策电”

蚊子船“镇边”

蚊子船是19世纪70年代英国杰出的航船设计师伦道尔设计的新式炮艇，特点是在较小的炮艇船上装备口径巨大的火炮，主要用于近岸停泊防御，别名水炮台。1875年起中国陆续分两批在英国阿姆斯特朗公司定制了各型蚊子船12艘。

“定远”“镇远”铁甲舰，从德国订造，1886到华，是北洋海军主力舰。

气而成事”，开足马力向日本快舰吉野号撞去，决意与敌同归于尽，不幸中鱼雷下沉。经远号舰队林永升指挥官兵奋勇作战，竭尽全力打击敌人后，全船沉没。主力舰定远号、镇远号在不利的形势下坚持战斗到底，终于使日舰队不得不退却。日本参战的12艘船的舰队并没有获全胜，日方旗舰松岛号被打得陷于瘫痪，有几艘兵舰受重创，一艘较弱的船被击沉。北洋水师未沉没的7艘军舰退至旅顺港进行修理，并于10月18日开至威海卫海军基地。

李鸿章在筹建北洋水师时功绩很大，但疏忽了平时对水师的监督与管理，责任亦很大。他在奏折中说明战情：“以北洋一隅之力，搏倭人全国之师，自知不逮。”这句话既有推辞责任之意，也是属实。李鸿章不是皇帝，只是直隶总督，他请求南洋借军（借舰艇），回答是南洋告急。山东海岸线较长，海防尤为重要，山东巡抚刘秉衡只管保全自己，亦未听从李鸿章指挥。清军的各自为阵，更加助长了日军的嚣张气焰，很快就把侵略矛头直接指向中国。

11月，日军从陆路占领了旅顺、大连。李鸿章曾为该地要塞修成了一系列炮台，但从德国买来的许多大炮只是当摆设，未能派上一点作用。1895年2月日军采取进攻旅顺、大连同样的办法，从荣城湾登陆，开始还遇到清兵的还击，等日本炮轰两个小时后，下午三点竟然长驱直入，没有遇到任何阻力，直接进入荣城空城，山东巡抚手下一万五千清军无动于衷。日本实行后路包抄，攻下南炮台后，紧接攻战北邦炮台。皂埠嘴炮台是威海湾最大、与刘公岛最近的炮台，丁汝昌指使敢死队将此炮台埋下炸药，在日军欢呼登上炮台时，引爆炸毁，炸死日军数人。日军将炸毁的炮台重新修复，使刘公岛北洋

甲午战前北洋海军舰船实力一览表

舰种	舰名	管带	乘员	吨位	马力（匹）	速率（哩）	火炮（门）	鱼雷发射管	制造国	进水时间
铁甲舰	定远	刘步蟾	331	7335	6000	14.5	22	3	德国	1882
	镇远	林泰曾	331	7335	6000	14.5	22	3	德国	1882
	济远	方伯谦	202	2300	2800	15.0	23	4	德国	1883
巡洋舰	经远	林永升	202	2900	5000	15.5	14	4	德国	1887
	来远	邱宝仁	202	2900	5000	15.5	14	4	德国	1887
	致远	邓世昌	202	2300	5500	18.0	23	4	英国	1886
	靖远	叶祖珪	202	2300	5500	18.0	23	4	英国	1886
	超勇	黄建勋	135	1350	2400	15.0	18	3	英国	1881
	扬威	林履中	135	1350	2400	15.0	18	3	英国	1881
	平远	李和	145	2100	2400	14.0	11	1	中国	1889
炮舰	镇东	陈镇培	55	440	350	8.0	5	无	英国	1879
	镇西	潘兆培	55	440	350	8.0	5	无	英国	1879
	镇南	蓝建枢	55	440	350	8.0	5	无	英国	1879
	镇北	吕文经	55	440	350	8.0	5	无	英国	1879
	镇中	林文彬	55	440	350	8.0	5	无	英国	1879
	镇边	黄鸣球	55	440	350	8.0	5	无	英国	1879
舰种	舰名	管带	乘员	吨位	马力（匹）	速率（哩）	火炮（门）	鱼雷发射管	制造国	进水时间
鱼雷艇	福龙	蔡廷干	30	115	1500	23.0	4	3	德国	—
	左一	王平	29	108	1000	26.0	6	3	英国	1887
	左二	李士元	28	108	600	19.0	2	2	德国	1887
	左三	郑得春	28	108	600	19.0	2	2	德国	1887
	右一	徐永泰	28	108	600	18.0	2	2	德国	1887
	右二	刘芳圃	28	108	600	18.0	2	2	德国	1887
	右三	曹保赏	28	108	600	18.0	2	2	德国	1887
	定一	—	—	—	1000	26.0	—	2	德国	1887
	定二	—	—	16	91	15.0	—	2	德国	1881
	镇一	—	—	16	91	15.0	—	2	德国	1882
	镇二	—	—	16	91	15.0	—	2	德国	1881
运输舰	海镜	—	124	1358	580	10.0	—	无	中国	1873
	利远	—	124	1358	580	10.0	—	无	中国	—
练习舰	威远	林颖启	124	1268	840	12.0	11	无	中国	1877
	康济	萨镇冰	124	1310	750	12.0	11	无	中国	1879
	敏捷	戴 康	60	750	—	—	—	无	中国	1886
通信舰	泰安	—	180	1258	580	10.0	5	无	中国	1870
	湄云	屠宗平	70	515	320	9.0	4	无	中国	1870

资料来源：甲午战争博物馆

日本陆军师团建制一览表
THE DIVISIONS AND CORPS OF THE JAPANESE STANDING ARMY

兵种 / 师团	步 兵（大队）	骑 兵（中队）	炮 兵		工 兵（中队）	辎重兵（中队）	战斗员（人）	全 员（人）
			野炮中队	山炮中队				
第一师团	12	3	4	2	2	2	9600	18492
第二师团	12	3	4	2	2	2	9600	18492
第三师团	12	3	4	2	2	2	9600	18492
第四师团	12	3	4	2	2	2	9600	18492
第五师团	12	3	4	2	2	2	9600	18492
第六师团	12	3	4	2	2	2	9600	18492
近卫师团	8	3	4		1	2	5760	12095
总 计	80	21	28	12	13	14	63360	123047
总 员	63360（人）	2121（匹）	168（门）	72（门）			63360	123047

资料来源：甲午战争博物馆

刘公岛

刘公岛山顶炮台

北洋海军公所

丁汝昌

舰队既受到岸上炮台威胁，又受到海上日本舰队袭击，处于腹背受敌的境地。李鸿章后来电复丁汝昌，“万一刘岛不保，能挟数舰冲出……勿被倭全灭……事急时将船凿沉，亦不贻后患”。然而，最终也没免遭全军惨败的结局，丁汝昌吞下鸦片死在帅椅上，死后还遭到手下牛昶昞的暗算。北洋海军中有不少洋员，其中包括担任海军副提督的英国人马格禄和担任顾问的美国人浩威，与清廷牛昶昞等人勾结在一起，唆使兵士们哗变，向日本投降。北洋水师尚存的十一艘兵舰和刘公岛的炮台及一切军资器械都在光绪二十一年正月（1895年2月）全部完好的成为日军的战利品。

在此情况下，光绪帝下谕，予以李鸿章“拔去三眼花翎，褫去黄马褂，以示薄惩”。

在抗击日本的侵略中，中国官兵曾有过英勇的抵抗，也涌现了可歌可泣的如邓世昌、王国成等一大批民族英雄人物，但也有像方伯谦、牛昶昞等败类出现。

1894年的甲午战争，清军先败于朝鲜，后败于辽东，北洋舰队全军覆没。一时间，国人义愤如潮，将丧师辱国之罪统统划归李鸿章名下，使他纵有百口，也莫辩一词。其时，适逢著名的昆剧丑角杨鸣玉去世，有人作了一副对联，把李鸿章捎带进去加以痛骂：杨三已死无苏丑，李二先生是汉奸。联中杨三指杨鸣玉，李二则指李鸿章，这副对仗精切的联语经众口流传，播散广远，大家都觉得够解气，够解恨。

三十、马关自此伤心地　中弹伤身难辞咎

《马关条约》是继《北京条约》以后，侵略者强加给中国的最苛刻的不平等条约。在这个条约签订时，李鸿章身中子弹险些丧命，签订后，又背上终生骂名。甲午战争失败后，由于清政府腐败，一味妥协退让，致使清廷丧师失地。美国为扩大它的侵略利益，乘机“出面调停”，单独操纵中日之间的和谈。

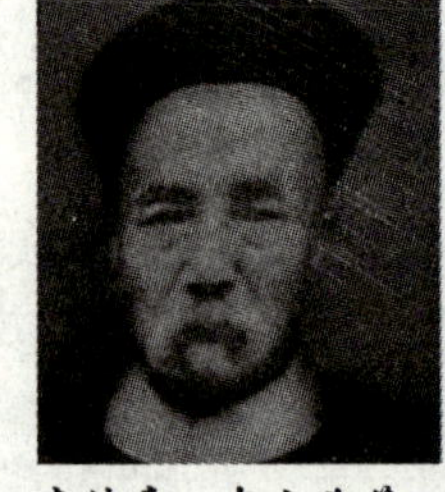
李鸿章，中方头等全权大臣

李经方，李鸿章嗣子，中方全权大臣，谈判副使，前驻日公使

伊藤博文，日本内阁总理大臣，日方全权办理大臣

陆奥宗光，日本内阁外务大臣，日方全权办理大臣

清廷与日方参加马关谈判全权代表人物

第一次前往日本谈判的不是李鸿章，地点也不是马关。清廷曾派遣在总理衙门任职的户部侍郎张荫桓前往日本执行和谈使命，地点在日本广岛。1895 年 2 月 1 日伊藤博文和陆奥宗光会晤张荫桓时，态度十分冷淡，认为他人微言轻，不够资格，暗示派一位像恭亲王或李鸿章那样高地位的人物前来议和。使臣张荫桓等人于 1895 年 2 月 15 日回上海后，当天就致电军机处：“根据伊藤博文的提议，中国若重新遣使议和，一定要地位崇高而能肩重担者，否则不与开谈。”两天后日本来电称：“中国另派大臣，须有允偿兵费、朝鲜自主、商让土地及与日本日后办理交涉能画押之全权。”这两份电报使慈禧太后明白过来，清廷垂危之时，只能重新启用败臣李鸿章，清廷赏还三眼花翎、黄马褂，开复革留处分，授他为头等全权大臣去日本议和。

李鸿章受命后，心里十分清楚，这是凶多吉少、终生沦落骂名的差使。败将之臣无讨价还价的本钱，只好多次进京，面见光绪帝请训，又写信给美国驻华公使。1895 年 3 月，李鸿章带着儿子李经方和美国顾问科士达等随员，以“头等全权大臣”的名义前往日本马关与伊藤博文商订和约。一路上，他愁怨满腹，已预料到晚清的命运和个人的结局。

日本政府对本次和谈是作好了充分准备的，向清廷提交的会谈条款汇聚

了日本国内各方面的建议。陆军坚持割让辽东半岛，有利于控制朝鲜与北京；海军坚持割让台湾和租用辽东半岛，作为日后进军南亚的海军基地；财界坚持赔偿白银。还有其他集团要求占领山东、江苏、福建等地。日本政府将这些观点进行综合，成为和谈条款十条方案，重点就是赔款、割地、朝鲜独立以及商业和航海方面的特权。

马关谈判现场（蜡像）

1895 年 3 月 19 日，李鸿章偕其子李经方、美籍顾问科士达及随员抵达马关，次日与日本全权大臣伊藤博文（内阁总理）、陆奥宗光（外务大臣）开始谈判。在谈判桌上，李鸿章力劝日方伊藤博文和陆奥宗光要明确西方帝国主义在亚洲的最大利益，并陈述中日不应相互控制。李鸿章在他年青对手面前恃老卖老，当时他已经 73 岁高龄了，而伊藤博文只有 55 岁，陆奥宗光只有 52 岁。在实际谈判中，对手根本没有丝毫慈悲之心，反而讹诈、恐吓、威逼李鸿章，尤其在赔款上，日本要求 3 亿两白银。经过几轮会谈，李鸿章见说理说情已经无用，无计可施，一筹莫展，最后只好苦苦哀求。日本拒绝中国提出停战的要求，其原因之一是台湾还没有弄到手，打算等侵占台湾已为既成事实之后，通过谈判逼使清政府割让台湾。24 日，李鸿章奉清廷之命，在谈判时撤回休战要求，拒绝日本提出的条件。当天，李乘马车返回寓所途中，突然从人群中窜出一名大汉，从腰间拔出手枪，对准李鸿章，“砰”的发了一枪。子弹击中左颧，深入左目之下，没有直接伤目，李戴的眼镜碎片纷落，顿时血流满面，染红了官袍，很快被送到下榻住处，李鸿章已不省人事了。

行刺李鸿章的凶手是日本郡马县人小山丰太郎，其行刺的真正动机是破坏谈判，继续扩大战争，妄图让日本在中国获得更多更大的利益。李鸿章毕竟是大清国一个权高位重的人物，一个古稀之年的老者，是清廷派到日本进行谈判的头等全权大臣，在谈判期间，遭此暗算，日方难脱干系。当李鸿章醒来时，见官袍上尽是血，便脱口说了句：“此血，可以报国也。”此事使日本非常尴尬，日本天皇专门派御医来医治，日本报纸由攻击李鸿章转为称赞。

在李遇刺的第二天，日本外相陆奥宗光前往李住所拜会了李经方。陆离开后，使团一名人员与李经方说："令尊不幸实为大清之幸事。自今起，议和条款的商定较前更容易了，日清之战也将停止了。"

"李鸿章在谈判中被刺客枪杀"的消息，通过当时的媒体及各国公使迅速传遍，国际舆论一片哗然，纷纷谴责日本人的不义之行。当时，沙俄已派军队进入中国北部，日本担心其如果乘机进行干涉，李鸿章负伤便是最好的借口。为了防止再出现意外，日方沿着春帆楼左侧的山腰间修了一条专供李鸿章行走的小路——"李鸿章道"。陆奥宗光说："内外形势已不许两国继续交战了。若李鸿章以负伤作借口而中途回国，谈判岂非中断吗？若欧洲某强国乘机干涉，我国对中国的要求将不得不大为让步。因此我认为，如不乘此时机采取善后措施，即有发生不测之危机。""停北不停南"的停战协定很快签署。4 月 1 日，日方提出十分苛刻的议和条款。李鸿章乞求降低条件。10 日，日方提出最后修正案，要中方明确表示是否接受，不许再讨论。日方于光绪二十一年三月二十三日（1895 年 4 月 17 日）在日本马关逼迫中国签订了一份最不平等的《马关条约》。签字结束后，李鸿章深深叹了一口气，自语道："我解脱了痛苦。"

《马关条约》其主要内容如下：①中国从朝鲜半岛撤军并承认朝鲜的"自主独立"，中国不再是朝鲜之宗主国；②中国割让台湾岛及所有附属各岛屿、澎湖列岛和辽东半岛给日本；③中国赔偿日本军费 2 亿 3 千万两白银；④中国开放沙市、重庆、苏州、杭州为商埠；⑥允许日本人在中国通商口岸设立领事馆和工厂及输入各种机器；⑦片面最惠国待遇；⑧中国不得逮捕为日本军队服务的人员；⑨台湾澎湖内中国居民，两年之内任便变卖产业搬出界外，逾期未迁者，将被视为日本臣民；⑩条约批准后两个月内，两国派员赴台办理移交手续。

《马关条约》签订后，遭到国人的强烈反对，许多学者指责李鸿章父子卖国自保，两江总督张之洞强烈反对批准这个条约。数百名汇聚在京城应试的各省举子几次联名上书朝廷，请求废除这个条约，迁都内地，与日本血战到底。但清政府不顾群众的愤怒抗议，仍然于 1895 年 5 月 18 日交换了条约的批准书。中法战争后建省的台湾岛，由于 1885 年至 1891 年推行洋务运动后，发展较快，台湾人民坚决反对将岛屿割让给日本。日本派水师提督子爵桦山资纪作为台湾、澎湖等岛巡抚，并授以钦差大臣之职，一边赴台湾负责交接，一边赴任。6 月 1 日凌晨，李经方乘船到达台湾时，遭到炮击，只好在船上与日本代表商定交接台湾文据。当天深夜，将文据缮写中文和日文各两份，日本桦山资纪和李经方分别在文据上签名盖章。

此时，李鸿章的声望一落千丈，成为他一生事业的挫败点。廷臣斥责他任直隶总督二十余年，长期经办洋务，所练北洋水师，靡帑千数百万，而至今不能一战，纷纷要求予以严惩，甚至有人提出要把他明正典刑以谢天下。尤其是他代表清政府与日本签署《马关条约》后，几乎一夜之间，便被视为国人皆曰可杀的卖国贼、汉奸，对他的抨击铺天盖地。李鸿章曾有一段时间匿居天津，避门不出。

有人认为李鸿章是奉命订约，不应独负其咎。在他去世的第二年，吴汝纶东游日本考察教育，看到李公当年谈判时坐的凳子竟然都要比日本人矮半截，不觉悲从中来，陪同的日本友人要他留下墨宝，他大书“伤心之地”。1899年康有为到马关，对李鸿章在马关议和时的艰难困厄，表示了一定程度的同情。记其事云：“至马关，泊船二日，即李相国立约遇刺地也，有指相国驻节处者，伤怀久之。”赋诗曰：“有人遥指旌旗处，千古伤心过马关。”近代爱国诗人黄遵宪在其所写《马关纪事诗》五首中，一方面表露了无限忧国之情，另一方面则对李鸿章在马关议和时所处的困境表露了深切的同情。例如第二首有句云：“三十载安危系，中兴郭子仪”，“存亡家国泪，凄绝病床时”。

李鸿章由日本回国后，随即被解除权柄，虽说在京“入阁办事”，实则是“不办事也”。那年李鸿章赋闲贤良寺内，门庭冷落，索性便杜门谢客。李鸿章每天六七点钟起，稍进餐点，即检阅公事，或随意看《通鉴》数页。然而这种悠闲的生活，却依然令李鸿章郁郁寡欢，“每盱衡时势”，便“抚膺太息”。一生忙碌的李鸿章，在古柏参天的贤良寺内，对自己也进行了深刻反思。秋风白发人，英雄末路处。备受人身攻击的李鸿章忍不住仰天长叹：

“予少年科第，壮年戎马，中年封疆，晚年洋务。一路扶摇，遭遇不为不幸。自问亦未有何等陨越。乃无端发生中日交涉，至一生事业，扫地无余，如欧阳公所言：‘半生名节，被后生辈描画都尽’。”

三十一、联俄抗日被俄骗　共同防御落陷阱

《中俄密约》是1896年李鸿章作为祝贺俄皇加冕的专使赴俄时缔结的。

甲午战争失败后，西方列强加快了对中国的侵略步伐。下手最快最狠的，要数沙皇俄国。

马关条约中有割让辽东半岛给日本的一条，俄国与中国东北接壤，不愿意看到日本占领东北，这对其在远东的扩张极为不利。沙俄利用中国在中日甲午战争中战败的困境，藉口“共同防御”日本，扮演了一个为中国“打抱不平”的“救星”角色，联合德、法两国与日本进行交涉，使清廷多付了3000万两白银，赎回了辽东半岛。沙俄主动插手干预，当然不是为了中国，而是企图把辽东半岛这块肥肉留下给自己享用。清廷官僚们没有认清沙俄的真面目，反而认敌为友，朝野上下无论清流、洋务，包括李鸿章都认为俄国人是朋友。沙俄的野心很快就显露出来。

1896年4月，沙俄驻华公使喀西尼向总理衙门正式提出关于西伯利亚铁路要穿过中国东北地区直达海参崴的要求，遭到清政府的断然拒绝。事实上，俄国在1891年开始建造西伯利亚铁路，其主要目的就是为了实现对中国的侵略计划。俄国外交大臣罗拔诺夫曾说过：“我们要在太平洋上获得一个不冻港，为便利西伯利亚铁道的建筑起见，我们必须兼并满州的若干部分。”他们为了这个目的，一计不成，又来一计，不达到目的是不会罢休的。

光绪二十二年（1896）年俄国沙皇尼古拉二世要举行加冕典礼，沙俄精心策划，认为这是向清廷索取中东铁路修筑权的极好机会。便主动发请柬特邀清政府派代表参加，清廷派代表来俄国，谈判中俄国占地势、人势，事情就好办多了。

大清总理衙门收到请帖后，派湖北布政使王之春作为“出使俄国大臣”前去祝贺。俄方委婉谢绝王之春为出使大臣。清廷无奈之下派李鸿章去俄国参加典礼。李虽被削权解职，但他是太后的人，又是亲俄派，比较好谈。

为达到谈判目的，沙皇专程派遣乌赫托姆斯基公爵，前往苏伊士运河北口的塞得港，迎候李鸿章。1896年5月18日，李鸿章到达俄罗斯旧都莫斯科时，沙俄摆出接待国家元首的规格，铺红地毯、设仪仗队、鸣十九响礼炮，俄国人之所以这样做，绝非是对一个“大政治家”的景仰，也不是表示“对中国人民的深情厚谊，而是俄国人打着“中俄结盟、对抗日本”的旗号，“以

礼问路”，让李鸿章放松警惕性，以达到其抢占中国土地，修筑西伯利亚从赤塔直线通向海参崴铁路，并派兵驻守的险恶目的。

6月3日，李鸿章与俄国外交大臣罗拔诺夫、财政大臣维特在莫斯科进行秘密谈判。李鸿章到俄国除参加加冕典礼仪式外，也带着“联俄拒日”的任务，与俄国结成相互援助的军事联盟，签订一个中俄攻守同盟条约。

谈判中，俄方利用清政府部分官僚急于同俄国结盟的心理，不断施压，威胁讹诈，把“借地接路”作为实现结盟的先决条件，经中俄双方代表秘密协商，形成中俄密约初稿。李鸿章已将初稿转给光绪皇帝，双方代表在签订时查阅了对方“全权谕旨”。根据维特回忆录，利用宴请时间，俄方玩弄卑鄙手法，单方面篡改了原约稿。

全约共六条，内容是：日本如侵占俄国远东或中国以及朝鲜土地，中俄两国应以全部海、陆军互相援助；非两国共商，缔约国一方不得单独与敌方议和；开战时，中国所有口岸均准俄国兵船驶入；为使俄国便于运输部队，中国允于黑龙江、吉林地方接造铁路，以达海参崴，该事交由华俄道胜银行承办经理；无论战时或平时，俄国都可通过该路运送军队军需品；此约自铁路合同批准日起，有效期十五年。根据《中俄密约》第四条，同年9月8日由中国驻德、俄公使许景澄与华俄道胜银行代表在柏林签订了《中俄合办东省铁路公司合同章程》。合同规定成立中国东省铁路公司，其章程照俄国铁路公司成规办理。至此，俄国获得了西伯利亚大铁路穿过中国领土直达海参崴的特权。《中俄密约》的签订和筑路权的攫取，为沙俄侵略势力进一步深入和控制中国东北三省提供了各种方便，大大增强了沙俄在远东争夺霸权的地位。

李鸿章虽想“以夷制夷”，却如鲁迅所说，“夷那有这么愚蠢呢”？《中俄密约》签订一年后，西方列强看到俄国得手，惟恐在瓜分大清国时落后，立即掀起了要求大清割地、租地的狂潮。德国占领青岛，法国占领广州湾，英国占领九龙、威海，都是中俄密约签订后一二年内接连发生的事件。李鸿章惨就惨在“以夷制夷”的手段，既没有依靠到夷，更没有制裁到夷，反而让夷把自己治得很惨。

三十二、八国联军攻北京　李二先生重握柄

《辛丑条约》是清朝政府在义和团运动失败的情况下，八国联军攻入北京后签定的又一个丧权辱国的条约。

当年，义和团反帝爱国运动的蓬勃发展，使得正加紧瓜分中国的帝国主义国家惊慌失措，他们一面威胁清政府加紧出兵镇压义和团，一面策划直接出兵干涉。

光绪二十六年三月（1900 年 4 月）英国派军舰三艘，美、德、意各派一艘开至大沽口。五月初一(5 月 28 日)驻北京各国公使举行会议，决定立即以“保护使馆”名义调兵到北京。至 6 月 3 日，到达北京的第一分队包括俄国、英国、法国兵各 75 人，美国兵 50 名，意大利兵 40 名和日本兵 25 名。6 月 10 日清晨，一支由各国官兵组成的二千多人的军队，从天津赶往北京的途中与义和团相遇，发生了激烈战斗。

慈禧太后连续召集大臣御前会议。基本上是两种意见：第一种是以军机大臣王文韶、兵部尚书徐用仪等为代表洋务派意见，主张要把义和团当作乱民镇压下去。两广总督李鸿章、湖广总督张之洞、两江总督刘坤一是偏向这一主张的。另一种则以端王载漪、大学士徐桐等为代表，主张义和团无法扑灭，不如利用义和团“法术”，消灭洋人势力，把洋人赶跑。慈禧太后采纳了后一种意见，发布维护义和团的诏令。6 月 16 日慈禧召开御前会议讨论是战是和的问题。就在这个夜间，俄、英、美、法、德、奥、意、日等八国以舰队炮轰大沽口炮台，并强行占领，理由是清廷“并不实力剿办”义和团，他们必须屯兵大沽口，疏通天津与北京通道。

6 月 21 日，清廷以皇帝名义发出了诏书，通电全国，宣布自即日起与西方各国正式进入战争状态，要求地方筹款调兵，勤王抗敌，共渡难关。以慈禧太后为首的清朝政府已经同义和团站在同一条战线上，向外国侵略者开战了！

义和团与清军联合作战，切断侵略军与天津的联系。在津郊八里台与敌展开激战，聂士成亲往督战，多处负伤，仍坚持指挥战斗，最后中炮阵亡。7 月至 8 月进军北京的八国联军指挥官是德国人瓦德西，率来自日本、美国、奥匈帝国、英国、法国、德国、意大利及俄国的八国联军与义和团和清军对

战。这支侵略联队从天津出发十二天后，于 1900 年 8 月 14 日打到了北京城。这是继咸丰十年（1860）英法联军占领北京以后，北京城又一次为外国帝国主义强盗所占领。这个时候在京津之间部队有宋庆、马玉崑部近三万，荣禄、董福祥部三万人，还有二万八旗军和从外省来到京畿部队约十万人，对付不到二万人的侵略联军应该是可以的，但慈禧太后虽然宣战，然决心不够，没有对侵略军队作坚决抵抗的部署。

北京沦陷时，慈禧太后携光绪皇帝及皇族经昌平，出居庸关，转入山西境内。慑于八国联军的淫威，慈禧于途中下令各地官兵剿灭义和团。九月七日，清廷发布上谕，称“此案初起，义和团实为肇祸之由，今欲拔本塞源，非痛加铲除不可”。在中外势力的联合镇压下，义和团运动失败了。

在这种情形下，以洋务派官僚为主的南方各省督抚，成为帝国主义最得力的工具。两广总督李鸿章、湖广总督张之洞、两江总督刘坤一等，一开始就反对朝廷“抚”义和团的主张。他们认为这样做得罪外国帝国主义者会造成不可收拾的局面。6 月 21 日朝廷下达宣战诏书，李鸿章就认定是伪诏，决定不照办。时任铁路督办的盛宣怀串连李鸿章、张之洞、刘坤一，还有上海道台余联沅实行所谓的“东南互保”。并组成代表团在上海同以美国总领事古纳为首的各国领事进行会商，达成一项非正式协定《东南保护约款》九条。大意是：作为地方最高机构，将保护外国人生命和财产，并在他们管辖区内镇压拳民，而外国列强不派军队进入他们的地区。闽浙总督许应揆电告盛宣怀实行同样政策。与南方各省督抚采取同样立场的，还有陕西巡抚端方和山东巡抚袁世凯。

这些督抚自行与帝国主义各国联络，承担保护他们的责任，在形式上与朝廷对着干，有人上书谴责他们，朝廷并不理会这种谴责。朝廷在逃亡时下了一道上谕，说的很明白：“前据刘坤一、张之洞等奏，沿海沿江各口商务照常，如约保护。今仍应照议施行，以昭大信”。

“东南互保”事件，是对圣旨说“不”，不折不扣地造了一次反，在中国封建社会，圣旨是最高权威，抗旨绝对是杀无赦甚至是满门抄斩的重罪。“东南互保”事件标志着地方势力急骤膨胀，标志着大清王朝的绝对权威和封建制度开始瓦解。

在搞“东南互保”的督抚中，实际上李鸿章是头头，因为他善于与洋人打交道。他在光绪二十五年（1899）底任两广总督，于二十六年（1900）五月二十二日，清廷让他奉旨北上入京。当时正是北方混乱时候，他感觉不是北上时机，便借故留在广东。

六月十二日（7月8日），朝廷又让他官复原职，任直隶总督兼北洋通商大臣，经过朝廷的催促，他才慢吞吞于7月21日乘船到达上海。他并没有按照朝廷要求如期赶往京城，而是逗留在上海，一边打探北方消息，一边探听在上海的各国公使们的意向，并与刘坤一联名上书，建议朝廷保护各国洋商教士。

8月7日，朝廷任命他为全权大臣与列强谈判，他还是心存疑虑，留在上海，拖延不动。被举国唾骂“卖国贼”的李鸿章，此刻重新肩负起朝廷的厚望。不仅是慈禧，疆吏群臣也都对李鸿章北上的事情表示了极大的关注，其“早到一日，朝廷早安一日矣”。8月20日，朝廷一再“乞求”他北上，并下谕旨“全权大臣李鸿章，著准其便宜行事，将应办事宜迅速办理，朕不为遥制”。这次他不傻了，临死也要拉一个垫背的，要求朝廷任命庆亲王和荣禄参与，朝廷当然同意。他在俄国人护送下，离开上海，于9月18日抵达天津。

胡绳在1982年写的《从鸦片战争到五四运动》，有一句话耐人寻味：“向占领首都的侵略者求情乞和的任务落到了洋务派领袖——李鸿章身上。”

李鸿章到天津接任直隶总督，然后略作筹划，最终抵达北京。此时的北京，已不再是那个令人向往的繁华富庶的都城，而是一处被清廷遗弃的所在，成为了洋人的世界。城内名义上由清政府管辖的区域只剩两个小院子：一处是李鸿章寄寓的贤良寺，另一处是庆亲王奕劻的住处。庆亲王住宅外有日本

《辛丑条约》清廷全权代表奕劻和李鸿章与英国、美国、日本、俄国、法国、德国、意大利、奥地利、比利时、西班牙和荷兰等国代表谈判

士兵持枪护卫，李鸿章所住的贤良寺则有荷枪实弹的俄国兵日夜把守，正如当时的外国报纸所言：奕劻“如一囚徒”，李鸿章“实际上是受到礼遇的俘虏”。这便是辛丑谈判时两位清朝代表的处境。

李鸿章来京与八个占领国谈判，但帝国主义不加理睬，拒绝在慈禧和皇帝未回北京之前开始谈判。慈禧拒绝返回北京，她明确表示朝廷将在和约缔结之后，而不是之前返回北京。李鸿章与列国以国际法为依据，提出义和团为叛逆，皇室之前的宣战诏令是被挟持之下发出；不承认中国与十一国交战，故各国无割地的理据，而中国则只有赔偿军费的义务。但占据北京的列强们，根本无视李鸿章的要求，纷纷暴露其入侵掠夺、瓜分中国的嘴脸。以英、美为一方争夺商业利益，以俄、德、法、日为一方想瓜分中国领土。列强诸国各怀鬼胎，个个都张开血盆大口。

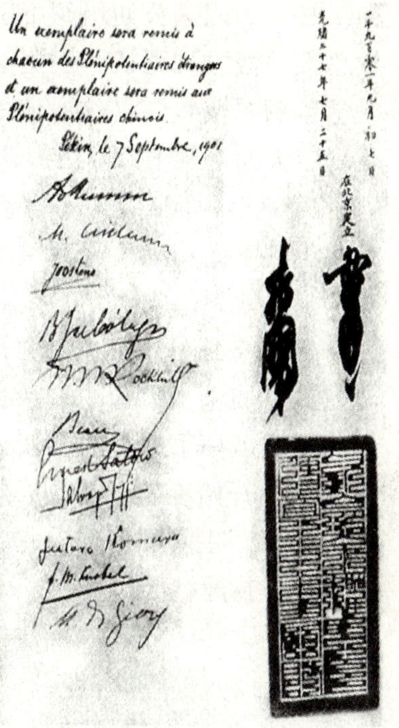

李鸿章与侵略中国的八国联军谈判代表在《辛丑条约》上的签字

10月4日，法国照会各国政府，提出六项要求，作为同中国进行谈判的基础。从10月中旬开始，他们接连召开为拟订《辛丑和约》作准备的外交团会议，经过多次讨论，确定的条约为十二款，清政府不得不接受。

《议和大纲》被接受后，帝国主义便商讨具体细节，以便签订正式条约，付诸实行。列强侵略国代表之间争论的焦点是惩凶和赔款两个问题。在惩凶问题上，俄、美、日主张免去“懿亲”死刑；德、意、奥、英四国坚持重办。俄国极力保西太后，英国企图废后立帝。最后达成妥协，同意日本“懿亲不加刑”的意见，其余人都要惩办。11月15日，瓦德西接见了李鸿章和奕劻，并允诺很快开议和谈。但各国认为处理祸首依然过轻，所以议和迟迟未有进展，直到一个多月后，各国作出适当让步，议和方才正式开始。李鸿章、奕劻按照清廷旨意与各国“磋磨”，力争“稍资补救”，然而列强态度强硬，寸步不让。1901年2月21日，清廷第四次下诏，对于曾经偏袒过义和团的官员痛下杀手，终于使各国满意，扫除了签约的障碍。

在赔款问题上，集中体现出帝国主义贪婪的侵略本质。他们推定英、德、日、法四国公使组织中国财政调查委员会，调查中国财政情况，确定赔款总数。西方列强认为中国必须为他们出兵费用和他们其他的“损失”付出一笔巨额“赔款”（仅沙俄一国就要求赔款“一亿三千万两”）。其数目最后确定为四亿五千万两白银，按40年分年还清，年息为4%。

1901年9月7日上午，清廷全权代表奕劻和李鸿章在条约上签字，在辛丑条约上签字的有八个出兵国家：德国、意大利、俄国、日本、美国、法国、英国、奥地利。此外，还有比利时、西班牙和荷兰三个国家。

辛丑条约是帝国主义强加给中国最为屈辱的不平等条约。列强勒索了巨额赔款，加剧了中国的贫困和经济衰败；外国军队长期驻扎在中国的战略要地，严重破坏了中国的主权完整和国防安全；设置使馆区，以武力为后盾的公使团，开始凌驾于清政府之上，加强了帝国主义对中国人民的统治，清政府成为帝国主义的傀儡。它的订立，标志着清王朝统治下的中国完全沦为半殖民地半封建社会。

第五章 治国与修身

历史人物都是“过去时”，无法超越其所处的历史时代。

后人看待历史人物，不能完全按照自己生活时代的政治、经济、社会发展眼光去审视和评价。

就其人生修养而言，李鸿章既承接老师曾国藩立德立功立言的衣钵，又彰显出自我的个性；他擅长自我保健，堪称大师；常喜临摹二王法帖，形成他自己独特的行书风格；一生钟爱其家乡合肥巢湖，建塔修庙行善举，寄情巢湖赋诗文。

三十三、千年局变悟自强　百年争议荣与辱

与李鸿章同时代的外国文学家、社会学家或历史学家，如麦士尼、濮兰德等人，他们把李鸿章描述为“东方俾斯麦”。西方雕塑家F.R.Kaldenberg创作的雕塑作品，把李鸿章与世界著名政治家德国的俾斯麦、美国的格兰特的形象并列塑造。1903年英国人立德夫人*Li Hung—Chang, His Life And Times*（李鸿章的生平及其时代）一书指出：“写李鸿章的传记就等于写中国十九世纪的历史。”

清史名家萧一山先生说：“李鸿章虽然替中国遗留下骄横自私的军阀，造成了很坏的风气，但他支持晚清政局，身任外交要冲，其眼光毅力，都值得我们佩服。他的世界知识，国事见解，比较一般人高，他是推行自强运动的中心人物……他实在是一个有眼光的政治家，对时代认识最清楚。”萧先生不仅是客观公正的评价李鸿章，而且在评价之中用“自强”代替“洋务”，用“政治家”代替“洋务首领”等词句是值得注意的。

李鸿章是一个开启眼光看世界的人，他以开放的态度去处理同外国的关系。大声疾呼大清绝不应昏睡于“天朝上国”的迷梦而抱残守缺、不思振作。他把当时中外形势的特点概括为“数千年未有之变局”和“数千年未有之强敌”。在浑浑噩噩的清朝官员中，能有这种认识的可谓凤毛麟角。

李鸿章具有远大的理想目标，他提出了“外须和戎，内须变法”的自强总纲。他在外交上实行“外敦和好”的策略，尽量避免与列强兵戎相见，创造一个平稳的国内环境。“内要自强”，他不遗余力、不畏谤言，历遭数十次弹劾风波，仍把自己权力用到极至，十分固执地探索着求富强国之策，用毕生精力于实施强军筑防、强民育才、强国求富等政治实践活动，只有让薄弱的家底厚实起来，腰杆才能硬起来。

李鸿章具有卓越的政治远见，能审时度势，主张“穷则变，变则通”，敢于提出变通“祖宗之成法”。他的施政方式是“借法自强”，曾说：“中国以后若不稍变成法，徒恃笔舌与人争，正恐长受欺侮”。“今当及早变法，忽令人笑我拙耳。第此等大计，世无知而信之者，朝廷无人，谁作主张？及吾之生，不能为不敢为，一旦死矣，与为终古已矣。”李鸿章不仅以谈自强自诩，而且以力言“变法”为己任。在大清朝浑噩的政治环境中，他持有与众不同

的政见和“舍我其谁”的态度，尽管他的主张有许多错误，但不能不承认他是个颇有历史眼光和负有历史责任感的政治人物。

1867 年李鸿章会同曾国藩、丁日昌在江南制造总局附设翻译馆。他认为，要弄清其“用器与制器之所以然”，就必须翻译西方有关工业制造和与之相关联的实用学科的著作，聘请外国专家同中国专家合作，“专择有裨制造之书，详细翻出”。“吾等执政，虽竭力谋强盛，然未见效，深为可叹。国人思想受毒根深，忽然一旦变化，固非易事。然受外人之凌辱，国人未能反省，非愚且钝乎？”可见一个政治家眼光之长远，思想之敏锐，分析之透彻。他清楚地认识到推行自强运动实施“固非易事”、困难重重，追求富强的目标是任重而道远的。

他围绕“外敦和好、内要自强”，开展具体政治实践活动。他是一名“文臣”，也是一位“武帅”。长期的戎马生涯和“御外”“靖内”的需要，坚定了他“强兵治国”的政治观。在实施“内要自强”时，他首先着手强兵，向淮军“兵制”开刀。“若不及早自强，变易兵制，讲求军实，仍循数百年绿营相沿旧规，厝火积薪，可危实甚。”19 世纪 70 年代，他着重“整顿海防”，加强“陆军训练”。终于建立起中国近代北洋海军，对晚清的军事发展和国防建设作出了贡献。

李鸿章尊重客观事实，并贯彻实施在自强运动过程中。随着对西方认识的深化和军事工业的开办和经营，原料、经费等困难日益严重的情况，使李鸿章越来越深刻地意识到，军事工业需要有完整的近代工业体系，需要雄厚的经济基础，从而加强了推广机器生产的要求，产生了大力发展工商业的思想，提出改变传统的思维方法和生产方式，注重商务。李鸿章认为：“藏身于文字之间，而卑视工商，岂知世界文明，工商业较重于文字，窥东西各国之强盛，无独不然。”从“自强”到“求富”，李鸿章对西方文化、现代文明、新技术，既是学习者，也是传播者，更是实践者。他突破了晚清时期政治、经济、外交的困局，把广制造、兴工商作为“内要自强”的主要实践活动。看到机器大工业的兴起是社会发展的必然趋势，他主办了江南制造局等一批近代军工企业后，又创办了近代轮船航运、机器纺织企业、煤矿和金矿、办铁路和电报等一大批民用企业，从而为中国早期近代经济事业奠定了基础。

在教育事业上，李鸿章把改科举、兴办学堂作为变通“祖宗之成法”的重要内容，创办了翻译馆，派遣幼童赴美留学。他在答美国记者提问、阐述争取教育普及、提倡妇女解放时，说：我们（中国）有很好的学校，但只有付得起学费的富家子弟才能入学，穷人家的孩子没有机会上学。但是，我们现在还没有你们这么多的学校和学堂，我们计划将来在国内建立更多的学校……我们现在还没有供女子就读的公立学校，也没有更高一级的教育机构。这是由于我们的风俗习惯与你们不同，也许我们应该学习你们的教育制度，并将最适合我们国情的那种引入国内，这确是我们所需要的。

“古今国势，必先富而后能强，尤必富在民生而国本乃可益固。”中国是农业大国，他把治理河道、开荒垦田及赈灾及事关民生之事，当作大事。他亲自考察黄河，查勘黄河之奏议，上至治理黄河之策略，下讫河堤民埝之培修，知无不言，言无不尽 。

李鸿章反对鸦片和排华倾向，曾于 1894 年 8 月 27 日会见世界禁烟联盟执行秘书英国人亚历山大，其后，亚历山大说：“他以最强劲的语言声称，中国政府一如既往地强烈反对鸦片贸易。这种贸易是列强通过战争强加给中国的，中国政府根据条约不得已允许印度鸦片进入大陆……‘你们也许明白，如果你们停止毒害我的人民，我们就会立即禁止他们获得鸦片’”。

科考出身的李鸿章，非但不醉心于之乎者也，还能用崭新的视野看世界。他在《示文儿》家书中，系统地阐述国民教育，提倡学习现代文明的观点。一个西方人曾说李鸿章：不仅是中国在当代所孕育的最伟大的人物，而且综和各方面的才能来说，他是全世界在 19 世纪中最为独特的人物。以文人来说，他是卓越的；以军人来说，他在重要的战役中为国家做出了有价值的服务；以从政三十年的政治家来说，他为这个地球上最古老的人口最繁盛的国家人民提供了公认的优良设施；以一个外交家来说，他的成就使其成为外交史上名列前茅的人。

在回顾李鸿章早年事业时，他所受的教育和社会关系，完全属于中国传统的模式。他从小天资过人，志向高远，攻读经史，满腹经纶，打下了扎实的儒家学问基础。中年对新知识、新技术的学习几乎达到痴迷的程度。虽然自己不懂西文，“如此循序奋进，虽愚必明，虽柔必强，可预决焉”。通过实践慢慢积累知识，使一个长辫子一品大员能写蒸汽机科普作品。晚年是一根筋，拼命做官、做事，凡是能维护摇摇欲坠的大清之事，不管三七二十一都能勇敢站出来，不论是添砖加瓦，还是拆东墙补西墙；不论是雕梁画栋，还是偷梁换柱；不论是誉满天下，还是丢官罢爵，只要是大清需要他，均毫无怨言，不惜破釜相试。难怪，同时代年青学者梁启超给他很高的评价：“李鸿章必为数千年中国历史上一人物，无可疑也；李鸿章必为 19 世纪世界历史上一人物，无可疑也。”

李鸿章是从一个平凡的乡里人，通过科举走上仕途的，又通过投笔从戎，由军界到政界，成为集军、政大权于一身的晚清重臣。虽身居要职，但他只有干事的份，决策权不在他。早在1876年之前，李鸿章就提倡修建铁路，遭到一大批守旧京官一窝蜂地围攻，尽管如此，他还是冒天下之大不韪，于1881年修建了唐胥铁路，但清政府以机车行驶震及皇帝陵园为由，只准许以骡马曳引车辆，所以被世人称为“马车铁路”。铁路风波一直闹到1889年，才告了结。

尽管他有一定环境、一定条件可以主政“单干”，但他一心一意维护晚清政府利益，感激慈禧太后的知遇之恩，坚持自己的道德伦理底线，为大清国鞠躬尽瘁。

李鸿章死后，梁启超很快发表了《李鸿章传》，传记开篇头几句话是：“天下惟庸人无咎无誉。举天下人而恶之，斯可谓非常之奸雄矣乎。举天下人而誉之，斯可谓非常之豪杰矣乎。”这句话客观地描述了人的真实情况，即每个人不可能没有过错，也不可能没有贡献。这也正是我们评价一个历史人物最基本的态度，即一分为二地看待历史人物，客观地对待历史人物的功与过。

李鸿章是中国近代史上一位具有远见卓识和一定影响力的人物，他是一个有功有过、勤奋务实的政治家，沉稳老练、褒贬不一的外交家。

公元2013年，将是他诞生一百九十年。

如果他在九泉之下，能看到今日的海防、今日的火车、今日的矿业、今日的纺织……已迅速发展，那些“列强”们以羡慕的目光注视着中国，他必定会万分喜悦。

三十四、天津教案展才华　晚清外交显锋芒

李鸿章办外交，是以1870年接替恩师曾国藩的天津教案为始，此后，他登上直隶总督兼北洋通商大臣的位置，成为晚清时期权力核心人物，在外交场上滚打了三十年。

大清国原来没有“外交”的概念，所有外事统统归于“洋务”。李鸿章天津教案办理得很出色，身兼北洋通商大臣，自觉不自觉地成为大清国当然的外交家。

从第一次鸦片战争开始至1900年的60年间，对外国侵略者持什么态度，一直是朝野上下激烈争辩的问题。顽固守旧派对外态度很简单：“攘夷”。说得好听，是爱国。但如何“攘夷”？拿什么爱国？却想不出好主意，提不出新举措。

李鸿章则持截然不同的态度。对顽固派“攘夷”之策，一针见血地提出批评：“外患之乘，变幻如此，而我又欲以成法制之，譬如医者疗疾，不问何症，概投之以古方，诚未见其效也”。对外来事物持排斥态度，既阻碍了本国的发展，若采用不恰当的措施，同时又会激化与西方列强的矛盾，给侵略者提供了可乘之机，酿成一些本来可以避免的麻烦和战祸，天津教案就是一个例证。他力主以开放的态度，处理同外国之间的关系，以新的观念和措施，去适应“数千年来未有之变局”。

李鸿章从事外交生涯30余年，他知西来大势，识外国文明，想效法自强，有卓越的眼光和敏捷的手腕，形成了独特的“外敦和好”的外交思想和“以夷制夷”的外交手段。

提出“外敦和好”与“以夷制夷”的理论，是在中国传统的儒家“和戎”思想的影响下形成的。“以夷制夷”是魏源在《海国图志》中描述的方法：“以守为战，而后外夷服我调度，是谓以夷攻夷；以守为款，而后外夷范我驱驰，是谓以夷款夷。”

“外敦和好”，是基于大清帝国内部危机四伏，主权沦丧，综合国力与西方列强国相比差距较大的背景下提出的。晚清的历史是一段不堪回首的历史，有太多的屈辱和灾难。以“天朝上国”自居的清朝在被列强用鸦片、廉价的商品和炮舰打开了大门之后，不得不面对陌生的世界，带有半殖民地色彩的近代外交也就应运而生了。在当时的国际形势下，以大清国的国力和军

力，要想同拥有近代工业和军事技术装备的西方列强开战，不但战争的沉重负担难以承受，而且也是难以取胜的。郭嵩焘更注意到战争的后果，他说："国家用兵三十年，情见势拙。"这是以李鸿章为核心的自强派冷静分析、客观估计形势后，提出的维持和局的策略，具有现实的合理性，甚至可以说在当时局势和无计可施的情形下被迫选择的较为可行的外交策略。

外敦和好的内容，是与西方修好，不言战事；和善友好交流，借西方先进技术；平等贸易，开埠通商，互通有无，发挥其长，为我所用。尽可能让大清帝国避免战争的灾祸，让百姓免受战争遭殃。维持中外相安的局面，保证变法自强运动的顺利开展。

外敦和好的原则，是争取"和局"，并非一味屈膝投降。李鸿章清楚地认识到大清国面临的险恶形势，如果要与西方列强硬碰硬，有可能将自己逼入绝境。权宜之计，就是避免盲目与列强抗衡。

李鸿章早就识破了西方列强的狼子野心，大清国局势需要"和好"，列强不但不会与之"和好"，而且会扰乱大清国和好的局势。他说："历代备边，多在西北。其强弱之势，客主之形，皆适相埒，且犹中外界限，今则东南海疆万余里，各国通商传教，来往自如，麇集京师及各省腹地，阳托和好之名，阴怀吞噬之计。一国生事，诸国构煽，实为数千年未有之变局。轮船电报之速，瞬息千里，军器机事之精，工力百倍。炮弹所到，无坚不摧，水陆关隘，不足限制，又为数千年未有之强敌。"他早已看透西方列强的丑恶嘴脸，"佯托和好"是表象，"阴怀吞噬"是目的，"一国生事，诸国构煽"是手段，描述的入木三分。

外敦和好的目的，是对"千古变局"的认知，是主张和戎、师夷、变法的理论前提。在列强环伺、外侮日甚的环境下，尽最大可能利用"以夷制夷"的外交手段，为中国的自强建设赢得尽可能多的和平时间，通过"师夷长技"，达到"图强""备战"的目的。他认为：中国要想转危为安，转弱为强，必须"忍小忿"而力保和局。集中时间，学习西方先进东西，富国强兵，取法自强，让大清国恢复强盛。

采用以夷制夷的手段，是李鸿章根据列强虽有联合、也有竞争这一复杂的国际形势，竭力利用西方列强侵略野心的动机差异性、力量悬殊性、相互矛盾的尖锐性，积极采取的远交近攻的合纵连横之术，即以夷制夷手段，达到相互制约，让大清国少受损失。在处理马嘉理事件和签订《烟台条约》一事上，在谈判中，英国公使威妥玛以绝交、战争相恐吓，给予施压。李鸿章故意将谈判与修改《天津条约》中的通商条款问题结合起来，用来吸引各国政府对中英谈判的注意，他利用列强间的矛盾以制敌的外交手段，曾取得了“引人注目的胜利”。《烟台条约》签订后，英国人说：“这个文件既不明智也不实用，毫无意义，是一堆冗言赘语。”面对强大的威胁，李鸿章依然能谈出一个明显存有抵抗态度的条约，是一件值得惊诧的外交经典案例。中法谈判时，李鸿章曾让驻法大使曾纪泽布置联英、联德制约法国的计划，之后，此计划虽无明显成效，却使法国政府有所顾忌，李鸿章“以夷制夷”的外交手腕，确实引起了欧洲外交家们的重视。

利用敌人营垒矛盾，采取以夷制夷，只是一种辅助性的外交手段，但不能将此作为唯一可靠的办法。

李鸿章在和外国人的交往之中，不乏自信傲慢，不失大气幽默，他的仪表和举止都散发出浓郁的个人魅力，具备一个外交家的资质，博得了外国人对他的敬佩和尊重。

李鸿章为大清国的外交付出了艰辛的努力，但他的外交思想、外交手段，没有强大的国力作背景，且需服从于慈禧太后的决断。在外交上，他没有斗过顽固派“攘夷”之策，没有斗过时代的变局，更没有斗过列强的侵略野心。他代表清政府签订了一个又一个不平等条约，结果国家成为列强的鱼肉，自己还被戴上卖国贼的帽子，留下了千古骂名。他代表大清国从事外交活动，均是“每当满清政府把这个巨大的帝国带到毁灭的边缘，他们惟一必须启用的人就是李鸿章”。他的每一次“出场”无不是在国家存亡危急之时，大清国要他承担的无不是“人情所最难堪”之事。

他自谓大清朝已是一个千疮百孔的“房子”，自己只是一个“裱糊匠”而已，纵使女娲再世，也补不了这个天的！

三十五、东方古国看世界　七旬老翁访欧美

1895年甲午中日战争后，李鸿章代表大清和日本签订了丧权辱国的《马关条约》，遭到了士大夫阶层的抗议和朝臣的弹劾，他从仕途的顶峰跌落下来，闲居贤良寺。一年后，慈禧太后又让他作为大清国全权特使，参加沙皇俄罗尼古拉二世的加冕典礼，趁机出访欧美。

李鸿章访问欧美国家，到处散发自己亲笔签名的照片，相当于今天的个人名片，既美观大方，又经济适用。

不少野史乃至一些学者认为，慈禧太后派遣李鸿章出访是“酬庸”。将万里奔波的苦差使，作为酬劳一个“人生七十古来稀”的老翁，好像不符合常理。事实上李鸿章此次出访任务很明确，首先是联俄抗日；二是与各国商量提高关税的事宜，为支付给日本的巨额战争赔款开源；三是肩负着沉重的使命，是对大清国全球外交的重要布局。

1896年正月十六（2月28日），慈禧太后接见了李鸿章，密谈数小时。一般认为，他俩谈的焦点就是与俄结盟的重大外交战略。

3月14日，李鸿章到达上海，在这里进行出国前的最后休整。18日，在俄国驻华公使喀西尼的安排下，在俄、德、法、英、美等五国驻华使馆人员的陪同下，乘坐法国邮船“爱纳斯脱西蒙”号从上海出发，开始了他的环球访问。随同访问的有李经方、李经述、于式枚、罗丰禄等，连同五国使馆人员共45人。

经过一个多月的航行，于4月27日到达俄国港口城市敖德萨，然后再乘车去彼得堡。4月30日，李鸿章一行乘坐的专列快车到达彼得堡，接着就和沙皇财政大臣维特举行会谈。

李鸿章前往科隆大教堂

李鸿章在俄国签订了《中俄密约》后，

对外秘而不宣。

他于6月13日离开俄国，乘火车14日到达德国柏林，下榻于柏林豪华的恺撒大旅馆。6月14日前往皇宫晋见了德皇威廉二世，呈递国书，并致颂词，对德国介入归还辽东、帮助中国训练军队、购械铸船表示感谢。15日，李鸿章应德皇之邀，到行宫参加国宴。随后德皇请他参观德国军队和视察克虏伯大炮。6月27日，李鸿章专门赶到福里德里斯鲁德国前首相俾斯麦的家乡，登门拜会了他，请教了理政之道。

李鸿章访德期间，受到德国商界的青睐。他曾是德国军火器械的大主顾，德国商界盼望通过他进一步开拓中国市场。因而，商会宴请、工厂参观、殷勤款待等应接不暇。

1895年，德国物理学家伦琴发现了一种穿透力极强的新射线，定名为X射线。李鸿章在日本马关谈判之际，被日本刺客暗枪击中左颊，未手术取出子弹。经人劝说，李鸿章在德国接受了X光机对他受伤头部的照相，亲眼在一张胶片上看见了日本制造的铅弹以何种姿势镶嵌在他左眼下方颊骨上。李鸿章对新检查术感到十分稀奇，称之为“照骨术”。在发现X光仅7个月的时侯，李鸿章就体验了此种新技术，成为拍X光片的第一个中国人。

李鸿章在德国拍摄X光，称之为“照骨术”。

X射线由德国物理学家威廉·康拉德·伦琴发现。

李鸿章7月4日离开德国，于7月5日到达荷兰首都海牙。当晚出席了荷兰政府为他举行的欢迎宴会，他感到异常高兴和感激。由于时间紧迫，李鸿章只在这个国家访问了3天，于7月8日离开荷兰到达比利时首都布鲁塞尔。李鸿章晋见了比利时国王利奥波尔德二世，与其商谈了卢汉铁路的修筑问题。观看了比利时军队的军事演习，参观了军工厂，看到了“克革烈”枪炮公司的最新产品，这些给他留下了深刻印象，他对比利时的装备倍加赞赏。

7月13日李鸿章从比利时来到法国巴黎。其时恰逢法国国庆前夕，第二天他就前往爱丽舍宫晋见法国总统富尔，参加了法国国庆活动，应邀参观法军为国庆举行的军事表演。他先后参观了报社、学校、博物院和厂矿企业，并同法国外交部汉诺多就“照镑加税”一事进行了磋商。8月2日他乘坐法国

李鸿章向法国总统递交国书

李鸿章出访法国观看军事表演

政府派出的专轮驶向英国访问。

在英国，李鸿章晋见了维多利亚女皇，拜访了英国前首相格莱斯顿，同英国首相兼外交大臣索尔兹伯里就“照镑加税”问题进行了会谈。为了解西方政治制度，李鸿章还访问了英国议院，先是到下议院旁听议员们讨论国事，再到上议院观看了“君主御座”，并同议员们交谈。在朴茨茅斯军港，他参观了英国海军舰队，盛赞英国海军“行列整肃，军容雄盛”。他还先后参观了英国的造船厂、枪炮厂、钢铁厂、电报局、银行等，英国先进的科技和军备使他赞叹不已。他还特意到戈登墓地去祭拜，戈登家人甚是感激。

李鸿章访英期间与英国首相兼外交大臣索尔兹伯里（左）合影

李鸿章访英时，特意到戈登墓地去祭拜，不忘这位老朋友。

8 月 22 日李鸿章一行结束了在欧洲的考察访问，乘船横渡大西洋前往美国访问。经过 6 天的海上航行，于 28 日抵达美国纽约。

为迎接李鸿章的到来，正在海滨度假的美国总统克利夫兰特地赶到纽约，第二天便会见了李鸿章，同时提出了“照镑加税”问题。在美国期间，李鸿章参与外交和考察活动十分频繁。9月3日，他会见了美国基督教教会领袖，赞扬了美国来华传教士的功德。

在美国纽约的哈德逊河畔，有一处稍显僻静的地方却颇有名气，那就是第十八、十九两届美国总统格兰特的纪念堂。李鸿章专程来陵墓前祭拜时，此地还未完全竣工。李鸿章与格兰特有一段因缘，格兰特总统任满后，在其子陪同下环游世界，路经天津时，李鸿章曾予接待。其时正好发生日本吞灭琉球、置为冲绳县的重大事件，清政府和李鸿章想借助格兰特的名望，劝说日本放弃琉球。格兰特曾帮助调停无效果。李鸿章抵美之日，格兰特之子专门登船迎接。在格兰特将军的陵园，有一棵李鸿章于光绪二十三年（1897）种的“志景慕”树。

这棵树是李鸿章访问美国一年后，委托都察院左副都御史铁岭杨儒栽种、立碑的。现有铁栅栏围护，竖有中英文篆刻的铜牌记载着这段史实："大清光绪二十有三年，岁在丁酉，孟夏初吉，太子太傅，文华殿大学士，一等肃毅伯合肥李鸿章，敬为大美国前伯理尔天德葛尔脱墓道植树，用志景慕。出使大臣二品衔，都察院左副都御史铁岭杨儒谨题。"

李鸿章离开纽约后，分别到达费城、华盛顿，参观了美国国会和图书馆，接受了记者采访。到 9 月 5 日李鸿章一行才离开华盛顿前往加拿大。

在前往加拿大的途中，路经美加边境时，他尽情观赏了美加边境的尼亚加拉大瀑布的自然风光，然后从多伦多来到加拿大西海岸城市温哥华。

9 月 14 日，李鸿章访问欧美的活动全部结束，率随行人员搭乘美国太平洋轮船公司的轮船，踏上回国的航程。李鸿章一想到签订马关条约的情境，心感绞痛，发誓"终身不履日地"。途经日本横滨，他再也不愿登岸，当时需要换乘招商局的"广利"号轮船返回国，先用小船摆渡，他一看是日本船，就怎么也不肯上，最后没有办法，只好在两艘轮船之间架了一块木板，73 岁的高龄老人啊，又是在呼呼悠悠的离地海面上，毅然决然地蹒跚着步子，慢慢腾腾地挪过去，足可见其对日本仇恨之极。

他于 10 月 3 日返回到达天津。

73岁高龄的李鸿章，于1896年3月18日至10月3日历时190天，横跨三大洋，行程9万多里，访问俄国、德国、荷兰、比利时、法国、英国和美国、加拿大等8个国家。此次欧美八国行的外交活动意义是十分重大的。

李鸿章出访欧美为中国近代外交史增添了一页，是一个年龄最大的一品朝臣，用的时间最长，访问国家最多，外交活动广受关注，接待礼遇高的一次外交活动。

李鸿章出访欧美，完成了预订的外交任务。一方面，"联络西洋，牵制东洋"，以便保护清廷；另一方面，增加中国海关进出口税收，以增加清廷的中央财政收入。但最大的失败就是在俄国签订了《中俄密约》。

李鸿章出访欧美个人收获很大，向各国政要及著名政治家俾斯麦讨教了西方国家理政方略，亲自旁听了英国上、下议院讨论国事，参观军工企业和海军及其他军事等。所见所闻，感觉上新鲜，视野上开阔，精神上振奋，理念上更新。此行时间太晚，若在前十年，访问的意义可能更加不同。正如李鸿章在《使俄谢恩折》所说："今合五洲强大之区，俨同七国纵横之局，为从来所未有，实交际所宜隆。"

李鸿章出访欧美，张扬了中国人良好形象，显示了个人特有的外交魄力。由于他的出访，带动了中国形象从物质层面到精神层面的全面提升。高大爽朗的李鸿章，雍容的气质、坦率的谈吐、幽默的话语，令西方朝野为之倾倒。德国媒体和民众对李鸿章的访问，表现了极大的兴趣。根据1931年出版的《华尔道夫的故事》（*The story of the Waldorf–Astoria*）一书记载，在美国历史上，李鸿章是第一位来自东方大国的领导人。李鸿章展现的迷人风采，迅速在美国掀起了一股中国热潮，令他成为华尔道夫饭店开业后第一位引发公众狂热的"明星级"客人。他所到之处，受到上至王公大臣、下到黎民百姓的热烈欢迎。抵达纽约当天"50万美国人列队街头，欢呼声一片"。李鸿章成为美国义务形象广告代言人。脑后拖着"猪尾巴"（Pigtail）的中国人，在欧美报刊的漫画中，不再只是丑陋粗鄙的形象；中国人第一次以健康、正面的形象宣传。一时间，李中堂"被迫"为不少西方产品代言，品牌效应蜚声国际。当时美国的《哈泼斯》（*Harpers*）杂志，刊登了一则广告，大幅的李鸿章肖像下，以自述的口吻，为美国一家保健品公司JOHANN HOFF推销麦乳精。随后并用李鸿章的形象来推销自己的报纸，卡通画李鸿章笑容可掬，广告主题是"李鸿章从不错过星期天报纸"，不懂英文的李中堂俨然成了他们的忠实读者。他们把老人阅读该报的漫画，作为报社的形象广告。在英国，"李鸿章"的大名同样频繁出现在各大报的赛马版面上。

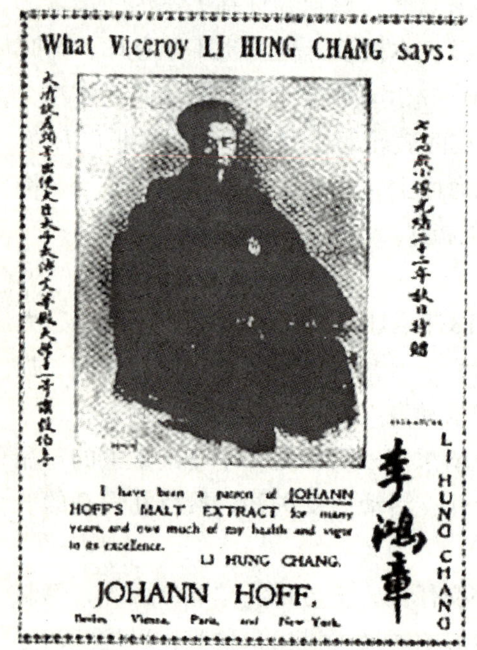

当时美国杂志（*Harpers*），刊登一则广告，大幅的李鸿章肖像下以自述的口吻，为美国一家保健品公司JOHANN HOFF推销麦乳精。

李鸿章出访的旋风席卷全欧美媒体，外国记者对李鸿章的印象是，身体高大，气质伟岸，风度翩翩，举止儒雅，面容慈祥，尤善谈论，有着孟子所言“大丈夫”气概，“有六英尺多高，身着灰色丝长袍，戴黑丝帽，很有威仪”；“李总督脸上的表情，有一种引人注目的慈祥，目光明亮，闪烁着睿智的光芒，眼睛里饱含了幽默和机智”；“他一举一动都是那样怡然自得，使旁边的人习惯于服从，而他本人又不显得傲慢”；“他很能轻松地与人交谈，而不使对方感到紧张”。

1896 年 9 月 2 日上午 9 时许，李鸿章在纽约华尔道夫饭店接受了记者的访问。李鸿章的坦率直言，体现了他对美国之行的深刻思考。1896 年 9 月 3 日《纽约时报》对这次采访进行了报道。李鸿章在英国访问时，《纽约时报》就从英国发回一条新闻，标题醒目：“李鸿章已经起航了！”以“新闻特稿”浓墨重彩地进行了报道。在李鸿章访美期间，《纽约时报》几乎天天详细报道他的行踪，甚至一天出现五六条有关李鸿章的新闻。在半个多小时的采访中，李鸿章非常“坦诚、谦虚”地回答了记者们的提问，“好像他只是世界上一个很普通的公民，而不是权倾清国朝野的显赫人物。要知道，他是代表整个大清国说话，一举一动都代表着东方这个伟大的国家”。

三十六、墨色浓淡灿若云　行书独步天下名

书法对于古人而言，除了是科考必备的敲门砖外，也是修身养性、表情达意以及怡情遣怀的一种重要方式。书法的用笔、用墨、取法和谋篇布局等也是作者学识与修养、情操与心境、人生观与世界观的外化。李鸿章是一个影响深远的政治人物，很少有人提及他的书法艺术价值，其实他也是一位鲜为人知的书法大家。

李鸿章的书法，源于早年为争取功名时所下的苦功，后来发展为自己的情趣爱好。通观李鸿章存世的众多书联、信札、扇面等，其书法博采众家、底蕴丰厚。李鸿章的书法尤以行楷书见长，笔酣墨浓，光华内蕴，气韵灵动，妍媚儒雅。在当时千篇一律的宫阁体书风盛行之下，其书法更凸显出难得的性情，独具风格，自成一派，故旧、同僚、下属都以得到其墨宝为荣。

李鸿章早年学唐人楷书，下了一番功夫，后为曾国藩门生、部下，在书法上受曾国藩影响很大。他早年对颜真卿的书法便不喜欢，认为“似太拘束，活泼之气不能现在纸上”，而比较欣赏元代书法家赵孟頫和唐代书法家李邕的书法。元代鲜于枢《困学斋集》称：“子昂篆，隶、真、行、颠草为当代第一，小楷又为子昂诸书第一。”子昂就是赵孟頫，李鸿章对他的书法尤为推崇：“勾联顿挫，纯用孙过庭草法，而间架纯用赵法，柔中寓刚，绵里藏针，动合自然……”他早期的书法特点是：横画细劲，竖画粗重，结构雄厚博大，沉着方正，字势紧凑，骨力遒劲，棱角内敛。曾国藩曾专门评价道，“观阁下精悍之色露于眉宇，作字则筋胜于肉，似非长处玉堂鸣佩优游者”，对李鸿章的书法给予了充分的肯定。

成为淮军统帅之后，李鸿章虽终日忙于与太平军、捻军作战；任直隶总督时，虽政事十分繁忙，但却不废日课，以晋人为宗，临池研习，坚持每天抽出一定业余时间，练习书法数百字，从未停息。

晚年时期，李鸿章却一改早年的观念，对王羲之、颜真卿的书法情有独钟。在北京贤良寺养病的日子里，几乎每天上午都要临摹王羲之的《兰亭序》《圣教序》以及颜真卿的《争座位帖》，并且一边写，一边细看默思，努力品味内在的风骨。曾国藩孙女婿吴永在《庚子西狩丛谈》里描述了李鸿章说：“（李）公每日起居饮食，均有常度，早间六七钟起，稍进餐点，即检阅公事；或随意看《通鉴》数页，临王《圣教》一纸。”

这种书法风格上的变化，一方面，或许代表着李鸿章晚年心境和处世哲学的一种超脱提升。因为，书法造诣的高低不仅表现在字形上，更讲墨趣、讲用笔、讲布局，涉及很多字外功夫。在经历了太多的山河破碎、宦海沉浮后，李鸿章以及他的书法已变得更加坚韧、内敛、成熟。王羲之所说的“每作点画，皆悬管掉之，令其锋开，自然劲健”，颜真卿所追求的“用笔如锥画沙，使其藏锋，画乃沉着”，《书谱序》中所载的“执、使、转、用，精当到位”等书法要领，不仅道出了书法艺术的精髓，更体现了一种人生态度。李鸿章书法风格的形成过程，诚如孙过庭所说，“初学分布，但求平正。既知平正，务追险绝。既能险绝，复归平正，初谓未及，中则过之，后乃通会。通会之际，人书俱老”。其书法造诣更达到了“凛之以风神，温之以妍润，鼓之以枯劲，和之以闲雅，刚柔并济，枯润相兼”的效果。

另一方面，或许是颜真卿气韵凛然的君子形象深深地打动了李鸿章，在颜真卿的书法上，李鸿章找到了自己精神上的寄托与人格上的契合。颜真卿在楷书和行书上成就最高，并提出“屋漏痕”的观点，意指用笔如破屋壁间之雨水漏痕，其形凝重自然。苏轼认为颜真卿的书法“雄秀独出，一变古法”，米芾把颜真卿的书法比作项羽披上了铠甲一样气宇轩昂，不可侵犯。俗话说，字如其人。历史上，颜真卿曾坚决维护中央集权和全国统一，先后同分裂叛乱的安禄山、李希烈进行斗争，最后以身殉国，被后人视为忠臣烈士、道德楷模。正是中正不阿的性格气质外化为颜真卿刚健雄深、朴拙端严的书法风格。而李鸿章一生内固疆国、外御强邻，“受尽天下百官气”却始终尽忠职守、不改本色。正是相似的人生经历和坚韧的性格特质，使得李鸿章深得颜真卿书法的精要，并且师古不泥古。观李鸿章楷书，碑帖兼容，笔力苍劲沉稳，刚柔相济；结体宽博端庄，外密中疏；风神豪迈，气势雄强，极具庙堂之气。观其行书，吸收了“天下第二行书”《祭侄文稿》的特点，古质朴茂，大气磅礴，寓欹于正，不以左低右高取姿，而以外密中疏求巧，寓变化于平淡之中，参入篆籀，体严法备，转折时不露锋棱，杂以斩钉截铁的方笔，钧如屈金，戈如发弩，纵横有象，低昂有志，雄强劲挺，遒美矫健。观其少壮时书法古人影子很多，及老一抹古人，自成一家。

李鸿章精于对书法理论的研究揣摩总结，经常与兄弟探讨书法心得。他在《致弟》信函中，尤其与三弟李鹤章讨论书法最多，大论书法之道、书法技巧、练习书法心得体会。李鸿章书风变化折射出其学习书法在取法上的辗转、曲折，他曾拿王羲之学习书法的感悟自比：“少学卫夫人书，将谓大能；及渡江北游名山，比见李斯、曹喜等书；又之许下，见钟繇、梁鹄书；又之洛下，见蔡邕《石经》三体书；又于从兄洽处，见张昶《华岳碑》，始知学卫夫人书，徒费年月耳。”他认为学习书法贵在持之以恒 ：“三弟来函，既改习赵字。慰甚！惟以功夫太浅，不能深得其意，此天然之理，不足道。只须有恒，不必多写，多写则生厌，厌则无功。每日临赵松雪《道教碑》三页足矣。尚有一言以相告：临过之后，默思赵字之结构，以指画之，多看亦易进步。所临之字，不可废，至朔日齐集订成一册。以之比较，自有心得。羲、献父子书法，自唐初君相推崇，遂风行千古。唐代诸贤其孙曾，而赵宋诸家以下，无非其娶礽也。顾世人徒占占于转展翻刻之诸丛帖中。袭取其面目，而不知探取本原。学古二人之所学，故惜阴先生既述其逸事，而兄以经验述其途径及方法，以授诸弟。”在谈到王羲之的《笔阵图》时，他写道：“羲之《笔阵图》云 ：‘每书，欲十迟五急、十曲五直、十藏五出、十起五伏，方可谓书。若直点急牵急裹，此暂看似书，久味无力。仍须用笔着墨不过三分，不得深浸，毛弱无力。墨用松节研之，久久不动弥佳矣。直点急牵急裹，俗书类然。教者学者，或且以为能事，此宜切戒者也。其十迟五急云云。’首句极言运笔宜缓，万勿轻率，此最易解者也。十藏五出，则谓用笔务取中锋迎入，此必多习籀篆分隶乃悟。如世所传二王及欧褚诸家书法佳拓，其圆浑藏锋之笔，多从篆分得来。不习篆分者，每苦不得其门而入。今兄授诸弟，若从籀篆隶入手，再学欧虞诸家，神似不难。区区藏锋之法，何足为奇。其十起五伏之法，则必虚掌、圆腕、悬肘者能之。盖执笔法不讲，任令五指如猴猕爬树，手腕如乌龟上阶沿，恶能如予发戈斫！盖执笔贵有力，而运笔贵灵活。果能使笔如优于技击者之用器，则方圆屈伸自无不神似矣！至十曲五直之法，向苦不得的解。盖世俗通行之正草隶篆无不绢光削滑，从未有凹凸作钱串形。见钟鼎、石鼓、石门、诸拓本，乃恍然，十曲五直者，直以笔著纸之后。竖则一左一右，屈曲则向左行去。横是一上一下，屈曲则向右行去，而笔满书中之义。亦悟！夫用此十曲五直之法以行笔，笔势不必凹凸如钱串形也。而笔量之沈厚，自与轻牵急裹者迥别。兄意用笔着墨不过三分，不可深浸毛弱之利病，兄以为不易之法，用长锋羊毫最妙。涤笙夫子曰 ：‘写字，不熟则不速。不速则不能敏以图功’”。

“迟急”“曲直”“藏出”“起伏”都是讲的用笔的变化。“迟急”说用笔的速度、节奏；“曲直”讲用笔平面运动的轨迹；“藏出”指起、收笔是藏锋还是露锋；“起伏”言用笔的提按。“迟”见沉静，“急”得形势；“曲”克平板，“直”存刚劲；“藏”则浑成，“出”即爽利；“起”可灵动，“伏”能稳重，然而又都不是绝对的，一味的“迟”则易板滞，一味的“急”则易浮滑；单纯的“曲”没有力度，单纯的“直”则太僵硬；没有“出锋”的映衬，一味“藏”则缺乏生机；而没有“藏”作陪伴，一味“出锋”，则又陷入尖刻；没有提按起伏的变化，线条只能平铺直过，构不成书法点画。学习王羲之书法，必须弄清楚“十藏”“五出”二者之间真正的含义，才能准确把握王羲之论书法的本意。

李鸿章作为庙堂之臣，其书法与他在晚清朝廷的重要地位浑然相通。学颜而为盛德君子，其貌若愚，望之俨然，即之也温；学欧而得其骨力森然，险绝若平，虚实互用；学王而得“龙跳天门，虎卧凤阙”之妙。李鸿章书法作品遗留墨宝资料较多，涵盖内容面广，如书写的匾额、对联、信札等。匾额包括祝寿、堂号以及衙署匾等；信札内容包括奏折、公务信件和私人函件、家书等；对联传世较多，也是其书法中的一个特色，用的多是乾隆时期的花笺纸，内容多为警句、名言、诗句等，由于纸雅墨深，增强了视觉冲击感，具有较强的装饰性。

李鸿章去世五年后，孙子李国杰将祖父李鸿章临摹的王羲之《兰亭序》《圣教序》两帖刻成碑铭，并将拓本呈送与祖父关系甚密的寿县人孙家鼐（时任京师大学堂总教习），请他作跋。孙家鼐在跋文中较为形象地概括了李鸿章临摹《兰亭序》《圣教序》的来历和李氏在书法艺术上造诣。释文（白话）如下：

太子太傅、合肥李文忠公以汗马功劳削平太平军和捻军战乱，出将入相、执掌国柄近四十年，世人都称赞他的武功和政绩，但他的儒雅风度和文章才

李鸿章所临摹、被刻成碑文的《兰亭序》（部分）

《圣教序》（部分）

华却被这些勋劳所掩盖了。李公在江苏、山东一带领军作战时，常常亲自上前线督战，敌情的变幻莫测、部下将士的勇敢与怯懦，他都亲眼所见，首战一获胜他就立即下马亲自写捷报，洋洋数千言往往一挥而就。李公文思的敏捷，世间很少有人知道。他在军备倥偬中以及担任两江总督和直隶总督的工作之余，每天必定要抽出时间阅读经史文章十余篇、或者练习书法数百字，最喜欢临摹颜真卿的《争座位帖》和王羲之的《兰亭序》《圣教序》两序。现在由李公的裔孙伟候世兄将祖父所临摹的王羲之两贴的全部文字都刻成碑铭，其文体隽秀挺拔，深得右军书法的真谛，而且文字结构缜密，笔力苍劲沉稳，直接而又自然地流露出自己的性情，足可以与他的事业成就相提并论，这远不是一般专门从事写写画画的文人学士的笔墨所能企及的。

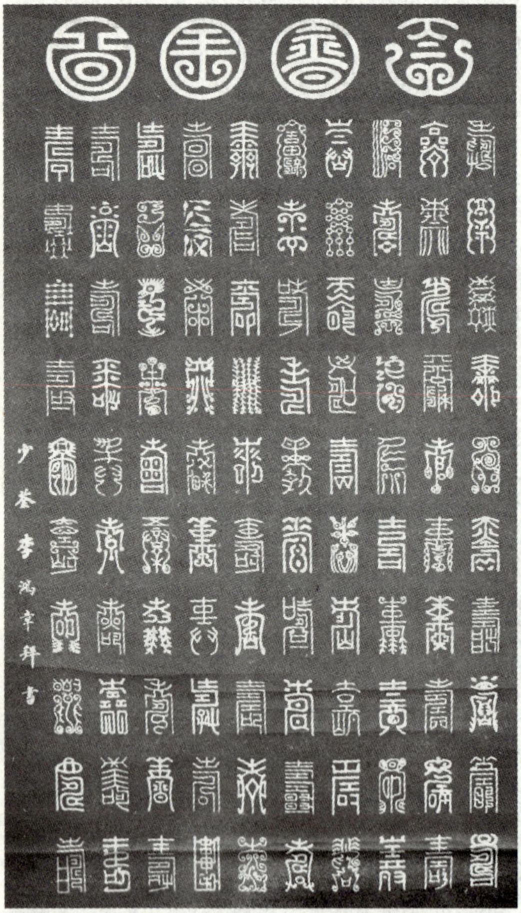

李鸿章为庆贺母亲八十寿诞，亲笔书写的《百寿图》

《百寿图》系李鸿章为其母八十寿诞所作，时在光绪五年（1879）二月。当年，为庆贺李母寿辰，慈禧太后特颁赐“松筠益寿”匾额一块，以示懋赏。在李鸿章家书中，更描写了当时文武百官在天津为其母贺寿的情形：“此间轰动一时，京外送礼者络绎于道（山西、河南各有，山东亦多），因设寿堂于两江会馆，初二留面，初三设烧烤全席，共二百余桌。津署亦设堂开筵，令方儿代为答谢，约花费四千金。而人情过重，除珍异之物璧却外，寿屏五十架，联二十余幛，三百余轴，如意仅收百枝，计所费亦不赀矣……凡送寿礼无虞百数十处，势不能沿门踵谢……”，可见当年声势之盛。

在天津直隶总督署的李母寿堂上，上方悬挂着慈禧御赐的匾额，中央最醒目的，就是李鸿章亲笔撰写的这幅红底金字的《百寿图》。它以十横十纵、体态各异的“寿”字组成，个个端庄古雅，方方神形兼备，书中带图，图中带书，松鹤生动，梅菊怒放，均齐方正，错落有致，集历代篆书艺术于一身。这是李鸿章在母亲寿诞前百日，每日一字，黎明即起，焚香膜拜后精心撰写而成。此件寿幛一经挂出，立即引起盈门贺客一片惊羡赞叹之声。辛亥后，此幅作品流落坊间，石印流传，无论富商大贾，还是官宦人家，皆愿将其悬挂在堂。以图吉祥。唯将上款“恭祝母亲大人寿诞万福”等字样涂去，而下款只保留李鸿章本人题款，遂成此样。

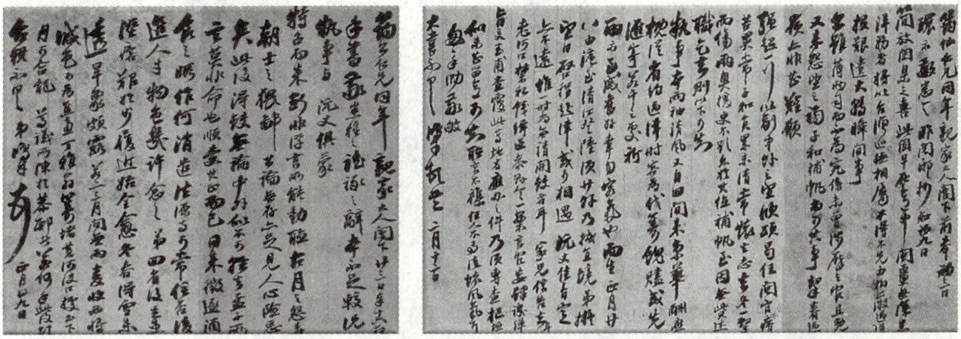

李鸿章《致菊仙公》两封书函的原迹，为李鸿章信函、书法的历史价值提供了很好的研究资料。在这两封书函中“鸿章”签名二字是草书的连写，他不是把两个字合成一字之形，而仍为两个字，不过“章”字借用了“鸿”字的下部草书相连，似章非章也。

这是一块寿匾，祝寿人是李鸿章，受赠人是汪澄，时间是“同治十三年十一月”，此年是汪澄的八十寿辰。整个匾额由十九块松木连结铺设成板，板面做工十分考究，披麻和油漆，显得古雅、庄重、大方。匾额的左上方为正楷直书：“皇清同治十三年岁旹甲戌十一月，例赠登仕郎澄翁汪老大人八旬荣庆”；中有“常珍笃祜”横写四个行书大字；右下方又是正楷直书“钦赐一等侯、太子太保、兵部尚书、都察院右都御大总理、两湖军务、现入体仁阁大学士年家眷弟李鸿章拜”的小字。上方钤朱文首印一方，落款印则是一朱一白两方。匾中的大字、小字，均为金色阳刻。“皇清”“钦赐”之字，则漆成朱红色。

以下是不同风格的书法作品：

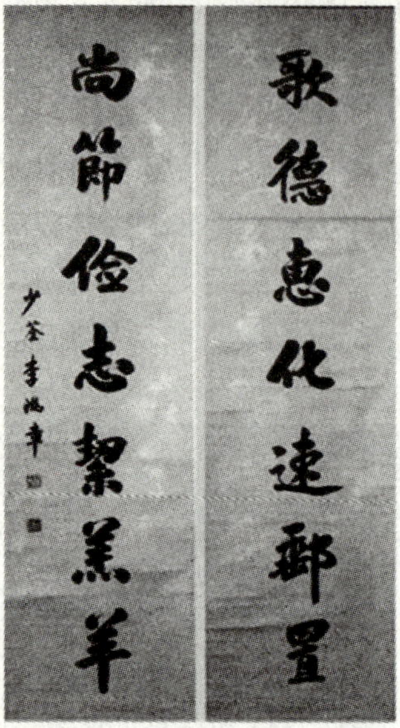

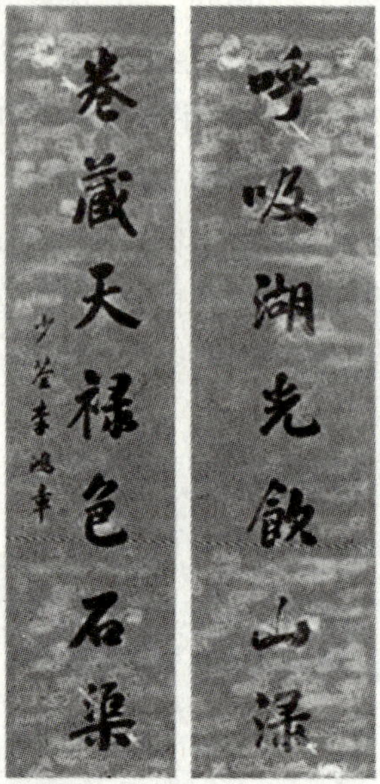

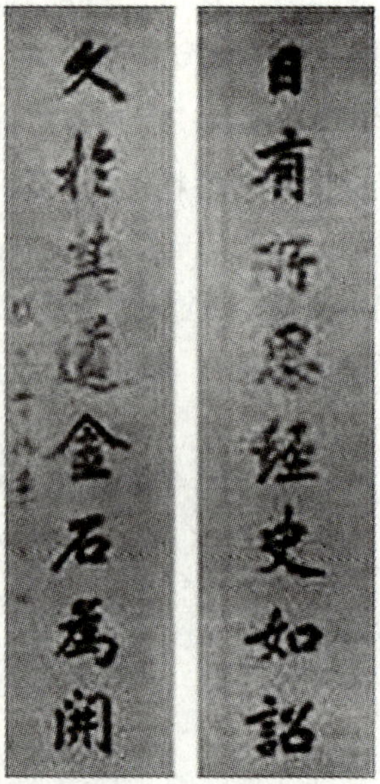

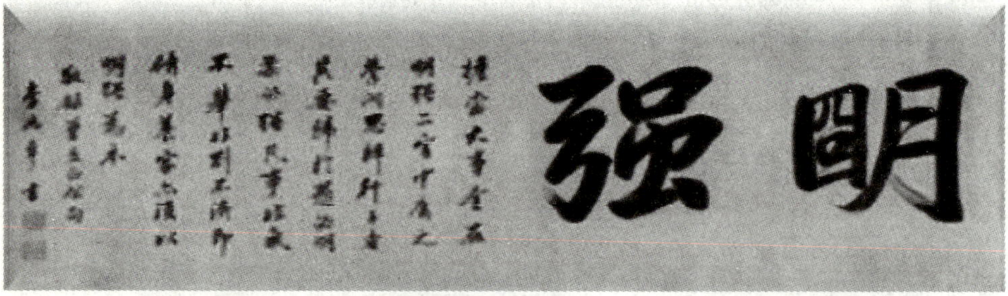

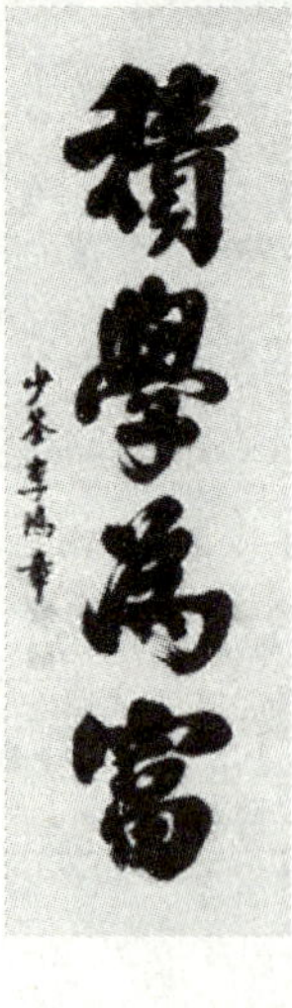

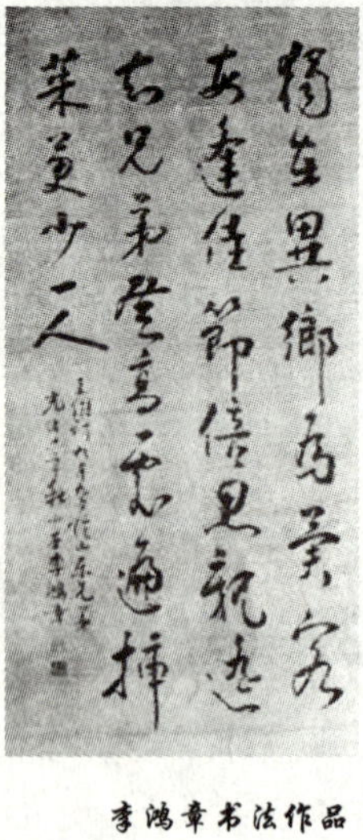

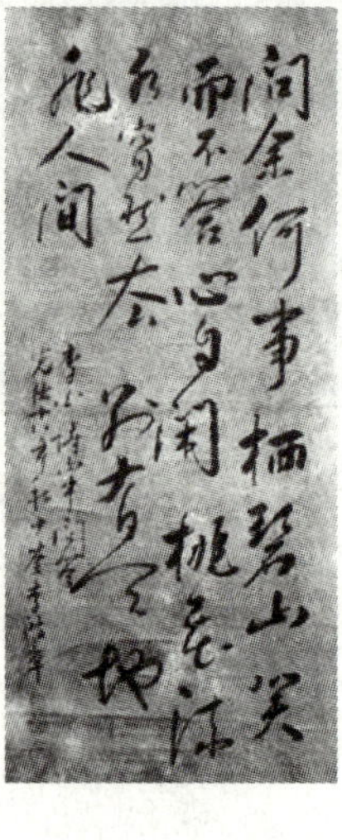

李鸿章书法作品

三十七、终生喜读佛骨表　养生保健一大师

李鸿章是“养生保健大师”，这绝不是凭空捏造的。李鸿章享有养生保健大师盛名，是实实在在的，他有一套系统的养生理论、养生实践和养生方法。翁飞研究员编注《李鸿章家书》时，专门把李鸿章养生保健作为一个部分编著。

李鸿章一生最爱读的书，就是《论佛骨表》。他在《致李鹤章信》中说：“余平生最喜欢读者，为韩愈《论佛骨表》，取气盛也，三弟可常阅之。多阅数十篇，得神志。譬如饮食，但得一肴，适口充肠，正不求多品也。苏轼代张方午谏用兵书，言之非常痛快，余亦当读。余弱冠时，曾填七律廿首以咏志，内有几句很是难忘，现抄于后，与弟共勉。人生惟有青春好，世事须防白首催。万里请缨终子少，千秋献策贾生推。”可以看出李鸿章渊博的养生知识，并不是凭空想象的，而是因为平时就很喜欢读此类书。

李鸿章不信佛，可能与读韩愈《论佛骨表》有关。韩愈是自命承绪儒学道统的人物，他和同时代的李翱等夺南宋理学之先声，是激烈反佛的。元和十四年（819 年），宪宗皇帝派遣使者去凤翔迎佛骨，而韩愈痛斥佛之不可信，要求将佛骨“投诸水火，永绝根本，断天下之疑，绝后代之惑”，引起龙颜震怒，欲处以极刑。因为朝中大臣说情，他得以免一死，贬为潮州刺史。

李鸿章除有抽烟的习惯外，其他方面都很注意。平时喜欢喝一点红酒，不抽鸦片、不嫖不赌。他不仅讲究中国传统的养生学问，而且还善于研究，既讲究自我保健，更讲究精神的修养。他认为文墨与长寿有关，他告诉自己家人，“体气多病，得名人文集，精心读之，亦足以养病”。他认为人在任何时候都要坚持良好的心态，“人虽有文章、名誉、金钱，而无强健之身体，亦何所用之？故养生之术，不可不注意也。养生非求不死，求暂时康健而处安乐之境耳”。

他认为修足对身体健康大有好处。致三弟家书说：“予身体尚好。总以足爪太长，行路艰难。苦极！门下各人，推荐熟手扦脚者来此，终觉痛苦，每以不必下手，辞之去。署中，某晤面时，每谈扦脚术，因命代招之。及来即施其技未觉痛。即酬以银二百两为买器具，并嘱其常住于此，不必再至浴堂谋生也。兄虽费二百两，而行旅自由，从此复萌。弟等必言兄之奢也。然终身之病，从此脱弃，即巨金亦不可谓为奢矣。”

李鸿章饮食上喜爱杂烩，讲究荤素搭配，为什么要做杂烩菜，一是杂烩菜出自于合肥菜，是自己的饮食习惯，更重要是养生的需要。李鸿章讲究“饮食，但得一肴”，“不求多品也”。按照今天的医学观点，人体需要的氨基酸有20种，大致可以分为三类：必需氨基酸、半必需氨基酸和非必需氨基酸。人体不能自己合成，但非常重要，必须通过食物来摄取的氨基酸，称为必需氨基酸，分别是：赖氨酸、色氨酸、苯丙氨酸、蛋氨酸、苏氨酸、异亮氨酸、亮氨酸、缬氨酸。人体合成精氨酸、组氨酸的能力不足以满足自身的需要，需要从食物中摄取一部分，称之为半必需氨基酸。人体可以自己合成，不必靠食物补充，称为非必需氨基酸。必需和半非必需氨基酸都需要从食物中摄取。杂烩菜品种多，满足营养丰富、互补的要求。

李鸿章坚持饭后千步走，被称之行功之道的养生秘诀。并将此秘诀在书信中传授给瀚章。“每日饭后行走千步是也。弟每餐毕，可环署而行，或走至校场，来回约共三四千步。三月后，必见大效矣。”“《礼》云：‘道而不径，舟而不游’，古之言孝者，专以保身为重。乡间路窄桥危，嗣后吾家子弟，凡遇过桥，无论轮马，均须下而步行。至要、至要。朱柏庐先生作家训，首句即为黎明即起，为养生家之唯一良法。盖清晨之气最佳，终夜紧闭卧室之内，浊气充塞，一吸清气，精神为之一爽，百病皆除。兄前好晏卧，自今春始行此法，身体渐好，食量亦增。敢劝吾弟仿行之。”他不仅坚持走路，同时要求早上早起床，开门开窗子，保持室内气体流通，养成呼吸新鲜空气的好习惯。

他在写给鹤章的信中说，自己很注意养生，坚持身体锻炼，并阐述锻炼的好处。“兄日来颇注意于养生之道。参阅老子导引四十二势，婆罗门导引十二势、赤松子导引十八势、钟离导引八势、胡见素五脏导引法十二势。在诸法中颇有妙解。其切要不过于此。学者能日行一二遍，久久体健身轻，百邪皆除，不复疲倦。兄以公务冗繁，未能遍行各法。每日只行一遍，自始至今，未及二月，已稍得其效。来书每提体弱多病，兄意体弱断非药石之二功。今节其至要陈之，弟可效法焉。凡功行每于子后寅前，此时气清腹虚，行之有效。先须两目垂帘，披衣端坐。两手握固趺坐，当以左足后跟曲顶肾茎根下动处，不令精窍漏泄。两手当屈大指抵食指根，余四指捻定大指，是为两手握固。然后叩齿三十通，即以两手抱颈，左右宛转二十四次。（此可去两胁积聚之邪。）复以两手相叉，虚空托天，反手按顶二十四次。（此可除胸膈间病。）后复以两手一向前，一向后，如挽五石弓状，二十四次。（此可去脾胃中积邪。）复以握固，并拄两肋，摆撼两肩二十四。（此可去腰肋间之风邪。）复以两手交捶臂及膊反捶，背上连腰股各二十四。（此可去四肢胸臆之邪。）复大坐斜身偏倚，两手齐向上如作排天状二十四。（此可去肺家积聚之邪。）复大坐伸足，以两手向前低头，扳足十二次。却钩所伸，屈在膝上。按摩二十四。（此可去心包络间邪气。）复以两手据地缩身，曲脊向上十二举。（此可去心肝二经积邪。）复起立据床拔身，向背后视左右各二十四。（此可去肾间风邪。）复起立徐行两手握固，左足前踏，左手摆向前，右手摆向后；右足前踏，右手摆向前，左手摆向后。二十四。（此可去两肩俞之邪。）复以手向背上相捉，低身徐徐宛转。二十四。（此可去两肋之邪。）复以足相纽而行，前进十数步，后退十数步。复高坐伸足，将两足纽向内纽向外，各二十四。（此可去两手两足间风邪。）行此十六节讫。复端坐垂帘握固，冥心以舌舐上腭，搅取华池神水，漱三十六次，作咕咕声咽下。复闭息想丹田之火，自下而上，遍烧身体，内外蒸热乃止。”对于要领尽管文字很多，他都一一写出来传授给三弟，既体现了兄弟之间的情谊深厚，更体现了李鸿章十分注意养生保健和养生知识的渊博。

《易经》中有一句话：“百姓日用而不知。”就是许多事情，我们每天都在进行着，可是不知道自己已经在用了。任何理论都是源于生活的，这些东西犹如精灵一般在生活中忽隐忽现，只有达到了一定的高度才能被发掘出来，形成系统的理论。李鸿章不但注意养生和保健，而且很注意知识的积累和总结，形成了自己一套养生保健理论。他曾在《致四弟家书》中，介绍了他总结的十六条养生知识，“常人不知养生，其最易致病而促寿者有十六条”：

一、终年懒于洗浴，污垢堵塞，皮肤几无排泄之功用，肺部臂之负荷轻重。

二、每日晏起，一起身即以点心朝饭饱塞胃部。

三、一日三餐，皆贪美食，食之过饱。《淮南子》曰：“一味乱口，使口损伤。”付休奕曰：“病从口入。”

四、一日三餐之前后，皆食点心及一切闲食，使胃肠无休息之时。《博志》曰：“所食越少，心愈开，年益寿，所食愈多，心愈多，年愈损。”

五、每次食物均不细嚼，且咽下甚速，使胃作咀嚼之功。

六、晚餐甫毕，即就寝；或就寝时饱食吃干点心。

七、深夜坐谈，或狂欢或赌博，至来夜方就寝。

八、终日终夜紧闭卧室之窗门，凡灯火、衣服、便桶、便壶等发生之浊气，及人体放出臭气，皆郁积于房内。

九、终日坐卧不甚运动，不出门户，不见日光。

十、终日畏风，所呼吸者，惟屋内之浊空气；卧时又以补覆其首。

十一、吸水烟、旱烟或鸦片，使内脏及血液皆染烟毒及鸦片毒。

十二、饮酒狂醉，使心脏积多脂肪，以致疑心跳动，使脑积血。此外如肝、胃、肺、脏、血液，无不大受其损。

十三、终年饱食肉类，血内含毒既多，一日为外症或传染症所侵袭，则轻症变为重症而死。《吕氏春秋》曰："肥肉厚酒，务必自强，命曰烂肠之食。"方今各派提倡素食者渐众，且集会素食者有之。吾弟慎勿轻信迷于信佛也。

十四、看淫剧犯手淫，以致神经衰弱；其余有碍风化之事，悉能挑桃色欲之端。

十五、宿娼买妾无有不发生花柳者，幸而免焉，则事过度，旦旦伐之，生健忘，心跳、不消化等，继则阳萎，血薄、肺痨而大命乃倾。

十六、大便闭结，往往三四日一次。甚有七八日一次者，粪块压迫肠子，致真阳郁血而有痔疮之患；粪毒亦吸入血内。

他在学习古人经验的基础上，总结晨练内功养生方法。他对气功疗法养生心得体会也很深。每觉精神不舒，四肢乏力，腰痛脊酸。因参观医经，得下十二段，按日运导按摩，渐觉安适，已似恢复二十年前之景象矣。闻尔舅氏与余有同病，特录出以之转告，大可试行也。

一、叩齿。齿为筋骨之余，常宜叩击，使筋骨活动，心神清爽。每次叩三十六数。

二、咽津。将舌舐上腭，久则津生，满口便当咽之。咽有声，使灌溉五脏，降火甚捷。咽数以多为妙。

三、浴面。将两手自相摩熟，热覆而擦之，如浴面之状，则须发不白，即升冠鬓。不斑之法，颜如童矣。

四、鸣天鼓。将两手掩两耳窍，先以第二指压中指，弹脑后骨。上下左右二十四次，去头脑疾。

五、运膏肓。此穴在背上第四推下脊两旁各三寸，药力所不到。将两肩扭转二十七次。治一身诸疾。

六、托天。以两手握拳，以鼻收气，运至泥丸，即向天托起，随放左右膝上。每行三次，去胸腹中邪气。

七、左右开弓。此法要闭气。将左右手伸直，右手作攀弓状，以两目看右手，左右各三次。写三焦火，可以去臂腋风邪积气。

八、摩丹田。法将左手托肾囊，右手摩丹田，三十六次。然后转换如前法。

暖肾补精。

九、擦内肾穴。此法要闭气，将两手搓熟，向背后擦背堂，及近脊命门穴。左右各三十六次。

十、擦涌泉穴。法用左右手把住左脚，以右手擦左脚心。左右交换，各三十六次。

十一、摩夹脊穴。此穴在背脊之下，大便之上，统会一身之气血。运之有益，并可疗痔。

十二、洒足。足不运，则气血不和，行走不能爽快。须将左右立定，右足提起，洒七次。在左右交换如前。

据医经云：按日行之，却病延年，明白显易。庄子呼吸吐纳，熊经鸟伸，为寿而已矣。此道引之士，养形之人，彭祖寿考者之所好也。余按日所行之成绩，却病已足为明证。而延年一语，尚难预料也。惟以不药而治病，断无大碍于禄命。故余特命吾侄转告尔舅，以期速愈也。

李鸿章有关养生保健文章较多，很值得一读，尽管相距一百多年了，他对养生保健方面的研究仍是高水准的，到目前为止也不落伍，可以借之今用，不愧为是一名养生保健大师。

三十八、穷途车马诗相伴　钟爱巢湖蕴情思

李鸿章诗词较多，各个时期的诗文特点区别很大。少年时期诗词奔放抒情，言志较多，意气风发，孤芳自赏。自从返籍办团练后，诗词风格出现逆转，抒发沦丧之悲情怀的较多。中年时期一直到 1894 年是他春风得意之时，诗词表现出得意之色，感恩图报，做一个忠于朝廷和尽力而为之臣。1894 年后从顶峰滑落后，诗词又重新回归办团练时的风格，处于忧伤困境时，常吟诗抒发困境中抑郁之感。

（一）青年时期诗词节选

1. 二十自述。李鸿章前三首诗，表达了当时的心境，不愿浪费宝贵的光阴而因循无为、碌碌一生，人生在不知不觉中已度过了二十年，不能“一误流光”，遗憾终生。大丈夫应当有“学以致用”的思想抱负，应当学前人的模样，施展自己才华，有欲创一番事业的志愿。同时，诗文还表达了受宠若惊和追逐功名而仕途蹉跎的悲喜交集的复杂心境。他在最后一首诗中，既反映本人看到时光一去不复返，更反映他具有一种极其强烈的报效祖国的进取之心。显然，考中秀才第一名的成功给他带来了无比的自信与自负。

（一）

蹉跎往事付东流，弹指光阴二十秋。
青眼时邀名士赏，赤心聊为故人酬。
胸中自命真千古，世外浮沉只一鸥。
久愧蓬莱仙岛客，簪花多在少年头。

（二）

每到春初酒价赊，惊心老大渐相加。
三年白下增诗债，十载表毡易岁华。
马齿记从今日长，龙头休向昔时夸。
因循最误平生事，枉自辛勤读五车。

（三）

丈夫事业正当时，一误流光悔后迟。
壮志不消三尺剑，奇才欲试万言诗。
闻鸡不觉身先舞，对镜方知颊有髭。
昔日儿童今若冠，浮生碌碌竟何为。

（四）

暮鼓晨钟入听来，思前思后自徘徊。
人生惟有青春好，世事须防白首催。
万里请缨终子少，千秋献策贾生推。
愧予两字功名易，小署头衔斐秀才。

2.**《入都》组诗作品**。被誉为“真正男儿的诗”，为世所传诵。一个20岁的弱冠书生，怀着猎取功名的强烈愿望，千里迢迢，跋山涉水，奔赴名利之都。这组诗是立志抒怀的作品，充分显示了自己的胸魄气略，堪为励志诗的参照。虽然前途未卜，但从诗文中可以看到李鸿章对于未来充满荆棘的仕途之路胸有成竹，充满信心。入都后如没有达到位高权重的地位，便“誓不重回故里车”，可见他有着不达目的誓不罢休的豪迈之情与坚强决心。诗中真实反映出一个青年书生猎取功名的急切心情。在入都之后，李鸿章果然不负重望，于1847年考中丁未科二甲十三名进士，朝考改翰林院庶吉士。以24岁的年龄便走完了八股考试的全过程，“少年气象自峥嵘”。从而使他可以抽出更多的时间广泛交游，开阔视野。最令李鸿章庆幸的事，是结识了曾国藩，为他一生事业和步入青云创造了机缘。

（一）

丈夫只手把吴钩，意气高于百尺楼。
一万年来谁著史？八千里外觅封侯。
定将捷足随途骥，那有闲情逐水鸥！
笑指泸沟桥畔月，几人从此到瀛洲？

（二）

频年伏枥困红尘，悔煞驹光二十春。
马足出群休恋栈，燕辞故垒更图新。
遍交海内知名士，去访京师有道人。
即此可求文字益，胡为抑郁老吾身！

（三）

黄河泰岱势连天，俯看中流一点烟。
此地尽能开眼界，远行不为好山川。
陆机入洛才名振，苏轼来游壮志坚。
多谢咿唔穷达士，残年兀坐守遗编。

（四）

回头往事竟成尘，我是东西南北身。
白下沉酣三度梦，青山沦落十年人。
穷通有命无须卜，富贵何时乃济贫。
角逐名场今已久，依然一幅旧儒巾。

（五）

局促真如虱处裈，思乘春浪到龙门。
许多同辈矜科第，已过年华付水源。
两字功名添热血，半生知己有殊恩。
壮怀枨触闻鸡夜，记取秋风拭泪痕。

（六）

桑干河上白云横，惟冀双亲旅舍平。
回首昔曾勤课读，负心今尚未成名。
六年宦海持清节，千里家书促远行。
直到明春花放日，人间乌鸟慰私情。

（七）

一枕邯郸梦醒迟，蓬瀛虽远系人思。
出山志在登鳌顶，何日身才入凤池？
诗酒未除名士习，公卿须称少年时。
碧鸡金马寻常事，总要生来福命宜。

（八）

一肩行李又吟囊，检点诗书喜欲狂。
帆影波痕淮浦月，马蹄草色蓟门霜。
故人共赠王祥剑，荆女同持陆贾装。
自愧长安居不易，翻教食指累高堂。

（九）

骊歌缓缓度离筵，正与亲朋话别天。
此去但教磨铁砚，再来唯望插金莲。
即今馆阁需才日，是我文章报国年。
览镜苍苍犹未改，不应身世久迍邅。

（十）

一入都门便到家，征人北上日西斜。
槐厅谬赴明经选，桂苑犹虚及第花。
世路恩仇收短剑，人情冷暖验笼纱。
倘无驷马高车日，誓不重回故里车。

3. **话别诗**。1843年，李鸿章奉父命入京，在离开合肥时，与“学宗宋儒”的蒯德模、蒯德标、王学懋等士子分别赋诗话别。诗中以依依惜别的心情，缕述了昔日共战名场的情景，勉励好友立志蹑金鳌夺龙头，期望大家一如既往，心心相印。

共战名场秋月白，联吟旅馆夜灯红。
天涯到处皆倾盖，知己今惟属蒯通。
读书但愿登科第，得不为荣失便羞。
伤心犹未脱蓝袍，空叹吾庐岁月滔。
临别一言须郑重，他年惟望跋金鳌。
途穷不用太拘墟，入世原无愤可摅。
他日燕台南望处，天涯须报李陵书。

（二）返籍办团练，从事军旅生涯时期的诗词节选

从1951年起，李鸿章累充武英殿纂修，国史馆协修。正当他踌躇满志、走传统的升官之路时，1853年，太平军已经打到了安徽地区，为了协助清政府镇压太平军，李鸿章返回老家办理团练，开始了他书生带兵的战争经历。在此过程中，由于自己既无兵权，又无实战经验，胜少败多，参与东南战役时，到处碰壁，颇不得志。这是他步入仕途之路中的低谷时期，诗词风格出现反转，在困难重重时感怀赋诗，懊恼和落魄交织着的心情跃然出现在诗词文字之中。

1. **丙辰夏明光镇旅店题壁诗二首**。1856年夏路经明光镇，是李鸿章四年的戎马生涯换来的事业衰落期，黯然神伤，落魄之极，只好独自一人借酒消愁。由于自己心有余而力不足，只能等待力挽狂澜的能人志士。看看“绿鬓渐凋”，自己却一事无成，只能独自一人暗自神伤。灰心、失落的他就像一只掉了队、无家可归的燕子，找不到自己的归宿，似乎自己回到了巢湖岸边的家乡，去寻访旧日的钓友。他准备回到家乡养精蓄锐，等待时机的成熟。但是他却不知道何日才是自己出头之日，不免“踟蹰”不前。

丙辰夏明光镇旅店题壁

（一）

四年牛马走风尘，浩劫茫茫剩此身。
杯酒藉浇胸磊块，枕戈试放胆轮囷。
愁弹短铗成何事，力挽狂澜定有人。

绿鬓渐凋旄节落，关河徒倚独伤神。
巢湖看尽又洪湖，乐土东南此一隅。
我是无家失群雁，谁能有屋稳栖乌。
袖携淮海新诗卷，归访烟波旧钓徒。
遍地槁苗待霖雨，闲云欲出又踟蹰。

1858年8月，太平军克复庐州，将李鸿章祖宅“焚毁一空”，此种遭遇使他耿耿于怀，遗恨难消。再一次逃经明光镇时，当时万分痛苦而又一筹莫展，自己报国无门，家园又被毁，心情糟糕之极，有感而发。

（二）

浮生萍梗泛江湖，望断乡园天一隅。
心欲奋飞随塞雁，力难返哺恋慈乌。
河山破碎新军纪，书剑飘零旧酒徒。
国难未除家未复，此身虽去也踟蹰。

2. **思亲诗二首**。李鸿章因常年在外打仗，思念家人渴望团圆的心境油然而生。好像在梦幻之中，听见四弟的铁笛所传出的优美旋律，浮想联翩，深深感受到与亲人离别的留恋、惆怅、哀伤的心境。触景生情，他梦想着回到童年时代，兄弟二人一同骑在牛背上，互相唱着动人的歌谣。

（一）夜听四弟吹笛

江山如此一登楼，万象无声铁笛幽。
往日家园皆梦里，中年哀乐到心头。
不堪离思天边月，更触豪情塞上秋。
与汝归耕定何处，牧童牛背互吟讴。

1859年1月，在百无聊赖之际，李鸿章投奔到曾国藩的湘军大营，充当了幕僚。1861年夏，他在经饶州时，因想念儿女，给女儿镜蓉、琼芝及侄女静芳曾作诗一首。他以生动的笔触，抒发了投笔从戎后，道路崎岖的感慨和思念女儿的骨肉之情，反映了渴望早日结束战乱、重享天伦之乐和娇女健康成长的心情，情真意切，凄楚动人。

（二）思念儿女诗

半生失计从军场，四海为家行路难。
惟有娇痴小儿女，几时望月泪能干。
阿爷他日卸戎装，围坐灯前问字忙。
天使诗人卧泉石，端教道韫胜才郎。

（三）李鸿章中年时期诗词节选

李鸿章中年时期诗词风格既无少年时期意气风发的情怀，也没有返籍时忧伤心境的流露。这个时期的诗词，主要以感叹大清朝廷对自己恩重如山，对于清廷的信任十分荣幸，极力表示为维护大清王朝的统治，鞠躬尽瘁、死而后已的忠心。

（一）

出使宣恩榜，皇仁许奉扬。
星轺标凤节，天路荷龙光。
紫气薇垣蔼，青云柳陌长。
三台分灿烂，四牡竟腾骧。

（二）

昨夜东风紧，帘钩月正高。
嫩寒侵绣幕，新宠赐宫袍。
花露双襟湿，恩荣五彩叨。
闲情频倚槛，耐冷欲倾醪。

（四）李鸿章晚年（1894 年后）时期诗词节选

1. 笑比黄河清。1895 年甲午中日战争以后，他从权力顶峰上跌落下来，奉旨入阁办事，犹如从云端掉落地面，只得闲居在贤良寺内。他的心情怎么能够平静呢？他感受到世态炎凉，忧谗畏讥，苦闷无聊。在大清“弱国无外交”的日子里，虽然受到了种种不公正的待遇，但是他仍然对于朝廷忠心耿耿。李鸿章流露出对同县包拯的景仰之情，正直且刚正不阿的包公名扬四海，他小心翼翼的将自己比作包公，学习他廉洁、不畏权贵的为人，并希望自己能像他那样流芳百世，“秋水锋芒露一生”。同时，可以看到他对自己人生际遇不满情绪的发泄，在这个时期，他对自己所处的角色比较有清醒的认识，曾把自己比喻成裱糊匠。

笑比黄河清

正直原留万古名，包公忠义使人倾。
欲求一笑阎罗易，须俟千年德水清。
雅意静涵波万顷，澄怀朗印月三更。
春山霁宇开终古，秋水锋芒露一生。

2. **遗诗**。1900年6月12日，为收拾八国联军之役的残局，清廷再度授李鸿章为直隶总督兼北洋大臣，并连续电催其北上。他乘轮船至沪后，以身体不适为由迁延观望，部下及亲属也都劝其以马关为前车之鉴，不要再北上，以免又成为替罪羊。直至北方局面实在无法收拾，慈禧在逃亡途中电催李鸿章北上。一个月后，出于对朝廷的忠义，李鸿章只得抵京收拾残局，向八国联军求和。李鸿章把自己比喻成一匹老马，劳累一生都没有停歇，为国谈判之事尚未完成，方才知道死有多难。1901年9月27日，李鸿章、奕劻代表清廷签署了《辛丑条约》。签约后两个月，俄国政府再度发难，试图攫取更大权益，并威逼李鸿章签字。李鸿章气恼交加，呕血不起，并于11月7日去世。他带着无尽的遗憾，走完了78岁的人生历程。

劳劳车马未离鞍，临事方知一死难。
三百年来伤国步，八千里外吊民残。
秋风宝剑孤臣泪，落日旌旗大将坛。
海外尘氛犹未息，请君莫作等闲看。

（五）李鸿章与合肥巢湖有关诗文

1. 巢湖中庙淮军昭忠祠修建后，李鸿章题写楹联：

比闾牙戟，誓与同仇，当年蹈刃如归，真以一心回厄运；
列镇旌麾，号为极盛，此日临觞太息，应思万骨聚成功。

云集下江兵，回思万众众驱，决策早清孤兔窟；
梦中故国客，何幸八荒无事，勒名同上凤凰台。

2. 中庙修复后，李鸿章题写“关帝庙”楹联二则：

形胜扼儒须，偏霸昔间竟吴越。
神灵扶汉代，中兴今睹继高光。

薮泽众归墟，淝流其后，江流其前，遥瞻玉座凌风，作镇旧传天帝女；
湘淮两新庙，君山在南，姥山在北，同挽银河洗甲，升香长颂水仙王。
合肥李鸿章　　光绪二十年八月

3. **鞋山阻风**。李鸿章晚年归乡入湖，不料遭风抛锚于此，望湖中景象，顾平生宦迹，别是一番湖境、心境与诗境：

鞋山阻风

老去知无作赋才，马当那得好风来。
宦情久与沙鸥狎，归梦潜随社燕回。
远树黏天云一色，狂涛卷地雪千堆。
茫茫彼岸登何日，愿借山灵觅路开。

注：巢湖姥山、鞋山来源于神话传说。巢湖亦称焦湖。相传有一年大旱，小白龙私自降雨除旱，触犯了天条，被打下凡尘，遇焦姥搭救。为报焦姥相救之恩，小白龙告知天帝将要陷巢州的“天机”，焦姥迅即一一转告巢州百姓，众人因此得救。而焦姥母女被滔滔洪水无情吞没。焦姥化作一座山是“母山”，后人称“姥山”；焦姥“双鞋遗落，化为鞋山”。

4. **《姥山塔碑文记》**。李鸿章写了大量有关巢湖的诗词和文章，亲自撰写了《姥山塔碑文记》，追述“姥山塔”修建经过，姥山之名的来历，以及巢湖作为历代战略要地的重要性。光绪《巢湖志》载：

文峰塔

吾郡滨巢湖西北隅，泛湖指东南，行七十馀里，有山曰姥山。凡九峰，三峰特陡峻，山曷以姥名？按《环宇记》：巢湖将陷，有巫妪前知，南走得免。后人神之，立庙以祀，今湖中姥山庙尚存。《方舆胜览》所记略同。《一统志》：姥山在巢湖中，界合肥、巢、庐江三邑，一名圣女山。考诸舆图，距吾邑最近，西南距庐江差远，东北距巢又加远焉，盖天设之险，全皖之险为湖，全湖之险为山，犹天门之屹立于长江天堑也。顾山名不见史策，唯唐罗隐有姥山诗，首云：临塘古庙，傥即今南塘、北塘者，非耶？庙祀者为姥，而继引朝云莫雨，申之以眉月香风云云，或肖像幼艾，抑微词以讥淫祀耶？湖陷时代不可征，而落句曰："借问邑人沉水事，已经秦汉几千年"，岂昭谏亦无从确指，而为是疑词耶？

巢湖为伊古中原用武地。三国时，吴魏相持，数构兵，吾郡与豫相近，故魏得置守，逍遥之役，仲谋几不免，而曹操四越巢湖不成，则吴长水战，阻湖为国，度亦且踞山为固，虽书缺有间，可臆断而知。元末俞廷玉父子与廖永安、吴良等，以舟师屯巢湖，始建山寨。时明太祖驻和阳，廷玉率千馀艘归之。史称："太祖亲至巢湖，率其军出黄墩。"当时或驻跸此山。舟师既去，营垒亦废，惟两塘为草昧，断碑残碣无复存者。想诸臣中，文学之士素少，洪武末年，猜忌特甚，故开国谋猷，摩崖不纪其事与？

以云形胜，固千古为昭也。因湖山天设之险，而助以人力，升高望远，譬犹高屋之上建瓴水。塔之设也，谁曰不宜。怀宗朝太守严尔圭，创建塔议，熊雪堂文举方尹吾邑，来山相度，经始于崇祯四年辛未，迨十一年戊寅，因乱辍工。工未及半，碑文记董役官十七员、搢绅数人而已。明季百为废坠，吁可概已。予眷怀故乡，尝殷然思竟厥事，简书役役，旷隔数千里，幸邦人士同志者多愿赞成，吴伯华观察毓芬其尤也。今即故址增修之，为七极，高十五丈三尺，远见百里外，严、熊二公地下有知，当可大慰也，伯华徵文于予，不揣固陋，书颠末以树之碑，且为铭曰：

维窣堵波，创自西域。流入东土，龙象增色。曰藏舍利，缁流侈焉。
曰宜科名，形家言然。煽愚崇髡，于禄导士。君子劳民，何取乎尔。
我违桑梓，寒暑几更。岂不怀归，官事有程。遭逢升平，修文偃武。
士女昌丰，衢巷歌舞。念我乡人，以遨以游。俳徊瞻瞩，觞咏句留。
沐日浴月，宝气孕育。呿鲸掷鼍，祕怪贴伏。塔势涌出，山光荡摩。
飞碍高鸟，影摇澄波。白云亲舍，南望耿耿。退休初服，骤未敢请。
圣皇文德，干羽格苗。环海镜清，梯航毕朝。威加四裔，乞骸庶遂。
奉太夫人，优游养志。乌鸟反哺，区区寸私。山灵无咍，吏公言之。
备豫不虞，古之善教。占替戾冈，此焉登眺。董役醵资，肇造乞今。
名氏年月，例书碑阴。

光绪六年岁次上章执徐且月丁酉朔越八日甲辰

三十九、谁见史说无脸谱　人生三立露峥嵘

在京剧脸谱中，红色脸谱表示忠勇义烈；黑色脸谱表示刚烈、正直、勇猛甚至鲁莽；黄色脸谱表示凶狠残暴；蓝色或绿色的脸谱表示粗豪暴躁；白色脸谱一般表示奸臣。“李二先生是汉奸”，李鸿章一直以白色脸谱形象出现在历史舞台上近百年。他痞子腔调，不拘小节，用人只重视才能，不注意品行，导致“只见其作事而不见其为人”的结论。

李鸿章的个性是既重情重义、血气方刚、果断处事，有男儿本色；又权利心重、圆滑处事，有人称之“老狐狸”。他有权倾重臣的显赫风光，也有处处请示汇报的小心谨慎；有自强爱国之举，也有弄权误国之责。他的人生缺陷，一是出于愚忠，李鸿章一切举动都是为维护大清统治地位的，他是汉族忠于满清第一“忠臣”。二是出于自保，他在晚清内政拼打三十多年，不仅熟知朝臣对推行近代民主化的阻力，更熟知太后的态度。光绪欲行君主立宪，被囚瀛台。李鸿章清楚知道侵犯爱新觉罗家族利益的下场。三是看中权力，他认为只有权力在手，才能先让自己立于不败之地，然后，才有说话和办事机会，才能有用权力去改变权力的机会。

李鸿章的人生旅途是改文从军到掌握朝政；人生环境是从农村入京城到权倾朝野重臣，面临着朝野派系矛盾、权力至上与以权办实事的矛盾；所处文化背景是中国传统文化与西方文化撞击时期；一生面临的最棘手问题就是挽救不了摇摇欲坠的晚清和与列强之间相抗衡。这不仅体现出李鸿章是一个复杂矛盾的人，还有时代、周围环境、文化的矛盾，也充分显示了李鸿章阅历的丰富性、人格的复杂性和文化的神秘性，难以捕捉出关于他清晰统一的个人修养史料与结论。

人们把曾国藩的修养归纳为“立德、立功、立言”三方面楷模。李鸿章是曾的门生，个人修养既模仿了老师，但更多的是体现自己的个性特征。就坚守“三立”方面，他并不比老师逊色。

在“立德”方面，他在《谕玉侄》家书中，对东西方伦理作了对比分析：在家族伦理上，中国是“故谚养儿防老。西洋各国，人重自立……而对教育，则不可不尽之义务”。一个饱读儒家书，从事半封建制度官场上的官僚，推重礼义尊崇的人，竟然与中国几千年伦理挑战，阐述了我国历史传承下来五

者之伦理的弊端。能有如此见解，不仅表现出李鸿章的政治才干，更表现出他政治家的胸怀，国家利益才是至高无上的。

他说："吾国自古相传之伦理，曰君臣、曰父子、曰夫妇、曰兄弟、曰朋友，此五者之纲纪，在家庭封建时代，似可通行，然已不甚适当。"吾国以五代同堂为美事，"今世界学者公定之伦理，大概为对于自己、对于家族、对于社会、对于邦国、对于世界，亦五大纲。而以个人与邦国关系最为重要。一国民法由此定。修身道德即以此为标准"。没有国、哪有家，没有国、哪有个人的尊严。个人一切言行都要把国家利益放在首位，一切服从国家需要，这就是李鸿章的"立德"标准，远远超出前人"立德"的意义。

鉴于他的"立德"标准，不在乎个人得失，比他老师曾国藩遇到有损自己名节的事情就退让，更胜一筹。李鸿章所受到的攻击毁谤、上疏诋陷，多得不计其数。因为在他心里只有大清国，对自己受尽谤言不屑一顾，故而从不畏惧，好像还没有事例证明他为别人毁谤而消极怠工或施行报复行为的。他一生名誉被毁，最主要因签订《马关条约》。他自己心里是清楚的，"舟人那识伤心处，遥指前程是马关"。签约后，言论满天飞，自己被革职，身居闲良寺。但当大清国需要他时，仍然挺身而出，出访欧美八国，情绪振奋、风度潇洒地活跃在国际外交舞台上。1900 年 6 月，八国联军入侵，朝廷召他回京，他明知"北上无益"，最后还是从广东回到北京，与十一国公使委曲求全、讨价还价进行无休止的交涉后，签订了《辛丑条约》。当国人正在声讨"卖国者秦桧，误国者李鸿章"时，他身染风寒，一病不起，直至咯血而亡。李鸿章去世消息传出后，清廷上下震悼，翁同龢在日记中记载道："报李傅相于本月二十七日病卒……东三省俄约未定。嘻！难矣！辛丑年九月二十九日（1901 年 11 月 7 日）"，反映翁同龢对国步艰难而重臣溘逝的无限惋惜。鸿章自壮到老，没有一日言退，勇于任事，以忠于大清天下为已任，至死方休。

李鸿章一生坚守国家利益高于一切的"立德"标准，他是这样说的，也是这样做的。不在乎自己的风光或难堪，赞扬或唾骂，只要国家需要他，他便义无反顾走上前台充当操盘手。吴汝纶撰"李文忠公神道碑"中描述："公与曾公为相，皆总督兼官，非真相，中外系望，声出政府上，政府亦倚重二公。公尤锐身当天下大任，虽权力有属、有不属，其遇事勇为、夷险一节，未尝有所诿谢、退让、畏避也。于是公数平大难，有威风……未几代曾公总督直隶，在直隶垂三十年，所经画皆防海交邻大计，思欲以西国新法，导中国利用之以求自强，一兴亚洲……公生平严事曾文正公，出治军，持国论，与曾公相首尾，其忠谋英断，能使国重，是非成败，不毫发动心，一秉曾公学。曾公死后，西国势力益东注，若倒瓴水，不可遏止，国家一以故常待之。公独迈往竞进，导国先路，虽众疑莫随，而坚忍尽瘁，外国望之，如大厦一柱。”近代史学者王尔敏说：“李鸿章主持外交国防，一身系国家安危，所承担当是国家的大利大害……他不但与中央充分合作，而且十分效忠。正如当时王闿运所谓：李中堂（鸿章）无疵可指，虽百疏诋为汉奸，卒不能摇之。”李鸿章欲求中国富强之心始终不渝，能忍辱负重，不避劳苦；在政坛上四十年，目光之远大，手腕之敏捷，非时人所能及。曾国藩称其才大心细，劲气内敛，才大虽不尽切，心细、劲气内敛则当之而无愧。

在“立功”方面，初平发捻，威震华夏；后乃屈心抑志，忍尤攘诟，以济时艰，可谓难矣。推行自强运动锲而不舍，一心一意想使国家图强。盖鸿章之成功，端赖于坚忍不拔之毅力。在推行自强运动中，正是他卓越的“立功”，才被史学家公认为，他是自强运动中心人物或领袖的。“既用西法勒习海陆军，设防旅顺、威海；财政不已属，功用不成。其兴立招商轮船，建设各行省电线，倡造铁路，开采唐山煤矿、漠河金矿，皆成绩昭著，与兵备相表里。顾不肯开衅外国，其交邻机智，能以弱势驱策群强，使寝谋释怨，谓国有人。任艰驭远，前古无有；功高取忌；性阔达，喜嘲谑，忌者益众。公一不屑意，履晦履险，若无事然。生既不尽行其志，没而无与继轨，以此朝廷尤痛惜之。”

在“立言”方面，他与老师曾国藩略有差异。他的真知灼见，是难以从古方堆中找出的能使摇摇欲坠的大清国重新恢复元气的良药，而要用新方良药，又惟恐遭到章句小楷士大夫的围攻。李鸿章的立言，只能用具事具理奏折向朝廷疾呼，大多数都表现在忧国忧民的意识上。他只能在将“立言”改“立实”上下功夫，用自己的“立实”换取别人之言。

李的“立言”仍然坚持以“立德”为核心，中国正处在“数千年来未有之变局”，又面临“数千年来未有之强敌”。“外敦和好、内要自强”，1864年他在给总理衙门折子中终于亮出自己的观点，“鸿章窃以为天下事：穷则变，变则通”。

“中国士大夫沉浸于章句小楷之积习，武夫悍卒又多粗蠢而不加细心，以致用非所学，学非所用。”

“我有以自立，则将附丽于我，窥伺西人之短长；我无以自强，则并效尤于彼，分西人之利薮。”

“鸿章以为中国欲自强则莫如学习外国利器。欲学习外国利器，则莫如觅制器之器，师其法而不必尽用其人。欲觅制器之器，与制器之人，则我专设一科取士，士终身悬以为富贵功名之鹄，则业可成。业可精，而才亦可集。”

“古今国势，必先富而后能强，尤必富在民生而国本乃可益固。”

“欲求制胜，必求之忠信之人；欲谋自强，必谋之礼义之士。”

“用人最是急务，储才尤为远图。”

“天下事，为之而后难，行之而后知。”

“办事久则阅历透，必多沈著痛快之处，非文人空谈所及。”

在推行自强运动时，受到守旧派百般阻扰，他在抗争时说：“法待人而后行，事因时为变通，若徒墨守旧章，拘牵浮议，则为之而必不成，成之而必不久。”

“招人非议，是专就人一面看，当论是非，不论毁誉也。”

他在教育子女时说：“凡做好人、做好官、做名将，俱要好师好友好榜样。”

“文字为思想之代表,思想为文字之基础,故二者之研练,相为表里者也。”

撇开鸿章的一些错误不说，他是中国近代史上集文事、武功、内政、外交于一身的人物，古今中外的历史上能有几人？他的真知睿见以及一些创造性的成就，不能不令后人感到佩服！因为鸿章并没有接受现代的科学教育，也不懂西方的语言文字，却能体会出当时近代中国所处的局势，提出要变法图强，力保和局，以达到“军实渐强，人才渐进，制造渐精；由能守而能战，转贫弱而为富强”的目的。

李鸿章用现代伦理标准育化自己,用儒家的经典和程朱理学的理论充实自己；用立德、立功、立言（实）的人生追求目标要求自己、鞭策自己；用“修身、齐家、治国、平天下”的人生抱负来约束自己；用“内须富强”的理想激励自己。这就决定了李鸿章对封建传统文化的死力维护，对清朝封建专制制度的血性忠诚，对务实理政的执着追求。

李鸿章最反对只说不做的言官，愤激地说：“言官制度，最足坏事。明朝之亡，乃亡于言官。言官大凡少年新进，不通世故，亦不考究事实得失、国家利害，但随便寻个题目，信口开河，畅发一篇议论，藉此以出露头角；而国家大事，已为之阻挠不少……朝廷以言路所在，又不能不示加容纳。往往半途中梗，势必至于一事不办而后已。大臣皆安位取容，苟求无事，国家前途，宁复有进步之可冀?”又曰:“天下事，为之而后难，行之而后知。从前有许多言官，遇事弹纠，放言高论，盛名鼎鼎，后来放了外任，负到实在事责，从前芒角，立时收敛，一言不敢妄发；迨至升任封疆，则痛恨言官，更甚于人。”

“看人挑担不觉沉”，一旦自己亲自去挑担，感受又怎么会一样呢？

如老子说：“修之身，其德乃真；修之家，其德有余；修之乡，其德乃长；修之邦，其德乃丰；修之天下，其德乃溥。”李鸿章能得到成功，与其注重个人修养是极其相关的，除了“三立”以外，还有如下方面：

继承老师曾国藩一个“诚”字，自创一个“挺”字。所谓“诚”，是儒家伦理哲学中非常重要的一个概念，它既是本体论，又是修身的功夫论。对于个人修身而言，“诚”处于首要地位，人必须里外一致，如“富润屋，德润身，心广体胖”一样，“君子必诚其意”。所谓“挺”，是李鸿章心系“立德”之基础，他当时处于外侵内乱的特殊历史时期，如果没有挺身而出，在各种漩涡之中挺立周旋，自己就会被淹没，立德标准也就中废。此内容已在第二章作了介绍。

继承老师曾国藩一个“俭”字，遵循一个“耐”字。鸿章说：“俭”之一字，能定人之恒久。曾涤笙夫子训诸子弟曰：“余兄弟无论在官在家，彼此常以‘俭’字相勖，则可久矣。”对一国统治者而言，一身节俭，则上行下效，举国节俭，如此则国用日足，国力日强。持身俭，则自尊自立，不求他人。治家俭，则家业兴隆，永世不坠。为官俭，则以俭养廉，局高不败。李鸿章一生没有什么不良嗜好，曾教育子女也不要张扬自己。《荀子•仲尼》曰：“能耐任之则慎行此道也。”李鸿章说：“读经以研寻义理为本，考据名物为末。读经有一‘耐’字诀，一句不通，不看下句；今日不通，明日再读，今年不精，明年再读，此所谓‘耐’也。”难怪一个长辫子官僚能懂那么多东西，对国内外局势那么明了，不仅能做官，又是水利专家、科普专家、养生保健大师、书法家。李鸿章不仅把“耐”字诀用在个人知识积累上，同时把“耐”字诀贯穿于“立德”和养生上，耐辱、耐事就是经得起得失、荣辱等人事之变。

继承老师曾国藩一个“敬”字，坚持一个“恒”字。自敬方能自尊，敬亲方能齐家，敬人方能使人敬己，敬业方能事业有成。欲人敬己，必先自敬。 吾辈读书惟敬字，恒字二端，是彻始彻终工夫。在不自足的驱使下，不断更上一层楼。贤者敬而贵之，不肖者敬而远之。李鸿章在这一方面确实做的很好，敬祖先修建报恩祠、李家宗祠，敬长辈崇尚百善孝为先，夫妻互敬互爱，敬乡亲办了义庄、义学。李鸿章在“致弟”家书中专门谈到“恒”字：“为学之道，勿求外出，亦可成名。昔婺源王双鱼先生，家贫如洗，在三十岁以前为窑工画碗，三十岁后，读书训蒙到老，终身不应科举，著作逾百，为本朝杰出名儒。”“恒”字从《周易》恒卦卦象而来，象曰：振恒在上，大无功也。人没有恒产没有关系，只要有恒心，持之以恒就能成功。

外国人福尔索姆（Kenneth.E.Folsom）对李鸿章的性格解析：李鸿章一生，表现了非凡的精力和勇气，恰如道德与曾国藩联系在一起一样，精力与李鸿章联系一起……给人印象深刻，充满智慧、警觉和果断……

李鸿章个人修养之道。人只有在自强的条件下，才可能做到自立，做到以“诚、挺、俭、耐、敬、恒”为本。这是做人的基本素质。把“立德”作为自己的人生最高境界，提倡不要计较个人得失，以平常心对待人生。“譬如出水芙蓉，光彩夺目，曾几何时无复当初颜色？苍松翠柏，视以平常，而百年不谢也！此处以写字一层，极宜留意，如有始有终，则迟暮年，难得善果。”所以，他晚年把更多的心性、情志投入读书和书法之中了。

第六章　淮军与合肥名将

驰骋疆场恍如昨，一将功成万骨枯。

李鸿章自创建淮军，东援入沪始，经镇压太平军、清剿捻军、中法战争，淮军已成为晚清的主力之军。李鸿章 1862 年藉以升任江苏巡抚，直至后来登上直隶总督兼北洋通商大臣的权力巅峰。那些追随他的淮军将领们一个个由当初的“草头王”相继成为朝廷的封疆大吏和枢要重臣。

一将功成万骨枯，那些千千万万的淮军弟兄用自己的殷殷鲜血，染红了他们的顶戴花翎。

四十、遍地黄花皆结果　树倒猴狲仍逞强

淮军成立于清同治元年（1862 年）。时为曾国藩门生、幕僚、在籍道员的李鸿章，在家乡合肥地方武装团练的基础上，仿照湘军营制组建起一支新的武装。这些兵勇多来自皖中江淮地区，故称之为淮军。

合肥，由于地理位置特殊，历来属兵家必争要地，著名的军事战役有："张辽大战逍遥津""淝水之战""三河大捷"等。咸丰年间，庐州府成为清政府与太平军反复争夺之地。咸丰四年一月十四日，太平军攻克庐州府。咸丰五年十一月十日，清军收复庐州府。咸丰八年八月二十三日，太平军再次占领庐州府。同治元年（1861 年）五月十三日，清军又再度收复庐州府。战争连年不断，百姓水深火热。在这样的历史背景下，这里的民众既受历史传承的影响，又面临太平天国战争的现实，学会在"兵、匪、发、捻"交错中寻求生存，形成了强悍民风，结寨自保。据上一辈老人说，"长毛"打来的时候，"遍地黄花开"。"长毛"是指太平军；"黄花"是指地方各种"草头王"武装，包括由地方大户组织的对抗太平军的团练武装、揭竿的农民武装等等。合肥地方武装势力之强，以"一湖三山"（巢湖、周公山、紫蓬山、大潜山）为最。巢湖西南合肥、舒城、庐江三县交界处的三河镇有潘鼎新父子、刘秉璋，巢湖南边（庐江县城）有吴长庆，巢湖北边有李鸿章兄弟和吴毓芬兄弟。三山以张树声兄弟、周盛波兄弟、刘铭传三股势力最大，"百里之内，互为声援"，十分剽勇善战。李鸿章父子回籍办团练时，张树声、潘鼎新、吴长庆、吴毓芬等"草头王"先后都从属效劳，这为后期淮军组建奠定了良好的人脉基础。

咸丰十年（1860 年），太平军二破江南大营后，清政府在整个长江中下游地区已失去最后一支主力。在太平军的猛烈攻势下，江南豪绅地主，纷纷逃避到已是形同孤岛的上海。为了免遭灭顶之灾，在上海的士绅买办们一面筹备"中外会防局"，依赖西方雇佣军保护；另一方面又派出钱鼎铭等为代表，前往安庆请曾国藩派援兵。钱鼎铭先动之以情，每日泣涕哀求，言江南士绅盼曾国藩如久旱之望霖；继而晓之以利，说上海每月可筹饷六十万两，这对正处于湘军缺饷的曾国藩是一大诱惑。同时，钱鼎铭还利用其父亲钱宝琛是曾国藩和李文安同僚的关系，走李鸿章的门路，劝说曾国藩。曾国藩经过反复考虑，决定由李鸿章组建淮军援上海。

咸丰十一年（1861 年）夏，西乡团练头目得知曾国藩就任两江总督，合肥人李鸿章在幕中主持机要时，公推曾任李文安幕僚的张树声向李鸿章、曾

国藩上了一道禀帖，洞陈合肥形势，并表示愿意投效的决心。双方一拍即合，淮军组建顺利而成。

淮军自组建到发展，至成为大清的主力军，直至甲午战争失败，大师王尔敏在其所著《淮军志》中作了详尽的叙述。

在淮军组建之始，李鸿章即注重征选“同里敢战之士”，最初淮军13营中，属于合肥“草头王”的有：刘铭传、张树声、张树珊、潘鼎新、吴长庆，以及后一批的周盛传、吴毓芬等合肥籍将领，都是他特别关注、提携的对象。

李鸿章依赖淮军，淮军兄弟们更是依靠他，当初的“草头王”都已成为淮军将领、淮军幕僚、直至任封疆大吏或中枢重臣，纷纷发迹，“遍地黄花皆结果”，最终形成了以李鸿章为核心的淮系集团。

据统计，在淮军将领中，文职位道员以上、武职位总兵提督以上者共有424人，其中皖籍276人，占65%。合肥籍淮军名将担任清廷封疆大吏的有：张树声任两广总督，一度署理直隶总督兼北洋大臣；刘秉璋任四川总督；潘鼎新任广西巡抚；刘铭传任台湾巡抚。在淮军幕僚中出任疆吏枢臣者共20余人，如两广总督周馥、河南巡抚钱鼎铭、广东巡抚刘瑞芬、首任出使英国大使郭嵩焘、福建巡抚丁日昌、湖广总督郭柏荫、邮传部大臣盛宣怀、广西巡抚倪文蔚、刑部尚书薛允升、总理各国事务大臣胡燏棻、直隶总督兼北洋大臣袁世凯和新疆巡抚袁大化等。

李鸿章亲属担任疆吏枢臣者亦有多人：李瀚章任江苏巡抚并署理湖广总督，后调任两广总督兼署广东巡抚；李经方先后出使英、日，1911年底任邮传部左侍郎；李经羲任云南布政使，民初曾任国务总理；张佩纶任会办福建海疆事务，署理福建船政大臣。

在淮军充当清廷主力军后，提督、总兵以上重要将领遍布全国，如吴长庆、周盛传、张树屏、丁寿昌、聂士成及北洋水师提督丁汝昌等在中国近代史上都是有相当影响的人物。

在淮系成员中，任驻外使节有20人，如许钤身、马建忠、龚照瑗、许景澄、伍廷芳、郑藻如等。

出身淮系，在中国近代思想文化方面有重要影响者亦有不少，如冯桂芬、薛福成、马建忠、郑观应、吴汝纶、俞樾、张謇、徐寿等。

势力强大的淮系集团，成为影响晚清政局的一支重要的政治、军事、外交、经济力量。在军事上，李鸿章创办的淮军和北洋水师，开创了中国军队近代化的先河；淮军参加的军事行动有镇压太平天国和捻军起义、中法战争、中

保定陆军军官学校历任校长一览表			
姓名	籍贯	出身	任职时间
赵理泰	安徽合肥	北洋武备学校	1912年10月5日
蒋方震	浙江海宁	日本士官学校	1912年12月15日
曲同丰	山东福山	日本士官学校	1913年9月2日
王汝贤	北京密云	北洋武备学校	1915年9月1日
杨祖德	山东临清	日本士官学校	1917年1月11日
贾德耀	安徽合肥	日本士官学校	1919年8月23日
张鸿绪	直隶天津	北洋武备学校	1921年6月30日
孙树林	直隶天津	日本士官学校	1922年10月26日

袁世凯在李鸿章创办教育的基础上继承和发展。袁世凯创办的保定陆军军官学校，有三任校长是出身北洋武备学堂的。赵理泰毕业于北洋武备学堂，是保定陆军军官学校首任校长。

日甲午战争等，一些淮军将领在对外战争中表现出了爱国主义的一面。在经济上，李鸿章及淮系集团的其他成员积极倡导自强运动，对推动中国的近代化进程产生了积极的影响。在教育上，兴办学堂，开设与近代化建设相关课程。在外交上，从19世纪70年代起，淮系集团的核心人物李鸿章代表清政府经办了晚清一系列重大对外交涉事务。

淮系集团的势力在19世纪晚期达到顶峰。有人认为：淮系集团由淮军起家，亦随淮军的衰弱而败落。甲午战败，淮系集团的势力逐渐减弱。1901年，淮系首领李鸿章在签订《辛丑条约》后去世，淮系作为一个政治集团的历史便告结束。这一观点尚待商榷。北洋军阀袁世凯本身就是淮军的一员，他自幼过继给叔父袁保庆为嗣。而袁保庆与吴长庆过从甚密，曾订下“兄弟之好”。1881年，袁保庆病逝，仅是一个无名的拔贡生、地位低微的袁世凯投奔吴长庆。吴长庆作为“父执”辈，视“世家子”袁世凯如子侄，安排与长子吴保初在军营随张謇读书。袁世凯善于奔走钻营，在吴长庆及其幕僚面前，总是“谦抑自下”，极表恭顺。又时常忧国忧时，“作激昂慷慨之谈”，很快博得吴长庆的好感，称袁为“有造之士”。吴长庆出师朝鲜平乱，袁世凯随军前往，被安排在“前敌营务处”，负责军需供应、勘定行军路线等。战船抵朝鲜马山浦，一营官说：多数士兵晕船，请缓登陆。吴长庆立即将此人撤职，命袁世凯代理。袁立即部署，身先士卒，两小时内提前完成登陆任务，为平乱立下头功。登陆后，袁又“争先砍剿，尤为奋勇”，“治军严肃，剿抚应机”。因而在奏请朝廷奖励赴朝有功人员名单上，袁世凯赫然在内。在朝鲜的12年中袁世凯赢得了勇敢、果断、知兵、足智多谋等赞誉，因此提升很快，并受到李鸿章的赏识，李认为袁是淮军的“后起之秀”。

中日甲午战争失败后，清政府委派袁世凯督练新建陆军。“新建陆军”练成，袁世凯的出现，仍然是淮系势力的延续，他创办的保定陆军军官学校，几任校长都是毕业于北洋武备学堂的。号称“北洋三杰”的冯国璋、段祺瑞、王士珍都是出身淮系。袁的政治控制权内阁组成如李经羲、段祺瑞、王士珍、张謇、杨士琦等等，仍然是淮系力量。

“树倒猢狲并未散”，他们重新组合，续写着淮军的历史。

四十一、大潜山上草头王　保台建台史册彰

刘铭传

刘铭传（1836–1896），字省三，号大潜山人，淮军著名将领，台湾首任巡抚，为台湾的现代化作出了重要贡献。他是一个故事多、争议多的政治人物。

刘铭传于道光十六年（1836）七月二十七日出生于合肥西乡大潜山下之蟠龙墩（今为肥西县铭传乡），祖辈务农，父母是老实巴交的庄稼人，父亲刘惠人称“刘老好”。刘铭传兄弟六个，他排行最小。幼年曾染天花，脸上留有“陷斑”，同乡人叫他“六麻子”或“幺麻子”。在他十一岁那年父亲去世，不久两个哥哥相继去世。他自幼十分调皮捣蛋，上私塾时对“四书”“五经”没有兴趣；喜欢以自己为一方“主帅”，带领一群小伙伴玩开仗的游戏；喜欢研读兵书、战阵、五行杂书。传说他曾经登上大潜山仰天叹曰：“大丈夫当生有爵，死有谥，安能龌龊科举间？”刘铭传身处乱世，先是加入当地贩卖私盐的团伙，后来索性干起打家劫舍的勾当。传说他曾杀过地霸，导致刘母周氏惊吓而亡。

1856年（咸丰六年）8月，他正式纠集几百名贫苦青壮年，当上了结寨自保的武装头目。两年后，以“捍卫井里”为旗帜，在大潜山西面建起寨堡，成为这一带对付太平军和捻军的一股团练武装。1859年9月，太平军一部攻打合肥的官亭一带，刘铭传奉命率部“协剿”，将太平军击退。1861年11月，被李鸿章招募，编练淮军，号称“铭字营”。

1862年（同治元年）4月，随李鸿章援上海，是他的人生转折点。到达上海后，他将队伍更换军械，装配洋枪，成立炮队。他先后参与进攻上海外围和苏南的太平军，攻占了南汇、川沙、江阴、无锡、常州等城镇。由于打仗

不怕死，深得李鸿章的器重，他很快提升为总兵，29岁擢升为直隶提督，成为淮军名将。他所领导的队伍发展到左、中、右三军，每军6营，共18营，加上炮队、亲兵队和幕僚人员，总兵力达七八千人。他的队伍由“铭字营”成为了“铭军”。

关于刘铭传流传着几个褒贬不一的故事，对他步入晚清政坛产生了一定影响。

一是拾宝。同治三年（1864）四月，刘铭传率部占领常州后，住在原太平军将领陈坤书的护王府。一天夜里，刘铭传听到院子里有金属撞击之声，急呼亲兵到院中搜查，结果发现是马笼头上铁环撞击马槽发出的声音。他命亲兵将马槽移开后，刷洗干净，原来是一个铜盘，底部有古文字蝌蚪形，“读之不能尽晓”，意识到“非寻常物也”，秘运回家。经金石学家的考释，是我国西周时的三大青铜器之一虢季子白盘（另两件为散氏盘、毛公鼎）。他自写“跋语”，编印成《盘亭小录》一书，昭示世人，在故居刘老圩造“盘亭”珍藏此物。爱好古董的翁同龢欲用重金购买，被刘铭传断然拒绝，此举对他以后的官场生涯产生过影响。

二是尹隆河战役。1866年李鸿章代曾国藩出任钦差大臣，节制湘、淮各军专办剿捻事务，为剿灭东路捻军，李鸿章和曾国荃商定采取分进合击的策略，淮军刘铭传率“铭军”西上，湘军鲍超率“霆军”东下，在尹隆河一带对东路捻军形成两路夹击之势。两人约定正月十五日上午七时出兵，但为了争头功，刘铭传率部早晨五时出发。“铭军”提前与捻军遭遇，遭到捻军猛烈攻击，被杀得大败，刘部猛将总兵唐殿魁、田履安先后中弹阵亡，元气大伤，刘铭传险成俘虏。这时，鲍超的“霆军”赶到，不仅救出了刘铭传及其残部，而且使战役反败为胜。捻军方面损失9000人、马5000匹，8000多人降清，是捻军成军以来最大的挫败，这一战役对后期捻军的失败起到至关重要的作用。

尹隆河战役结束后，刘铭传却推卸责任，责备部下刘盛藻“浪战轻敌”，责备鲍超未能按时赶到合击敌军。结果李鸿章据此上奏朝廷，使得刘盛藻和鲍超受到严厉处分。鲍超本来等着朝廷嘉奖，不想却差点儿丢了脑袋，郁愤不平之余，乃以称病告疾为由，坚辞统率霆军之责。关于尹隆河战役的功过是非，王闿运的《湘军志》、周世澄的《淮军平捻记》、王安定的《求阙斋弟子记》、薛福成的《庸盦海外文编》、陈昌的《霆军纪略》、黄鸿寿的《清史纪事本末》、张仲炘的《湖北通志》都有记载。这一事件引起包括曾国藩在内的湘军将士对刘铭传的强烈不满，李鸿章十分被动，不得不出面上奏朝廷为鲍超请功。虽然事情总算得以平息，但刘铭传以怨报德的行为却让同僚旧友们觉得过分，他以后长期赋闲在家不被起用，不能说与此无关。

三是入陕督办军务。同治八年（1869）回民起义军击毙左宗棠爱将刘松山，一路南下，西太后急命李鸿章入陕督办军务。左宗棠唯恐李鸿章抢功，指使手下奏报陕西“匪患”已肃清，则李不必西来。李鸿章也不想自讨没趣，因此派刘铭传前往。左宗棠对此深表不满，不愿刘铭传插手其中。刘铭传自然对左宗棠的阻挠也不满，此时又接到西太后命令他随时密报左宗棠军情的密旨，因而对左宗棠上奏不实之处予以揭露。左宗棠得知内情，与刘铭传交恶。

在派系林立的晚清官场，互相排挤是司空见惯。刘铭传大概是厌倦官场中的相互倾轧、尔虞我诈，加上自己确实有病在身，遂提出休假回乡静养。

肥西书院

清廷来了个顺水推舟，使刘铭传的假期从三个月“延长”到13年。刘铭传就在肥西老家刘老圩隐居，起初有些放荡自己的行为。李鸿章得知后，特意给刘铭传写信，既严加劝诫又关切爱护。作为老上司和恩师，李鸿章对刘铭传既有知遇之恩，又有知己之情，两人之间的关系非同寻常。

刘铭传尽管在战场上舍生忘死、战功赫赫，但在晚清官场生涯上，他深深感悟到清廷重文轻武，因而感怀，“武夫如犬马，驱使总由人。我幸依贤帅，天心重老臣。上官存厚道，偏将肯忘身。国事同家事，谁看一样真”！他虽然草莽出身，但辞官归家闲居时，仍刻苦读书，熟诵经史，练习书法。刘铭传出人意料地编辑出《大潜山房诗抄》诗集，曾国藩序言曰：“省三所为七律，往往以单行之气差于牧之为近。”两年后刻板印行，成为淮军诸将第一本诗文集，名噪一时。李鸿章在巢湖中庙建立昭忠祠时，他不仅捐献白银，还撰写了一幅楹联。在修建姥山文峰塔时他题写匾额：“中流一柱”。

刘铭传在家乡办义学，修建紫蓬山寺院，造福乡里，惠泽老弱。肥西书院始建于1871年，系刘铭传倡导肥西籍淮军将领捐资建成的。李鸿章亲自题写“聚星堂”匾额，高悬于正厅，门上“肥西书院”由左宗棠题写。其间，刘铭传曾在这里潜心督学。辛亥革命时期，该书院改办成洋学堂。抗战期间改为中学。如今，这里是聚星小学的所在地。

1883年，中法战争爆发。台湾告急，清政府在危难之际又想起了刘铭传，急令他以巡抚衔奔赴台湾督办军务，筹备抗法，不久又授福建巡抚，加兵部尚书衔。素怀报国之志的刘铭传，并未因被朝廷冷落十多年而稍作懈怠，在李鸿章信函的催促下，他于1884年7月16日便抵达台湾基隆，第二天即巡视要塞炮台，检查军事设施。台岛共40营官兵，要守卫长达2000余里的海疆，且装备差，水师无船，困难重重。时任台湾道台的湘军将领刘璈将31营部署在台湾南部，在台北只部署9个营。正在刘铭传着手重新调整部署时，法国舰队副司令利士比于8月4日即率兵舰5艘逼近基隆发起攻击。当天夜间，刘铭传通过查看地形，克服兵少将寡的困难，决定大胆采取诱敌陆战的战术。第二天，他下令除少数人固守海岸小山制高点外，其余部队全部撤到后山隐蔽。法军以为清军败退，便大摇大摆地涌上岸来。刘铭传立即下令后山部队从东西两侧迂回包抄，三面夹攻，杀向敌人。这出乎意料的围攻使法军不知所措，顾不上还击，纷纷丢盔弃甲抱头鼠窜。刘铭传首战告捷，大挫敌锋，“生擒法人一名，死伤百余，抢来战旗一面，破其山头炮台，得炮四尊，帐房数十架，洋衣帽甚多”。清廷闻报大喜，特发内帑银3000两犒赏。

基隆大捷，利士比不甘心失败，再战基隆，法军改变主攻方向，攻打沪尾。刘铭传见机行事，改变战略，主动撤出基隆，引起湘军将领刘璈的不满，致失基隆，清廷对刘铭传大加训斥。在这种情况下，刘铭传不为所动，将在外君命有所不受，仍然固守沪尾。10月8日，当四五百法军进入其埋伏圈时，清军以绝对优势兵力分路合击，“敌兵三面受敌，狂奔败北”。当场击毙300余名，其余的惊慌失措，夺路而逃。慌乱中敌炮又自伤战船，败兵彼此间又相互践踏，伤、溺百余名。这一仗，法军伤亡惨重，孤拔也沮丧地承认“淡水失败严重”。

在刘铭传的领导下，台湾军民同仇敌忾，终于在光绪十一年（1885）五六月间彻底挫败法军占领台湾的阴谋。

刘铭传保台成功，除了战略战术运用得当外，还在其知人善任的将帅襟怀和身先士卒的牺牲精神：第一，摒弃成见，重用湘军将领台湾布政使沈应奎。“知其精明练达，久任储胥”，觉得人才难得，因此委以重任，使沈应奎成为他治台的得力助手。第二，紧紧依靠台湾士绅和民众，号召他们出钱出力，保卫家乡。第三，身先士卒，同甘共苦，主帅的精神感染了将士。击退法军之后，刘铭传又上书朝廷，请求免去自己福建巡抚的职务，以使自己可以专

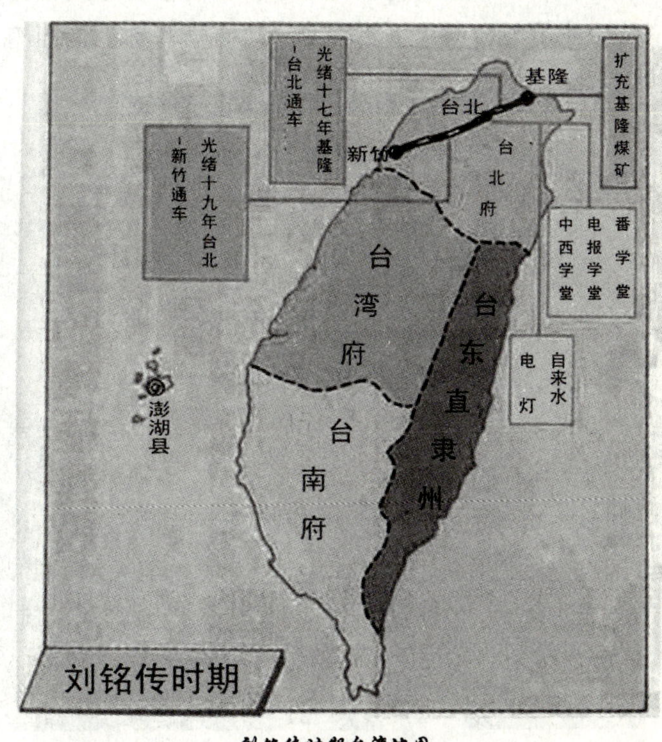

刘铭传时期台湾地图

心治理台湾。刘铭传于光绪十年到台，光绪十一年台湾正式建省，他成为台湾第一任巡抚。

保台战争结束后，为了一展抱负，刘铭传在给清政府的奏折中，希望“以一隅之设施，为全国之范”。他练军队以厚兵力，筑炮台以严海防，设制造局、军械所以造兵器，集捐输以充经费，厚礼聘以聚人才，抚生番以开疆土，丈田地以纠隐匿，编保甲以别良莠，移穷民以垦荒土，兴织造以杜漏卮，惠商顾以广交易，筑铁路以便交通，架电线以灵消息，购船舶以增航路，立公司以结商团，聘西医以疗疾病，建学堂以施教育，置隘勇以密巡防，兴水利以资灌溉，开矿产以集材料，铸货币以便民生，革税法以维国计，尽全力投身台湾建立新政，开创台湾近代化建设。他在台湾建了第一条铁路，创办了第一个邮政局，架设第一个铁路大桥——淡水大桥，第一个引进华侨资本，经营台湾最大的煤矿——基隆煤矿。纵观他在台湾短暂6年（1884—1890）的时间内，丰功伟业只在郑成功之上，郑成功光复台湾，刘铭传除了保全台湾之外，还予以建设，近代台湾的政治国防、经济交通、文化教育等，均始自刘铭传之手。台湾学者称刘铭传为“理台政治家第一人，其功业足与台湾永垂不朽矣”！有学者称他为台湾自强运动之父和台湾近代化之父。

以刘铭传名字命名的路名

原安徽省长王三运与中国国民党荣誉主席吴伯雄、铭传大学校长李铨在台湾铭传桃园校区，共同为安徽省赠予该校的刘铭传全身铜像揭幕

刘铭传在台湾期间极力推行新式教育，他为了加强海防，使新政在台湾能顺利实施，培育更多的专门人才，进行了各种尝试。

一是建立西学堂。光绪十三年二月（1887年3月），刘铭传在台北设立一座西学堂。聘请侨居国外多年的中国留学生张尔诚担任学堂总监，通过西学堂培养具有近代科学文化和精通洋务的人才，“择全台聪慧之子弟而教之，课以英法之文，地理、历史、测绘、算术、理化之学……学生皆给官费，每年约用银一万余两”。学堂有严格的学习制度，每日以“巳、午、未、申四时专心西学，早晚则由汉文教习督课国文”。刘铭传对西学堂的创办十分关心，时常到学堂督查监考，检查学生的学习情况。随着西学堂的创办，台湾的教育面貌大为改观，一些书院、书塾渐渐地开始引进西学内容，出现了“文风蒸蒸日盛，原定学额不敷登进之资”的蓬勃景象。

二是创办了番学堂。台湾的高山族，旧称“番”族。刘铭传到台湾前，番情极为复杂，番民与汉人之间争端经常出现，械斗不绝。前人虽采取过一些“抚番”政策，但都穷于应付。刘铭传抚台后，统筹全局，理番主张恩威并施，以抚为主，设立“番学堂”就是“抚番”的重要举措。

同时，他在台期间还办了电报学堂、日学堂等。刘铭传希望通过电报专门人才的培养，使得电报事业自行经理，而不受制于外人，反映了他强烈的主权意识。拟办的日学堂，并不是一般意义上的语言学校，而是有着明确的军事意义。就任台湾巡抚后，刘铭传更进一步认清了日本觊觎台湾的侵略野心，忧患意识更加强烈。其办学目的显然是要培养一批能阅读、研究日本情报资料的人才，为防范日本之患作准备。遗憾的是，随着刘铭传的去职(1891年)，筹建日学堂中止。

刘铭传的抚台主张是在当时已经腐烂透顶的清政府支配下进行的，在其推行过程中，遇到了来自各方面的种种阻力。因此，尽管他很想有一番作为，终因人为的掣肘、攻击，弄得他身疲力竭，不得不于1891年告病辞官返乡。1896年，刘铭传在家病逝，清追封其因太子太保，谥壮肃，准建专祠。

海峡两岸为了纪念这位淮军名将、保全与建设台湾的功臣，台湾诸处以其名命名的有：“铭传大学”、台北市铭传小学、基隆市的“刘铭传路”、并保存了基隆炮台遗址和刘铭传亲自书写题名的多处遗迹。

2011年4月18日至25日，安徽省长王三运率庞大的经贸文化交流访问团到台湾参访，此行主题为“铭传亲缘宝岛行”。

为了纪念刘铭传，肥西县人民政府以他的名字命名所在出生地的乡镇为铭传乡，并于2004年对刘铭传故居进行文物保护，着手规划修缮。故居四周清雅静穆，风景怡人，现仍留有刘铭传亲手栽植的广玉兰。据说，广玉兰是慈禧太后赐给淮军的，后来被刘铭传等淮军将领带

刘铭传故居组图二

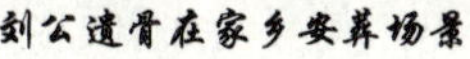
刘公遗骨在家乡安葬场景

回合肥栽种。

2008年10月，刘铭传墓园建设项目在肥西县大潜山下正式启动，墓园高度为146米。2011年4月12日，刘铭传遗骨正式在其家乡墓园安葬。前来参加安葬仪式的台湾中华文化协会会长范光陵说：“刘铭传先生在两岸种下了光辉的种子，使我们台湾人永远想到我们的祖国、想到我们的亲情。”

四十二、廪生统军任总督　更有嗣后四姐妹

张树声公像　张以永绘

张树声（1824—1884），字振轩，合肥西乡聚兴人，廪生出身。清末淮军名将，历任道台、按察使、布政使、巡抚、总督、通商事务大臣等职。

清咸丰初年，合肥境内盗匪蜂起，张树声、张树珊从父张荫谷练乡兵，捍闾里。李文安回籍办团练时，招募为部属。张树声、张树珊兄弟曾率练勇攻巢湖，破巢县太平军营垒；克霍山，两解六安之围。李文安卒，张氏兄弟在周公山下兴办团练。咸丰十年，太平军英王陈玉成来犯，树声在重围中拼死抗御。之后，太平军多次来合肥西山，都遭到此地有力反击，太平天国军李秀成都惧怕三分，“相戒，勿犯三山”。

张树声为组建淮军牵线搭桥，发挥了召集作用。李鸿章组建淮军时，并没有立即返回合肥，而是坐镇安庆，通过派人或通信与合肥各地团练头目进行联络。他首先想到的就是张树声。第一，位于合肥西乡“三山”的几股团练武装，张树声是唯一的廪生出身，以谋见长，以勇著称，在此地几股武装团练中具有一定号召力。第二，张树声兄弟曾是其父李文安返乡办团练时的旧部，情况相对熟悉。淮军组建之初，是他在合肥西山联系了刘铭传、周盛传兄弟参加的，他对淮军组建功不可没。后来，李鸿章还为张荫谷写过墓表。

张树声所部团练编成淮军“树”字营，相随李鸿章东下入沪。泗泾之战，张树声率营当夜增援，击退众寇，战役反败为胜，迫使太平军不战而退。这一退，松江之围自然解除。之后，张树声会同刘铭传“铭”字营，攻克青浦，驻北新泾。太平军围攻北新泾，与“树”字营交战月余，太平军始退。接着，太平军大举合围四江口淮军，张氏兄弟率军攻破太平军20余营垒，遂解四江口之围。

同治元年（1862）冬，驻常熟淮军被福山太平军围困，张氏兄弟奉命

率军渡海抵福山西洋港，计划乘船攻太平军，遇到潮水回退，刚登岸反被太平军团团围住。他率军奋勇应战，冲破层层包围，常熟之围遂解。同治二年（1863），“树”字营奉命进攻无锡，太平军勇将陈坤、李世贤率10万太平军围住大桥角，张树声会同程学启等部连破李世贤部数垒，缴获轮船2艘、炮船10艘、枪械甚多，赐号卓勇巴图鲁，授三品衔。同治三年（1864），无锡之围刚解，李秀成又率数万太平军精锐驰援，连营数十里。“树”字营会同诸淮军夹击，太平军援军被击退，淮军攻占常州、湖州。张树声、张树珊均积功提升，张树声以按察使记名。

同治四年（1865），张树生随曾国藩清剿捻军，奉命援山东，首破捻军于鱼台。曾国藩采取驻剿和追剿并举的战略，围剿捻军，周家口为最要，初为刘铭传部驻守，后改“树”字营部驻守。李鸿章接任剿捻事宜，趁机扩充淮军实力，“树”字营扩充后，辖16个营，由“树”字营正式称为“树”字军。东、西捻军战败后，同治九年（1870）年张树声调补山西按察使、布政使，不久任山西巡抚。李鸿章对他升迁很高兴，在同年七月十九日致瀚章信函中提及此事。“振轩升晋藩，雨亭十七日来函，尚未闻赴。振轩久滞忽迁，行将护院矣。”同治十年（1871）授漕运总督、署江苏巡抚。

同治十一年（1872年），他由江苏巡抚署理两江总督。任内大力治理太湖、兴修水利。根据鸿章给瀚章的信函看，同治十三年（1874）张树声在家闲居。直到光绪五年（1879），授贵州巡抚，旋任两广总督，先后镇压苗民起义。光绪八年（1882）原任直隶总督兼北洋大臣的李鸿章，因为母亲病故，回乡守丧，由张树声代理直隶总督。时值朝鲜内乱，日本出兵企图迫使朝鲜签订不平等条约。张树声迅速调淮军吴长庆部自山东入朝鲜，帮助朝鲜政府平定内乱，迫使日本撤兵。清廷嘉奖张树声太子少保衔，次年还督两广。光绪十年（1884）法军侵略越南，张树声派军入越南抗击法军。但朝廷战和不定，淮军在北宁战败后，张树声自请解除总督职务，专门治军。不久受革职留任处分，仍办理广东防务。十一月病死，谥靖达。

张树声积极推行自强运动，他在《遗折》中写到：“……夫西人立国，自有本末，虽礼乐教化远逊中华，然驯致富强，具有体用。育才于学堂，论政于议院，君民一体，上下一心，务实而戒虚，谋定而后动，此其体也；轮船、大炮、洋枪、水雷、铁路、电线、此其用也。中国遗其体而求其用，无论竭蹶步趋，常不相及，就令铁舰成行，铁路四达，果足恃欤！”他敢于把“育才于学堂，议政于议院”等有关“废科举”“兴民权”等要害问题尖锐地摆到清最高统治者面前，并要其正视现实，改变“数百年不变之法”，以图王朝之兴，以求民族富强，确实胆识过人。

他在家乡与刘铭传合办了肥西书院，捐资修建姥山文峰塔，并题写“势如涌出”碑匾。

清光绪十一年编纂的《续修庐州府志》卷三十四，“宦绩传二”，专门立了“张树声传”一节。

张树珊(1826–1866)，字海柯。张树声二弟，“少读书，通大义，因感世变，习骑射，不复事章句”，舍弃了八股仕途。随兄加入淮军，官至记名提督、广西右江镇总兵，勇号捍勇巴图鲁，一品武职。1866年(同治五年)在湖北尹隆河与捻军打仗战死。赠太子少保、骑都尉兼云骑尉世职，谥勇烈。

咸丰三年(1853)，太平军顺江东下，攻占南京，建为太平天国首都。接着，皖江北伐、西征，安徽全境沸腾。张树珊奉县檄，遵父命，随长兄“大出资，赈贫户，倡率团练”，保家卫邻里，并先后追随同邑李鸿章及其父李文安、李元华出境征战，转战含山、巢县、无为、潜山、太湖等地，以骁勇闻。

咸丰七年(1857)，张树珊兄弟谋曰：“练勇散处可遏小寇不足御大敌，乃筑堡于殷家畈，阻河环山以为险……远近归者万计。于是刘铭传、潘鼎新、周盛波、周盛传及董凤高均相继筑堡坞、峙糗粮、储械，百余里相望不绝。历五六年，耕战守御得相资”，且时而离境用武。九年(1859)以攻克霍山功，升千总。翌年，以解六安之围升守备。十一年(1861)以援寿州、克三河功升都司。

张树声、张树珊、张树屏三兄弟共同率领“树”字营。入沪不久，张树珊即投入了抵挡太平军进攻上海的激烈战斗。为解四江口之围建树殊勋，擢参将，赏悍勇巴图鲁名号。

同治二年(1863)二月进攻福山之战，不几日克福山，擢副将。八月克江阴，擢总兵。十一月克无锡，为记名提督。三年(1864)四月克常州，以先登功，赏正一品封典。十月，张树珊任广西右江镇总兵，仍率淮军“树”字营驻守镇江。

四年(1865)四月，清廷任命曾国藩为剿捻钦差大臣。曾氏抽调张树珊、张树屏统带的淮军“树”字营迁至徐州驻扎。是年冬，将其调往河南周家口驻守。

五年(1866)八月，“树珊以贼骑靡定，株守待贼，终年不一遇，坚请率军追贼。曾国藩乃移驻周家口，而以树珊为游击之师”。九月，张树珊率部追捻至许昌。是时，捻军在许昌分为东、西两部。西捻在张宗禹、张禹爵等统带下进军陕西；东捻由赖文光、任化邦等率领在中原继续战斗。张树珊尾追东捻至鲁西南，旋于是年冬折返周家口。东捻也经由河南进至湖北。其时，曾国藩之剿捻钦差大臣由李鸿章接替。李继承曾氏部署，仍檄令张树珊率部跟踪往追。张追至河南汝宁，捻军走湖北省境；张追至湖北黄冈，复追至枣阳，捻军走黄州、德安。

其时，围堵捻军的湘、淮军统将率众大至，“皆言贼悍且众，不可轻发。树珊斥之，即率所部疾进至德安”，驻杨家河西岸，与扎营东岸之捻军相峙。十二月十一日渡河抢攻，捻军佯败后撤，张树珊恃勇轻进，突破大队捻军横截包围。战“至夜半，马立积尸中不能行，下马斗而死”，年41岁。清廷奖其“忠勇过人”，谥勇烈，照提督阵亡例从优议恤。

张树屏（？ –1891），字建侯，张树声五弟。早年在籍随兄举办团练，并积功为千总。官至记名提督，先后曾任包头、太原、大同镇总兵。

同治元年（1862）正月，李鸿章建淮军于安庆，由张氏三兄弟率领的树字营是淮军的基干之一。

同治元年至三年（1862–1864），树珊至江苏，在守卫松江，攻占苏州、常州战斗中，张树屏以战功累迁至副将。

四年（1865）四月，张树屏随曾国藩剿捻，驻扎周家口，跨沙河东西，夙称繁富，为曾国藩贮存粮饷军火重地。五年（1866）秋，乘张树珊率部北援直隶之机，捻军突至猛扑，势在必得，张树屏扼守营垒，凭坚相拒。适张树珊返，内外夹击，将捻军击走，保住了营盘。

同年十二月，张树珊战死，余部就近归入刘铭传部。其留守周家口之“树”字三营仍由张树屏统带，在原地驻守。

同治七年（1868），张树屏率新军6营分驻山西大宁、吉州、壶口防范回民起义。九年（1870）六月，应山西巡抚李宗羲之请，张树屏募新军六营驻守大宁、吉州、壶口。十二年（1873）兼统水陆各军驻守河津，分防归化（今呼和浩特老城）、包头。光绪二年（1876），以平“流贼”功加头品顶戴。四年（1878），任太原镇总兵。六年（1880），移防包头。九年（1883），调任大同镇总兵。十三年（1887），因病归乡休养，建张新圩闲居。勇号额腾额巴图鲁，一品顶戴。十七年（1891）二月八日病逝家中。

张氏兄弟做官以后，在故乡建有两座庄园，一座为张老圩子，一座为张新圩子。张老圩子，在肥西县聚星乡周公山下，三面环山，相传有九路水脉直通圩子。圩子座北朝南，像三个盘子拼在一起，吊桥向西开，过牌楼是五进正厅，每进十五间，分东、中、西三个大门，内分正大门、客厅、书房。

张氏兄弟八人，在大厅北面建造内室，各房单成一个小院落。北濠外是花园和小姐们住房，一石桥通连圩内。

张家十兄妹合影

张氏后裔中的知名人物多。张树声长子张云瑞，又名华奎，其长子张武龄，一改张家世代从政的传统，变成一名淡薄名利、专情于笔墨纸砚的文弱书生，专心致志创办教育事业。不过，令他骄傲的是，其膝下有六子四女，六子分别是：宗和、寅和、定和、宇和、寰和、宁和，四女分别是：长女元和、次女允和、三女兆和、四女充和。男孩之名都带个“宀”，意指男孩是要留在家里的；女儿之名都带个“儿”字，意指“两条腿”，女儿总是要嫁出去的。但十个子女，个个有出息，尤其四女名声籍甚，个个相貌出众，品学兼佳，各有所长，都有动人的故事，称之为“合肥四姐妹”。

长女元和（1907—2003），精昆曲，著有《昆曲身段试谱》，嫁给表演艺术家顾传玠，是昆曲“传”字辈中第一人。

张元和、顾传玠夫妇

张允和、周有光夫妇

次女允和（1909—2002），曾任教育出版社编辑，家族杂志《水》主编，著有《多情人不老》《张家旧事》《最后闺秀》及诗词等。嫁给了颇有建树的语言学家周有光，周任国家语言文字工作委员会委员，著有《汉字改革概论》《世界文学发展史》和《语文闲谈》等著作。

三女兆和（1910—2003），1932年毕业于中国公学大学部外语系。毕业后任教师，1941年开始发表作品，著有短篇小说集《湖畔》《从文家书》等。后任《人民文学》编辑。嫁给了赫赫有名的大作家沈从文，沈以《边

张兆和、沈从文夫妇

城》《湘行散记》为代表的百余部文学作品享誉文坛，巨著《中国古代服饰研究》被誉为中国社科界百年来最杰出的三大经典学术成果之一。

张充和照片

四女充和1913年出生，毕业于北京大学，精通书法、绘画，发表诗歌、散文、短篇小说多篇，执教于耶鲁大学，嫁给德裔美籍汉学家傅汉思（HansH. Frankei）。她在国外致力于中国书法和昆曲的推广，著有《张充和小楷》。并与丈夫傅汉思共同将唐代孙过庭《书谱》和宋代姜夔《续书谱》合译为英文出版。

说到近代中国知识女性，不得不提到张家四小姐，在文化界的知名度较高。她们个个兰心蕙质、才华横溢，公推张充和为最。

1999年，充和出版了《张家旧事》，她们的一些不为人知的生活琐事引起很多人关注。美籍华人，美国历史学家金安平（Annping Chin），专门写了《合肥四姐妹》，作者以细腻的笔触，揭开历史的帷幕，不仅将张氏旧事娓娓道来，而且对四姐妹的才华与远见卓识、理想与追求重笔描写。金安平还富有创意地提出了一个值得学界关注的“合肥精神”。

四十三、长庆援朝跨疆海 荫及新贵袁世凯

淮军名将吴长庆

吴长庆（1829—1884），字筱轩，庐江县泥河镇沙湖山（原沙溪乡）人。太平军转战安徽时，其父吴廷香乃清朝优贡生、庐江练首。咸丰三年（1853）太平军攻克庐江时，吴廷香战死庐江，清廷谕旨赐恤，赏云骑尉世职。咸丰五年（1855），吴长庆袭云骑尉世职。吴长庆因父殉难，誓与太平军不共戴天。咸丰七年八月，会合诸军攻克太平军要地舒城桃溪镇，击退上派太平军援军，毁太平军30余垒，升守备。十一月，安徽巡抚翁同书令其创办合肥东乡团练，以保合肥。咸丰十一年（1861）李鸿章创建淮军，吴长庆以所部500人组成“庆”字营。同治二年（1863）回籍募勇与李秀成部交战，守庐江，后率新募五营赴沪、浙，克枫泾、嘉兴等地，“叠克名城，嘉兴之役，战绩尤多”，以总兵记名。

平捻时，吴长庆率马步队11营转战鲁、冀、豫诸省歼剿捻军。同治五年四月，捻军张宗禹部转战至宿迁埠子镇一带，吴长庆与总兵王占魁、况文榜各率所部夜袭捻军营垒，斩获捻军70余名。五月一日黎明，复由旧河堤内外分路夹击，毙捻军甚众。同治六年四月十一日，东捻军转战至应山县境，伏击清总兵杨鼎勋部，吴长庆率队往援，殊死战斗，将东捻军击退。同治七年五月四日，西捻军突破运河之守，转战阳信等地，向南转移。吴长庆飞赴吴桥拦截，狂杀捻众，致使西捻军遭受巨大损失。东、西捻军剪除净尽后，清廷赏吴长庆穿黄马褂，授瑚敦巴图鲁名号，正一品封典。吴长庆率所部防守徐州。同治九年（1870）吴长庆奉命率部移驻扬州。因母亲病逝，告假归里守丧。曾国藩奏准诏谕，照军营惯例，穿孝服百日，戴孝管理营务，吴长庆遵诏而从。光绪元年（1875），任直隶正定镇总兵。光绪六年（1880）授浙江提督，旋调任广东水师提督。十月，受命帮办山东海防并节制全省防军，率所部驻登州。

光绪八年（1882），朝鲜内乱（史称“壬午兵变”），禁军犯王宫，杀大臣，王妃失踪，烧日本使馆。日本国早有侵略朝鲜之图谋，于是便借机出动七艘军舰，分兵屯汉城南门外，要朝鲜政府交出乱兵首领、索赔偿，“势张甚”。朝鲜国王求援，清政府遂派吴长庆率部东渡，以轮船济师直抵汉城。吴长庆

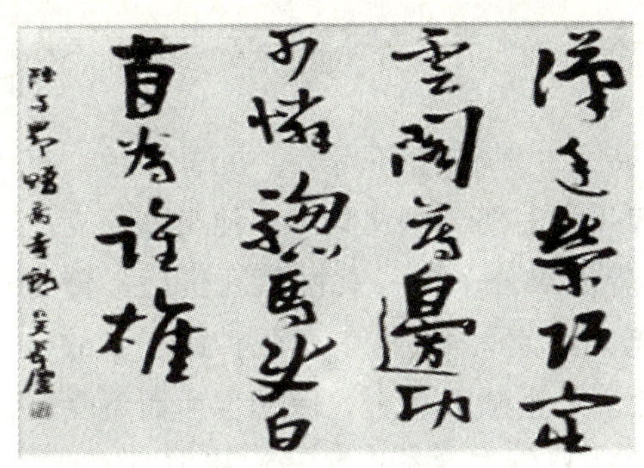

吴长庆的书法作品

命所部据险为营，自率大队进入汉城，计擒乱首押送中国，击散乱党，迎复王妃，迅速平息叛乱，粉碎了日本的侵略阴谋。平息朝鲜内乱后，吴长庆奉旨留镇汉城，帮助朝鲜建立军队，巩固和加强防御，“修治道途，救灾恤民，以示恩信”，深受朝鲜人民的爱戴。

吴长庆治军严明，与士卒“患难乐与相从”，且“不私货财，洁己爱兵”，他所率领的部队极有凝聚力和战斗力。不仅如此，军务之外，他还带领军队帮驻地人民兴修水利，发展农业，在扬州疏盐河，江浦治黑水、玉带河等。他虽一生戎马，转战南北，但他始终不忘故里，曾数次出资置办庐江文庙孔乐器，建万仞宫墙，置义庄济危扶贫，捐修庐城（东门）捧檄桥和（西门）绣溪桥。与此同时，他还捐田两千亩，兴办三乐堂书院，后又捐银数千两，在南京购置房产百余间，创设庐江试馆，免费为当时巢湖周边一带的考生，参加清廷三年一次的南闱乡试提供复习、住宿场所。

吴长庆后因“劳身焦思，亦遂浸痼疾”，于光绪十年（1884）患病，奉命回国，当年 7 月 13 日病逝于金州（今辽宁省金县），终年 55 岁。吴长庆病逝后，光绪皇帝“诏优恤，谥武壮”，“该战功事绩宣付史馆立传，加恩予谥，准予立功地建专祠”。是年，柩归故里，清政府为其举行了隆重的葬礼并拨银两兴建专祠，名“武壮公祠”。

援朝平乱之役，使吴长庆好友嗣子袁世凯横空出世，成为一个影响中国近代史的重要人物。

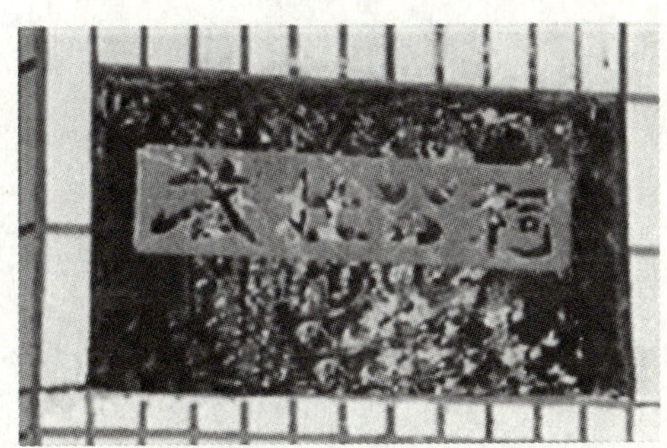

武壮公祠

吴长庆病逝，袁世凯无比悲痛，二次致二弟函：父亲大人去世后，吴大叔情谊甚厚，不能忘记也。

吴长庆长子吴保初善书法，是清末诗人。其诗襟怀高旷，沉思渊旨，有王安石之风，熔铸古今，不拘一体，著有《北山楼诗词文集》。他与陈三立、谭嗣同、丁惠康赞同维新，时人称为“清末四公子”。袁世凯新贵后，曾力邀吴保初赴京任职，均遭谢绝。吴保初赠诗给袁，写道：“君王神武丁多故，好建奇功答圣朝”。但袁不肯采纳。因此，袁虽赠以重金，保初也斥而不受。可见其志向之高洁，足显吴氏之家风。他在其所作《答周彦升》诗中曰：

局促莫如鸟被囚，横流无计释幽忧。
丈夫饿死寻常事，何必千金卖自由。

四十四、琴帅鼎新功勋殊　镇南蒙冤巴图鲁

潘鼎新（1828—1888），字琴轩，庐江县广寒乡人，后迁居肥西三河。父亲潘璞是塾师，家庭贫寒。他自幼从父就读，学习刻苦，喜爱兵书。为了求得功名，曾与同学刘秉璋担着行李，步行至京都，拜谒老乡侍御李文安。后经李文安介绍，入大兴学中。道光二十九年（1849 年）中举人。次年，礼部选拔人才，潘鼎新参加春闱会试被录取，咨送国史馆承修大臣传。

清咸丰七年（1857 年），太平军转战安徽，合肥形势危急。潘鼎新投效安徽清军，从此走上军旅生涯。因攻克霍山有功，升同知。咸丰十一年，父亲潘璞率团练与太平军在庐江县城东门外交战时被俘。太平军在三河镇将潘璞处死，潘鼎新闻讯，嚎啕大哭，立誓要为父报仇，主动要求率乡团攻占三河镇，负其父尸骸而归。当淮军组建时，潘鼎新率部成为淮军“鼎”字营。

鼎字营作为淮军的主力之一，随李鸿章在江、浙一带围剿太平军，连克奉贤、川沙等地，潘鼎新累功升知府。继克金山卫、虹桥，肃清浦东太平军，积功擢为道员，赏戴花翎，统领浦东防军。经数十次战斗，攻必克、战必胜，战功赫然。同治二年（1863 年），太平军围攻常熟，急调潘鼎新前往救援。在进攻福山镇时，飞弹从其头顶掠过，仍矗立不动。血战旬余，终取其城。在潘鼎新强烈进攻下，太平军撤常熟之围而去。战后叙功，旨授江苏常镇通海道，加按察使衔，以父丧未除，改署任。潘鼎新又被调往浙江围剿太平军，历经数战，攻陷多城，直指嘉兴府城。同治三年（1864 年），在进攻湖州时，潘鼎新见攻两昼夜不下，即亲临前线指挥，弹丸过肋下，衣被洞穿，仍坚持战斗。置于阵前的硝药被太平军击中，火焰燃烧及胸，潘鼎新覆身以扑，将火熄灭，始免爆炸。在潘鼎新的强攻下，终于攻克湖州。潘鼎新在围剿浙江太平军中，进行大小战斗数十次，“战功赫然”，先后加布政使，赐号敢勇巴图鲁，赏穿黄马褂。

太平军既灭，捻军复炽，僧格林沁战殁曹州，畿辅震惊，急诏劲旅入卫。潘鼎新主动请缨，愿提所部 5000 人北上，保卫京都。李鸿章大喜，保奏其行。“鼎”军抵天津，同治帝颁诏嘉奖，升山东按察使，并令移驻济宁。在与东捻军对上阵时，潘鼎新军凭借先进的洋枪、洋炮，以及恰当的战术，战功卓著。清廷诏赏潘鼎新云骑尉世职。不久随左宗棠镇压回族起义军，事毕，潘鼎新请开山东布政使缺，告假归家葬父。同治十三年（1874 年），授云南布政使。

光绪二年（1876 年），升云南巡抚。光绪三年（1877 年），因与总督刘

长佑不睦，乞病假而归。光绪五年（1879 年），因俄罗斯启衅，边防形势吃紧，光绪帝召见潘鼎新，“尔办事向来忠勇，朝廷久已知之”，令其赴天津随李鸿章整军备战，束装待命。光绪七年（1881 年），中俄条约议成，边防事平，潘鼎新乞假归里养病。

潘鼎新虽一介书生，却勇武过人，枪林弹雨，毫不惧色，战功赫赫。在中法战争中，虽取得镇南关大捷，他却受革职处分。

19 世纪 80 年代，法军侵占越南，并窥伺中国西南腹地。光绪九年（1883）九月，法军挑起了中法战争。光绪十年（1884 年）二月，侵越法军出动两个旅团约六七千人的兵力，突破了援越桂军坚守的北圻重镇北宁，又攻占谅江等城。在此情况下，淮军宿将潘鼎新临危受命，从湖南巡抚调任广西巡抚，督办广西关外军事，以阻止法军向内地深入。潘鼎新到任后，即调兵遣将、积极备战。六月二十五日，潘鼎新率军反击法军，重创法军于观音桥。随后进驻谅山，扎兵于屯梅、谷松、坚牢等要隘，与法军连战于船头、祇社，打乱了法军的部署，迫使法军将战力重心从中国东南沿海转移回越南北圻。光绪十一年（1885年）二月二十三日，法军进犯文渊州，守将杨玉科力战牺牲，清军纷纷后撤，法军乘势侵占广西门户镇南关，炸毁关门，直逼中国边界。潘鼎新率骑夺关，伤肘坠马，救起后，继续指挥战斗，将镇南关夺回。老将冯子材料定镇南关外二里多远的东岭是敌军进犯的必由之路，根据其地形，便连夜构筑一道长三里、高七尺、宽四尺的土石长墙，并在紧要处建堡垒，布置兵力，积极备战。果然不出所料，清光绪十一年（1885）三月，法军又从北宁调来 3000 兵力，集于谅山，欲攻龙州。潘鼎新会诸将，决定先发制敌，令冯子材、王孝琪袭击文渊；蒋宗汉、陈嘉设伏，苏元春为后援；采用诱敌深入，截击法军。冯子材、王孝琪率军自山后攀崖越险，三月七日，法军分三路再攻镇南关，潘鼎新挥军迎战，激战两昼夜，法军狼狈败溃，尸横遍野，辎重全弃。潘鼎新麾军奋起追击，连克文渊、巴平、谅山、观音桥、屯梅、谷松等地，这就是著名的“镇南关大捷”。但张之洞在上奏时，“冯子材料法必于初七日一礼拜一出兵，决计先发制敌，群议多不欲战，潘鼎新以士气未复止之”。冤枉广西巡抚潘鼎新畏葸怯敌，远离前线，退进海村的罪名，潘因此被革职处分。始终参与镇南大捷战役的潘鼎新，却怎么成了“止之”呢？

镇南关大捷是出于冯子材的军事杰作，在肯定冯的前提下，主帅潘鼎新是发挥了应有作用的。一是潘鼎新给予冯子材率领萃、勤两军作战的自主权。二是广西边军的主力及时调回关前隘后路，随时准备援应关前隘，这是取得镇南大捷的关键部署。“冯言于潘抚，召苏元春回中路。”这是一次涉及近二万大军的大规模战术转移，没有主帅潘鼎新的同意是不可能取得这次胜利的。三是及时整军增饷，恢复和提高士气。二月初二日，冯子材电告张之洞：初一日，潘鼎新亲临关前隘视察防务，“琴帅到王镇勤营，并亲到长墙营垒踏看，材往晤谈，商及进取，琴帅云：士气未复。琴帅即回”。既然潘鼎新曾经亲自到关前隘视察防务，则《克复谅山大捷》所谓潘鼎新在此期间退驻海村就是谎言；张之洞奏折中“潘鼎新以士气未复止之”，又是从何而来呢？四是部署进援关前隘前敌。二月初五日，冯子材率军夜袭文渊法军，对此，潘鼎新持支持态度，部署各军进援关前隘。他奏称：“臣即飞商苏元春、冯子材、王德榜整齐队伍，约期先发，熟筹分攻合应，使彼首尾不能相顾。遂定期初五夜冯子材率萃字中、左、右三军出南关袭取文渊，王德榜率楚军从油隘出击，王孝祺勤字营援应，苏元春亲督毅新、镇南各营助剿。”关于关前隘之战，苏元春持有《法攻关前隘我军战胜大捷六图总说》及各图说明。曰：“潘巡抚、苏提督出队往授关前隘。”在总说中提到：苏元春是在二月初七日下午督队赶到关前隘，参与收复东岭失落敌手的三垒。初八日清晨，“潘巡抚亦率亲军各营来援”。这些资料，都说明潘鼎新始终在战场一线。

综上所述，可见潘鼎新在冯子材的影响下，曾参与支持、组织和指挥取得镇南关大捷，是抗法有功之臣。所以，苏元春在上述阵图总结大捷的原因时，指出也有潘鼎新的功劳在内：“然非张（之洞）总督通筹全局，顾念兼圻，多拨劲军，宽筹饷械。潘巡抚竭力行间，支持危局，亦未能奏功若此之速也。”

本来是抗法有功之臣，却被革职，潘鼎新交卸帅印时，作悲歌道：“兄弟一军归故里，河山百战送蛮野。”潘鼎新无奈中回乡寓居。光绪十四年，潘鼎新病死。九月十二日，李鸿章上奏《潘鼎新请祀昭忠词折》：“疏陈前功，乞恩复原官。”重申潘鼎新参予取得镇南关大捷的功劳：“谅山失陷之时，朝廷鉴其危苦，有戴罪图功之温谕，有各军悉归调遣之严旨。该故抚乃能仰奉天威，部勒众将，规复故地，誓死为期，遂于二月初间，迭有镇南关连日之大捷。该故护亲自督师出关追剿，再战再胜，又于二月十三日克复谅山，乘胜进扎观音桥，攻取谷松，方拟进攻船头各处，旋于途次接奉革职之命，既解兵柄，然后折回。”清廷准奏，赏还潘鼎新原衔。

潘鼎新自幼好读兵书，并结合实际创新战法。同治元年（1862）淮军抵上海后，李鸿章目睹洋枪洋炮和西方近代战术的威力，令各营雇觅洋人教练使用洋炮洋枪之法。潘鼎新即与“常胜军”配合作战，对洋人火器用法颇为研究。在理论与实践的基础上，创制适应当时装备了洋枪、洋炮的淮军部队作战需要的15种“枪阵”（即作战队形）。同治五年（1866），潘鼎新在济宁一带设防时，将15种“枪阵”草成图说，并于两年后即1868年正式刊刻印为《洋枪队大操图说》一书。

这本书，前有序言三篇，序一为陈锦作。序二为郭怀仁作，载有潘鼎新谈练兵与战阵之关系。序三为朱朗然所撰，序曰：“及观潘方伯所制阵图，凡十五幅，其为说苦心分明，犹未易究宣底蕴，然后知阵图之难，非治军久而应敌多者，无泄兵家之秘也……”

潘鼎新《洋枪队大操图说》共介绍“枪阵”图15种。分别是：转移阵图、四叠阵图、六花阵图、回旋阵图、五方阵图、撒星阵图、八字阵图、大方城阵图、梅花阵图、八卦阵图、浮梁阵图、双龙阵图、小方阵图、工字阵图、四锐阵图。《洋枪队大操图说》是以淮军装备精良的洋枪部队为背景，结合古代经典兵书战册，以整个阵形攻、守、进、退中充满的奇妙变化，充分发挥冷、热兵器作用，做到相互掩护、相互配合，有效发挥各自作用，体现增强火力密度、减少伤亡的战术。按照潘鼎新自己的说法，以求达到“非能为必胜也，求为不可败而已”。

四十五、盛字军勇唱军纪　湖南提督周兄弟

周盛波（1830—1888）、周盛传（1833—1885）系亲兄弟，合肥西乡（今肥西县农兴乡）人。父亲周方严，母丁氏，兄弟六人，老大盛余，老二盛选，老三盛华，老四盛波，老五盛传，老六盛春。周家原居住在本县大柏店，有田产数十亩，半耕半读，乡邻和睦，生活安逸。但当地的“地头蛇”胡松，对周家的私庄独院、肥沃田地，早想霸占。时值太平军兴起，胡乘地方大乱，无端寻衅，对周家进行围攻。周家兄弟拼死抵抗，由于寡不敌众，逃至紫蓬山下过着流亡生活。周氏户长周方策家有财产，但胆小怕事，就鼓动周氏兄弟老三盛华领头办团练，粮饷和兵器由他想办法筹措。兄弟们在有家不能归的情况下，集百余人，在紫蓬山一带开始办起了团练，老三盛华为团首。咸丰三年（1853年），“以少击众，屡歼悍贼，保全其乡，著名义勇”。咸丰五年（1855年）二月十一日，兄盛华患眼疾在家，守大营者只有12人，周盛波、盛传领兵外出打仗。“地头蛇”胡松当了驻扎在肥西太平军头目马千禄的密探，他打探到这个消息后，立即报告了马千禄，马带主力赶到紫蓬山下，周盛华率12人激战，全部战死，家人也遭到杀害。周盛波妻子李氏被杀。太平军血洗周家的血海深仇，激起了周氏兄弟与太平军血战到底的决心。周盛波骁勇善战，遂推为团练之首。周盛传足智多谋，文武兼备，辅佐周盛波，以练丁二千随兄迎敌，相持数年。

同治元年（1862年）初，周盛波兄弟率部组成“盛字营”投效淮军。周盛波积功至诰封建威将军、甘肃甘凉镇总兵、湖南提督，赐卓勇巴图鲁及法福龄阿巴图鲁名号，赏戴花翎，赏穿黄马褂。原籍及立功省份地方建立专祠，国史馆立传。

周盛传积功至诰封广西右江镇总兵、调直隶天津镇总兵，升授湖南提督，赏戴花翎，赏穿黄马褂，赐勋勇巴图鲁及拉理巴图鲁名号。一品封顶，诰授建威将军，光禄大夫。原籍及立功省份地方建立专祠，国史馆立传。著作有《磨盾纪实》和《周武壮士遗书》。

“盛字营”刚刚驻进上海时，衣衫不整，布帕包头，当地防勇和外国军队都瞧不起他们。“盛字营”一首军歌，唱出严格的军纪和旺盛的士气。

《盛军勇歌》

三军听我苦口说，教你当勇十妙诀。
第一莫结哥老会，哥老会是斩头罪；
三个成群五结党，是你自家投法网。
第二切莫闹粮饷，军令森严莫乱闯；
筹饷本来非容易，稍有迟发莫作声。
第三切莫出怨言，我带兵勇已数年；
未冷为你制寒衣，有病捐资替你医。
第四切莫混出营，无事不准四乡行；
奸淫掳掠罪极大，人调你妻依不依？
第五切莫吸洋烟，吃上瘾来祸患连；
两眼泪痕双鼻涕，皮黄骨瘦真晦气。
第六切莫贪嫖赌，嫖赌之人终吃苦；
好嫖必害杨梅疮，久赌神仙也是输。
第七技艺要勤操，操了矛杆又操刀；
洋枪磨得明晃晃，免得临事上阵慌。
第八同伴要和好，些需小事莫争吵；
你肯让来我肯让，大家同心好打仗。
第九买货要公平，不可恃众欺商民；
商民将本来求利，为何要受你的欺？
第十你要学礼貌，遇见官府需避道；
在营早晚站个班，朔望官棚请个安。

在与太平军交战中，“盛字营”大战四江口，助诸军力战解围。七月攻占青浦，八月破贼於北新泾，九月攻克嘉定，同治二年（1863年）三月克太仓，驻双凤桥镇，进攻昆山，太平军集4万兵马驰援，周盛波、周盛传率部与其激战3昼夜，且攻且守，挫败太平军，遂克昆山城。五月，进攻大河镇、无锡、万水桥，破太平军营垒百余座，周盛波积功升为副将。八月遂克江阴，十一月克无锡。周盛波、周盛传均升为总兵。同治三年（1864年）四月克常州，移防溧阳。七月收复广德，追剿太平军。周盛波被擢名提督，赏从一品封典。同治四年（1865年），周盛波、周盛传兄弟随曾国藩督师围剿捻军，从广德调赴徐州，昼夜急驰，沿途且战且进，越宿州、迁蒙城，直捣雉河集。诸军并进，分路夹击，所向无前，立解雉河集之围。同治五年（1866年）二月，进剿山东，拔菏泽游庄寨、破方埠。同治六年（1867年）二月驻防于宿州。三月入鄂，四月追剿捻军于信阳，擒拿捻军头目汪老魁等。五月入豫，七月击败赖文光敌，东捻遂平。同治七年（1868年）五月，大破毛家庄，袭击于杨丁庄。六月，遂会各军灭捻，西捻平。周盛波奖至记名提督，补授甘肃凉州镇总兵。赏穿黄马褂子，授福龄阿巴图鲁勇号。

周盛传

光绪十年（1884 年），法国侵略者入侵台湾，李鸿章令周盛波回两淮招募新军 5000 人，至天津防备，驻青马厂。周盛波、周盛传对防事协力同心，亲临勘察海口形势，奏请修建塘沽炮台扩建城池，历时一年半多时间竣工。炮台森严壁垒，凝聚了盛军抵御外侮的决心。盛军驻津期间，还大兴水利，实行屯垦戍边。周盛波、周盛传见天津东南纵横百余里，沼地可利用，便调盛军开垦，自靳官屯至大沽海口，沿海两岸，各开支河一条，一为盐水河，一为淡水河，横渠 6 条，成稻田 6 万余亩，历时 4 年竣工。他们使天津人民吃上淡水，部队供给得到补充，盐水制盐，利军利民，为兴农业、治水利建下了不朽的功勋，深受天津人民赞誉。光绪十一年（1885 年）四月，丁母忧，周盛波奏请回家治丧，未准。而准其弟周盛传到家乡亲事母孝，周盛传因哀伤过度于光绪十一年（1885 年）猝死，诰封武壮，建周武壮公祠。周盛传死后，所遗湖南提督由周盛波代署，仍留天津镇守，并统领北洋海防前敌各军。光绪十四年（1888 年）十月，周盛波猝死军中，终年 59 岁。

四十六、浙江巡抚刘秉璋　镇海抗法英名扬

淮军名将刘秉璋

刘秉璋（1826—1905），谱名刘景贤，字希之，号仲良。庐江县矾山镇人。淮军名将、四川总督。

刘秉璋少年时，就学于潘鼎新的父亲潘璞，与潘鼎新为“总角之交”。道光二十五年（1845年），刘秉璋和潘鼎新二人胸怀大志，结伴同行，去京师求学。于咸丰元年（1851年）中举人。咸丰十年（1860）中进士，选为庶吉士，授编修。后入负责办理皖南军务钦差大臣张芾军幕，常为其筹划进剿之策，深得曾国藩、李鸿章赞赏。

同治元年（1862年），李鸿章创建淮军，奏调刘秉璋以编修随军，刘秉璋遂赴上海。同治二年（1863年），太平军攻占福山，进围常熟，形势危急，刘秉璋会同潘鼎新、刘铭传诸军进攻福山，以救常熟。不久太平军攻占浙西各郡，危及江苏，李鸿章知刘秉璋“材可大用”，急令刘秉璋自募一军，称“良字营”，进围嘉善。太平军在水陆要冲的枫泾、西塘筑石为垒，遣数万人防守，构成严密防御阵势。刘秉璋督军五千，以吴长庆、况文榜、王占魁为将，逼垒而营。先集中兵力攻破西塘，而后乘势前进，攻占枫泾，并击败从嘉兴、平湖、乍浦等地前来的数万太平军援兵。以功擢升侍讲。同治三年（1864年）七月，刘秉璋会同程学启进攻嘉兴，尽毁城外太平军营垒。他登城肉搏，昼夜仰攻，掷火于城中火药库，将城攻破，杀死荣王廖发寿、挺王刘德功，清廷降旨赏戴花翎。继而进攻湖州，攻占吴溇、南泽，连战皆捷，将浙西太平军肃清。积功赏振勇巴图鲁名号。同年十月，补右春坊右庶子，旋转正庶子。

李鸿章扩充淮军同创立淮军时一样，并没有遵循湘军“选士人，领山农”的建军规则，而是以武装团练、太平军降众和旧有防军为主要吸收对象。这种作法，刘秉璋曾为此发过一通“愤激之论”。据他的儿子回忆说：同治三

年（1864 年），李鹤章因统领淮军未能大得志，致书先文庄公（刘秉璋），发了一番牢骚。先文庄公以书戏之曰：带兵最合法有十等，一为粤捻匪投诚，次为土匪投诚，三为光棍地痞，四为行伍，五为不识文字，六为秀才，七为五贡，八为举人，九为进士，十为翰林。公本为六等，何必羡慕九十等那？云云。先文庄公之言，实属愤激之论。

这一议论，显然是针对李鸿章轻视门第身世的做法而发的。他是淮军将领中除李鸿章之外唯一的进士。李鸿章称誉他“沈毅明决，器识宏深”，与之“为道义交十有余年，深知结实可靠”。李、刘之间虽有师生之谊，但对许多问题的看法却“殊不能相惬”，曾国藩、左宗棠乘机插手，“时露招致之意”。

同治四年（1865 年）四月，曾国藩奉命督师北上剿捻，奏调刘秉璋襄办军务，兼为游击之师。授江苏按察使，统军驻徐州。时捻军易步为骑，一日奔驰数百里，飘忽无定，难以剿捕。曾国藩、李鸿章主张将捻军驱之一隅，聚而歼之。众认为此法不切实际，唯刘秉璋“独深赞之”。五月，捻军进攻洋河集，径趋运河。刘秉璋遣吴长庆、王占魁夜袭其营，循旧堤追击，捻军大败。七月，捻军首领任柱、赖文光与张宗禹会合于河南石固镇，将攻山东。刘秉璋率军追至禹城寨，以马队进击，又大破捻军。捻军为摆脱困境，免遭全歼，分为东西两部。曾国藩将进剿西捻之任，委于总兵刘松山，命刘秉璋与提督杨鼎勋等军于豫西，以围东捻。十二月，东捻军转战入湖北，刘秉璋率军追击，败东捻军于德安。同治六年（1867 年）二月，功授山西布政使，因剿捻在急，未能到任。李鸿章奉旨代曾国藩督师，采取“围制”之策，扼守运河，驱东捻军于海隅，进行聚歼。刘秉璋得令，即率部屯驻运西，会鲁、豫、皖 3 省兵，并为合剿。同治七年（1868 年）七月，东捻军“竟扑潍河”。刘秉璋建言于李鸿章，仍宜坚持守河初议，使得李鸿章坚持河防之策的决心，卒致奏效见功。捻军首领任柱、赖文光相继战死、被俘，西捻和东捻遂灭。之后，刘秉璋以父亲年高多病，请假养亲。

十一年（1872 年），刘秉璋上任江西布政使。“其治官事以综核见长”，“廉能甚著”。光绪元年（1875 年），升江西巡抚。未几，复以母年迈疏终养，“温诏慰留”。光绪四年（1878 年），“再表陈情，得旨俞允”，以乞终养老母辞职回家农桑。关于刘秉璋解甲归田一事，李鸿章曾于光绪二年（1876 年）写信给瀚章专门谈及自己的态度：“仲良早晚到津，当以尊言转商，枢垣必亦挽留。兄他日即再续陈，未必邀准，但应陈与否听尊裁，或相机为之。”

光绪八年（1882年）授浙江巡抚，上任时正值中法战争爆发。为加强战备，防止法军入侵，刘秉璋首先勘察海防详细情况。他意识到镇海位于东海之滨，是甬江出海口，素有“海天雄镇”“浙东门户”之称，自古以来为兵家必争之地，遂着手筹办浙江海防。

为此，他重新部署兵力，在镇海以欧阳利见六营驻守南岸，杨岐珍新募四营守北岸，钱玉兴二营扎宁波为镇海后路策应，统归欧阳利见调度，形成了重点扼守招宝山和金鸡山、封锁口门之势。

经过浙防将士们的筹划、实施，这里形成了一个以陆营为基础、炮台为主体、南洋水师舰艇作支援、民团群众协助的堵口防御作战体系。

光绪十一年（1885）三月，法军侵犯东南沿海时，法舰突入蛟门，“闻二法船入游山港，宜装齐子药，对照彼船，俟彼再近，炮百齐发，稍错又恐落后”。刘秉璋命守备发巨炮，击伤法船两艘，法舰败逃金塘山。时隔二天，法舰又来侵犯，进犯虎蹲山北，攻我招宝山炮台。守备吴杰英勇督战，一炮击中法艇的烟筒，再炮中其船桅，横木下坠，火炮击中要舰，法舰仓惶驰逃，不敢再犯。

在战争的关键时刻，刘秉璋对家人说：“万一战场失利，吾得对国尽忠，夫人要尽节，三个儿子（指老大刘体乾、老二刘体仁、老三刘体信）要尽孝，小四、小五尚小，送给李鸿章了。”此言一出，军中将士无不铁心报国。

法军果然贼心不死，后以小轮窜犯宝山口。刘秉璋说，“如敌登岸，候炮子能及，以群子轰之，击退重赏，溃退正法。”命守将选勇突起击之，法军伤亡惨重。镇海之役，计击沉法舰一艘，重创三艘，火轮、小船多只，给侵略者以沉重的打击，最终战胜法军。法军舰队司令孤拔受重伤，不久死在澎湖列岛。刘秉璋率领浙江军民英勇抗法，取得了“镇海之役”的伟大胜利。

中法镇海之役，是中国近代史上完全依靠地方的财力和兵力，坚持长达103天的战斗，抗击了装备优良的法国远东舰队的多次进攻和封锁，并取得了战役的胜利，它与刘铭传指挥的抗法保台和潘鼎新、冯子材指挥的镇南关大捷，共同谱写了中国人民取得中法战争胜利的壮丽篇章。

光绪十二年（1886年），刘秉璋升任四川总督。他督蜀十年，勤政廉洁，爱民亲民，用竹笼古法维修都江堰水利工程，造福百姓。由于“成都教案”时，他维护民族利益，被清廷罢职。他在离川时，“绅民罗拜车前，拥塞不通者四十余里”。

刘秉璋归里，居家十载。无他嗜好，惟喜读书，至老而不倦。其藏书甚富，以“远碧楼”为藏书之所。刘秉璋在无为的故居，当时称“刘家公馆”，又称“东留”。自作书房楹联一副：

垂老书犹深夜读，得闲花种满园香。

他一生淡泊名利，却十分重视教育，为家乡捐建了三乐堂书院、南京庐江试馆，培养了一大批有用之材。因重视文教事业，刘秉璋还在庐阳书院、敬敷书院、崇文书院设立助学资金等。

刘秉璋于光绪三十一年（1905 年）七月二十三日去世。清廷追谥“文庄”。刘妻程氏，封一品夫人，侧室黄氏生五子，赠一品夫人。

刘秉璋著有《刘文庄公奏议》《刘文庄公遗书》《澹园琐录》存世。刘氏子孙皆重视文化教育，有以官宦著称，有以儒商名世，有以学问见长。刘家第二代五兄弟，子承父志，曾风云过一时。老大刘体乾，在袁世凯当政时官至四川省省长（宣慰使），所谓两代人先后督蜀，一时传为美谈；老二刘体仁是举人，原在京城为官，因不愿与袁世凯合作，弃官回家；老三刘体信（声木）成为著名的学者、藏书家。在五兄弟中，最负盛名是刘体智（即老四晦之）。文物收藏堪称海内一流，尤其是龟甲骨片和青铜器的收藏属世间罕比。1936 年，刘晦之知郭沫若博学多才，就将自己历年所收集的龟甲骨片，请人拓出文字，集为《书契丛编》，分装成 20 册，托人亲手交给郭沫若，供其研究、著书。郭沫若见后叹为观止，据此，郭沫若著成了甲骨学上具有重要意义的巨著《殷契粹编》。在书的序言里，郭沫若对刘体智表示衷心感谢：“如此高谊，世所罕遘。”

四十七、聂公当年激扬处　多少青松配雨寒

聂士成（1836—1900），字功亭，合肥北乡（今岗集乡聂祠堂）人，淮军名将。

聂士成幼年丧父，家境贫寒，与母亲相依为命。自小好行侠仗义，曾有一姓夏商贩被匪徒追杀，跑到聂士成家中，聂母设法将其藏匿，幸免于难。不久，夏弃商从军，入湘军当兵。咸丰九年（1859）夏升任哨官驻临淮关，写信邀聂一同从军，从此，聂士成投身军旅，开始了四十年的戎马生涯。

同治元年（1862年），聂士成由武童生投效庐州军营，同治二年（1863）改入李鸿章淮军之刘铭传部，先后参与镇压太平军和捻军，累升记名提督，赏力勇巴图鲁勇号，成为淮军后起之秀的杰出人物之一，与王孝祺、章高元并称“淮军后起三名将”。

光绪八年（1882年），聂士成因随铭军刘盛休部办理直隶河工出力受褒奖。光绪九年（1883年），中法战争爆发，次年十月，法军攻占台湾基隆。督办台湾军务大臣刘铭传求援，光绪十一年（1885年），他主动请战援台，率官兵850人，由山海关乘英国轮船“威利”号，在台湾卑南登陆，参与刘铭传部抗法作战。中法战争结束后，因功以海疆总兵交军机处记名简放。同年还北洋，统领庆军驻扎旅顺，参与修建旅顺要塞工程。光绪十七年（1891年），海军大阅礼成，上谕赏给头品顶戴；不久，他奉命镇压热河朝阳金丹道起义，率军攻克贝子府，擒斩首领杨悦春，赏黄马褂。

聂士成

1892年，补授太原镇总兵，仍驻芦台，统领芦台淮练诸军。1893年，因见日本、沙俄窥伺东北、朝鲜，他主动请求踏勘东三省边陲地形，测绘山川险要，带领天津武备学堂学生冯国璋、张祖佑等数人，沿黑龙江乌苏里江一线中俄边境勘察，冒零下三四十度的严寒，卧风雪，历时半

载，经由朝鲜北部咸镜道入朝，沿朝鲜东海岸走遍元山海口，直至汉城折返经平壤回国，行程二三万余里。此行所见所闻以日记图表形式汇成《东游纪程》一书，呈送朝廷，为巩固国防献策，成为当时很有价值的军事地理文献。

清军将领聂士成在天津抗击八国联军英勇战斗，于1900年7月在八里台之战中壮烈殉国。

1894年6月，朝鲜爆发东学党起义，聂士成奉命随同直隶提督叶志超统兵2000人赴朝鲜平乱，驻牙山。7月，日军在牙山口外丰岛海面偷袭，击沉中国运兵船“高升号”，同时从汉城出动陆军进攻牙山。聂士成根据敌众我寡、地形不利防守的情况，建议叶志超主动将部队撤至成欢，利用有利地形伏击日军，给日军以重大杀伤。但因寡不敌众，引军撤至公州。此后，中日正式宣战，他率部绕过汉城，取道忠州、金化，艰苦跋涉一个月，与入朝参战的平壤大军会合。平壤战役前夕，聂士成请求回国募兵，行至安州时得知平壤失陷。聂士成随军撤回国内，参加鸭绿江江防虎耳山战斗。日军突破鸭绿江防线之后，聂士成扼守辽阳摩天岭。他利用山高路险，设疑疲敌，雪夜奇袭连山关，继击分水岭，阵毙日中佐富冈山造，杀敌甚众，以战功显著晋升直隶提督。

甲午战争后，还驻芦台，以自己的“功”字十营为骨干，奉命从驻防淮军内，选练马步队32营，编为武毅军，仿照德国营制操法，编订《淮军武毅各军课程》作为训练教材，创办开平武备学堂，用近代军事知识教育军官，训练士兵，收效显著。

光绪二十二年（1896年）、光绪二十五年（1899年），聂士成两次展觐入朝，蒙恩赏紫禁城骑马，颁赐珍物。光绪二十四年冬，聂士成奉命总统直隶淮练各军，二十五年二月奉上谕：聂士成训练武毅军公忠笃实，办事认真，著交部从优议叙。清政府开始收归军权，改聂士成所统30营武毅军为武卫前军，成为京畿清军精锐主力之一。

光绪二十六年(1900年），八国联军入侵中国，从大沽口登陆，向北京的门户天津发起了攻击。聂士成率领部队驻守在天津城外，他对直隶总督裕禄说：“士成在一日，天津有一日；天津如失守，士成不见大帅！”聂士成年迈的母亲从家乡合肥也捎来了口信：“聂家无孬种！”希望儿子在国家危难之际，英勇杀敌，切莫贪生怕死。7月5日聂军与义和团合力围攻紫竹林租界，昼夜与敌军激战。9日凌晨，八国联军6000人向驻守八里台的聂军反扑，另外500名日军也从聂军背后紧逼。聂士成陷入联军重重包围之中，仍沉着指挥，激战2个多小时；在弹药匮乏的情况下，率军突围至八里台附近。此时聂士成双腿均已负伤，营官宋占标劝他退下，他仍横刀跃马挺立桥头督战，并向左右说道：“此吾致命之所也，逾此一步非丈夫也！”进攻的德国将军苦战多时，仍未能得逞，于是集中炮火射向聂士成和他的战马。一匹战马倒下了，聂士成换乘另一匹，又倒下了，聂士成一连换乘了四匹战马，两腿先后被打断，身上数处受重伤。这时又一枚炮弹在他身边响起，弹片穿过头部，他壮烈殉国。

聂士成雕像

光绪二十八年（1902 年）二月，时任直隶总督的袁世凯，联合直隶官员周馥、张莲芬等上书朝廷为聂士成请恤，朝廷下旨追赠太子少保，照提督阵亡例赐恤，谥号忠节，生平战功事迹及死事本末，宣付国史馆立传，并准于立功省份、死亡地及原籍芦台、天津、合肥建立专祠。

聂士成虽是武将，但也颇通文墨，熟读史书，为人礼贤下士，较之于当时同级别的清军将领，具有较高的文化修养。从《东游纪程》的记载来看，聂士成曾读过《史记》《汉书》《唐书》和薛福成的《出使日记》。有《东游纪程》《东征日记》及诗文数篇传世。

1905 年清政府为其立碑纪念，碑正面刻“聂忠节公殉难处”，两侧立柱上刻“勇烈贯长虹，想当年马革裹尸，一片丹心忍作怒涛飞海上；精诚留碧血，看今日虫沙历劫，三军白骨悲歌乐府战城南”，横额为“生气凛然”。

1984年复立时，碑文仅留“聂忠节公殉难处”七字。1997年天津市南开区政府对聂公生平事迹叙述又重新立碑，2000年是聂士成为国捐躯100周年，天津市政府在原聂公碑所在地建了一个高4.18米的聂士成铜像，镌刻：将军驱骑刀光寒，一跃桥头此生瞻。聂公当年激扬处，多少青松配雨寒。

四十八、乐善好施廉正人　补缺代叔统铭军

刘盛藻（1828—1883），字子务，合肥西乡人。世居大潜山之北，土名小老家，发迹后迁六安张店，建庄院名刘大圩子。“兄弟二，居长。少读书有气节，不求仕进，每究心兵书及经世文学，故屡试不售，甫弱冠家贫，以教读为生，族戚从游者日益众。”在《刘氏宗谱》中，刘铭传是五房，刘盛藻是四房，论辈分铭传是盛藻族叔，论年龄铭传比盛藻小8岁。但两人非同寻常的关系，为合力创练发展铭军奠定了基础。

咸丰初年，发捻纷扰合肥。刘盛藻与族叔刘铭传在大潜山北兴办团练，随团练杀贼。同治元年（1862）加入淮军，后因积功获按察使衔。同治十年（1871）刘铭传辞官归家时曾任铭军主帅。光绪元年（1875）辞官归乡，在六安张家店建大圩居住。光绪五年（1879）调授直隶大顺广道。光绪九年（1883）署直隶按察使，派任北洋总理营务处，并充海防全军翼长；同年六月调授浙江按察使，加布政使衔，后赠内阁学士衔。同年十月在浙江去世。

同治元年（1862）李鸿章组建淮军，“刘家子弟兵”为铭字营，刘盛藻随之赴上海，参加攻克南汇、奉贤、柘林、川沙等战役，并在虹桥、四江口大败太平军，以功得县丞选用，赏戴蓝翎。同治二年（1863），太平军围攻常熟，铭军前往解围，派遣刘盛藻督队攻拔扬舍，斩首数千，盛藻得旨以知县选用，并赏加知州衔。在攻打江阴战斗中，刘盛藻受枪伤，裹创血战，收复其城，得以知县擢同知，留于江苏补用。继克无锡、金匮县城，功赏知府补用，获恒勇巴图鲁勇号，并赏戴花翎。淮军攻下常州后，刘盛藻以道员补用。湘军攻下天京后，刘盛藻收复广德州，清廷予加按察使，受二品封典。

同治四年（1865），刘盛藻随铭军北上“剿”捻，六月，解雉河之围，与唐殿魁等率队由周家口驰追及贼凹张寨，破捻寨二十余座。十一月，在河南之扶沟，盛藻见中军被困，派队阻击，围立解。第二年，在湖北黄陂之战中立功，赏加布政使衔。六年（1867）铭军与东捻军大战于湖北尹隆河，铭军大败，损失惨重。刘铭传劾刘盛藻因浪战轻敌，得旨拔去花翎，撤销勇号。之后刘盛藻部铭军亲军，在几场大战中频频立功，东捻军失败后，得以赏还花翎勇号。七年（1868），铭军在直隶、山东与西捻军作战，刘盛藻因功以按察使遇缺提奏。西捻军失败后，刘铭传请假回籍养病，由刘盛藻统带铭军驻扎山东张秋。时铭军暮气已深，恃功骄横，刘盛藻却能做到“训练有素，军民安堵”。时人称他“治军整武，威惠兼施，军中不可多得之材”。

鸿章曾评价："谨言慎行"。盛藻治军，宽严交济，视兵如子，善与人交，不论在军内，还是官场上都没有闲语，军士悦服，同僚钦佩。

九年（1870），天津教案发生，铭军移驻直隶沧州，拱卫京城。旋由刘铭传统带铭军赴陕西。刘盛藻"以亲老为念，乘间乞养"，在籍不及一年，刘铭传因病乞归。十年（1871），铭军归曹克忠统带，不想铭军武毅右营士兵哗变。清廷"敕直隶总督李鸿章举荐大员接统，以收军心"。李鸿章奏言："按察使刘盛藻威惠廉正，军士翕服。前随刘铭传在营，带队驰驱南北，倚如左右手，请敕赴陕接统。从之。"刘盛藻素来小心谨慎，"临事而惧，好谋而成，有儒将之风"，在铭军中威望极高。十一年（1872），刘盛藻赴陕西接统铭军为主帅。时刘铭传正遭弹劾，他安抚下层，稳住军心，使曹克忠深受感动，曰："我过矣，武夫浅陋，安知山海之高深耶"，自恨治军无术，悔不该参劾刘铭传之非。同年十月，李鸿章在致瀚章函中曾评价刘盛藻在淮将中是第一廉政："刘子务初二日启行赴陕，慷慨从征，邵汴生屡求留守，筱鸿复代昌言，惟省三近与子务龃龉，于其行也拒而不见，亦忌心所中。子务在淮将中第一廉正，丝毫不家，于军……（缺）"通过这封信可以看到刘盛藻是淮军将领中的廉政楷模，同时说明他与刘铭传已产生误解与矛盾。

十二年（1873），其父刘大全病故，刘盛藻请求回籍守制。清廷以甘肃军务未竣，陕防紧要不准。十三年（1874）六月，日本侵台事件发生，沿海各省防务吃紧，李鸿章奏调铭军马步二十二营赴山东济宁及江苏徐山一带驻守。

光绪元年（1875），自山东济宁交卸兵柄，刘盛藻补请守制，调养病躯。见肥西世家日盛，而族人渐趋华朊，他担心子孙沾染习气，流而为非，遂与刘铭传商定有归隐六安南乡深山老林之意。

盛藻乐善好施。同刘铭传置田赠族，各捐金一万二千；在家乡设义庄、立义学，捐资设立育英学塾，招聪颖学生八十人，延二三名宿，衡文校艺以为快。独捐田产充作膏火、奖赏，不旋踵而入胶庠，食廪饩、登贤书者，且联翩而起。同治九年，驻军沧州，恰逢京师创修安徽（会）馆，主动捐金。支持刘铭传创办肥西书院，庐郡之文昌阁捐银二千两，类似善举，不计其数。

盛藻在军中手录两卷以垂训，惟家法：子女二十嫁娶，不许纳妾，无子四十则可；不许用仆女，不许缠足，少年不许裘帛；尤恶异色、异服……

光绪五年（1879），李鸿章以刘盛藻“治军严整，操行朴实，兵事历练。既久史治，亦甚讲求，洵为文武兼资，不可多得之才”，奏调赴津授直隶大顺广道。六年（1880），长垣、东明等县黄河堤冲决，刘盛藻亲驻河干，督率抢修，工竣设官专管，制定防护章程，造福一方百姓。九年（1883），署理直隶按察使。同年六月，署授浙江按察使，十月病逝，终年56岁。浙江巡抚刘秉璋与直隶总督李鸿章陈刘盛藻之功绩，奏请照军营立功后病故例，从优议恤。翌年十二月十一日特旨加恩晋内阁学士衔。

四十九、伯华统领华字营　巢湖双塔秀风景

吴毓芬(1821—1891)，字公奇，号伯华，肥东长临镇六家畈村人，与其弟吴毓兰（1823—1868）为淮军华字营正副统领。吴毓芬官至按察使、江苏候补道，吴毓兰官至按察使衔、天津道。

在合肥淮军将领之中，吴毓芬兄弟是出身二代官吏世家之后的代表人物。父亲吴播为清资政大夫，祖父吴之骧任清州同知。兄弟二人自幼入塾就读，勤奋好学，清道光年间吴毓芬中秀才。

咸丰年间，吴毓兰在当地组织一支团勇，提出“富者济贫，贫者护富，不致为匪”的口号，主要任务是看家护院，其家宅距巢湖中庙只有二里多。他与李文安有交往，曾配合李文安所领的团练作战。咸丰十年助剿凤、颍间，解寿州围，遂擢县丞。

李鸿章在招募淮军时，曾命三弟李鹤章回合肥东乡招募旧部团练，吴毓芬兄弟率领团勇积极响应投军。他们没有跟随第一批淮军从水路开赴上海，而是与西乡周盛波、周盛传兄弟的盛字营，由陆路开赴上海。根据刘坤一《异体录》记载，吴毓芬兄弟入沪后，并没有立即上前线交战，初在营务处经理饷项事务，直到同治元年冬才成立华字营，加入作战。同治三年（1864），华字营从程学启部攻嘉兴，战于合欢桥，吴毓芬得旨江苏候补道，加按察使衔，赏御勇巴图鲁名号。

同治五年（1866），吴毓芬兄弟率华字营回屯扬州。追论平浙西功，吴毓兰以道员选用。同治六年（1867），东捻军在潍县松树山遭到淮军刘铭传部的袭击，一天三败，精锐损失几尽，于是南走江苏。11月19日，又败于赣榆。东捻军的重要首领任化邦被叛徒枪杀。此后，赖文光率军再上山东。12月5日，于潍县、寿光间，复为刘铭传军部所败。24日，在寿光南、北洋河与弥河之间，东捻军同淮军进行最后决战，结果万余人被俘，万人战死。之后，东捻军首领赖文光带领余部四五千人南下，继续苦战。1868年1月1日夜，东捻军突过六塘河防线，沿运河南走淮安、宝应和仙女庙（今江都），一路上又遭截击，将士越来越少。1月5日，赖文光率千余人直趋扬州东北的瓦窑铺，遭到淮军华字营拦截，激战至夜里，赖文光由于受伤较重，被吴毓兰活捉。吴毓兰受赏获按察使衔。

“华”字营统领吴伯华，于同治七年（1868）辞官回乡，购置万亩土地，在六家畈杏树塘北岸，选了一处地势衍旷、水木明瑟之地，营造四所坐北朝

安徽肥东六家畈古民居

南精美豪华的砖瓦结构大宅第。每处五间六进，每进之间都有东西厢房各两间，共260余间。

吴伯华在杏树塘东北兴建一处花园，名“也是园”，园占地十余亩，叠石为山，掘沟为池，花竹扶疏，嘉树延荫，精致别雅。最有特色的是一棵含笑花，有碗口粗，花开香无比，花落留其香。园东北角有一座三层的“望湖楼”，登楼可西眺巢湖。二楼南山墙上嵌一块青石浮雕，是北宋著名文学家、书画家苏轼的“竹石图”。图上题诗云：杜鹃得酒芒角出，肝肺槎桠生竹石。森然欲作不可留，写与群家雪色壁。

北边竹林中，有一排房，是吴伯华读书迎宴会友之处。当时吴伯华出了一句上联为“也是园花园是也”的回文对，对上有赏，但一时无人能对。

吴伯华二弟吴毓兰，因亲俘捻军尊王赖文光有功，官至天津布政使，一品封典。他返乡购田万亩，从六家畈到巢县城百里不用走人家田地。他在六家畈大兴土木，建六处住宅，共240间。现有两处保存完好。一处在马槽巷，一处在老街北头。

马槽巷大宅两边各五间六进到后，第三进为二层小姐绣楼，雕梁画栋，木梯木栏，推窗亮阁。两边是风火高墙。老街北头大宅四进到后，大门前竖有高大的照壁。堂屋悬有慈禧亲书“寿”字，还有李鸿章写的“春晖永报”，李瀚章写的“椿萱永寿”匾额。

淮军名将吴育仁，少小家贫，以织布为生。后随叔父吴伯华入淮军，因功成将。伯华回乡后，育仁统领所部，将“华”字营改名“仁”字营。育仁官至总兵加提督衔，晋授建威将军，正一品，是六家畈最大的官。中日甲午战争后，育仁回乡，广置田产，在大官份建四进六间深宅大院。

现存最完整的要算大官份西头的一处，房子在六家畈最高、最好，五间六进到后。大门外有石鼓一对。大门高丈二、宽八尺。每进正中为厅堂，东西有回廊包厢。二进大厅的大梁为独龙过江，属建筑之奇。三进大厅的梁柱均为精工雕刻的楠木，当年正厅挂有慈禧太后亲笔“福”字，还有郑板桥的竹子，李鸿章的对联。红木家具，富丽堂皇。

吴伯华辞官在家，受李鸿章委托，负责在巢湖湖心姥山上修建明末半拉子工程文峰塔。姥山是合肥最美丽的地方。“雾蒙百里湖色无，风扫波粼奏音符。舟巅艇驰渔翁舞，湖光山色文史聚。明四清三文峰塔，山六峰九秀庐州。”文峰塔修建完毕，吴毓芬为承接此塔灵气，美丽自己的六家畈庄园，在族人内倡捐，在巢湖北岸对应文峰塔，建立一座同为七层的振湖塔。在湖边平野上高高矗立，撑天柱似的雄浑壮丽。塔身为六面形密瞻式砖石结构，门楣与塔内均嵌有铁浮雕佛像。塔内有螺旋式阶梯，缘梯而上可登塔顶，俯看四周，湖光山色尽收眼底。塔的大门两侧，嵌刻吴伯华长子吴兆楣所题长联一副：

振湖塔

塔的大门及吴兆楣所题长联

一柱挺峥嵘，结构增辉，
所期真宰膺灵，古往今来钟正气；
八维扶磊呵，廛阛既庶，
溯自前人相宅，湖山俯仰动遐思。

塔上有十二处石刻题词，其中十处系吴姓人士所题。塔的上层顶端绘一仙鹤，凌空欲飞，苍劲有姿。塔的六角均系铜铃，风吹铃动，叮当有声，妙不可言。

吴毓芬隐退后，精于诗词研究，尤其家居巢湖北岸，写巢湖作品较多，著有《也是园诗抄》。如：《游巢湖》诗十首、《刘省三、周海舲两军门招游姥山》等。

姥山歌

湖心崛起何宠众，终古洪流漂不动。
倒影疑为风雨瑶，凌墟似有蛇龙捧。
小隔湖天半日程，一年十作山中行。
山灵闻我歌应喜，日日好风来送迎。
春山旖旎花满经，野草无名香不定。
山鸟翩飞水鸟啼，云屏翠峰闻奇胜。
浮生到此薮尖劳，拟向悬岸自结茅。
溪边学种五林柳，谷口更载千树槐。
夏山将雨先怍态，山脚拔地浑欲飞。
瑚云千朵白莲茁，綵荷一叶形倒垂。
消夏江干数浮玉，此亦浮空真面目。
况复当年满壑阴，千章处处森乔木。
秋山了了青琅玕，是谁擘置水精监。
天风入塔铃铎语，夜深疑有仙径过。
载酒寻幽绝壁底，水光如天月如水。
洞箫在手不敢吹，闻声恐触潜蛟起。
冬山带雪何隐约，冯夷宫中水嬉作。
云鬟新湿不禁寒，天假冰绡张大幕。
朝暾夜月双珠来，精光炫耀月云开。
望眼花生看不定，隔湖想像金银台。
峰头荦确耕无土，生小玻心弄柔橹。
暮婚晨别习故常，十家生计九家贾。
山中少妇新妆红，默向湖神祷便风。
妾心那得风帆喻，止载郎归不载去。
渔翁下网依崖石，网得银鳞长一尺。
卖钱沽酒博醉眠，柳岸阴浓里作席。
萝回天地皆清矿，山色湖光争荡漾。
傍晚风微不系船，鹭鸶立在船梢上。
山人使船如使马，撑突波涛双桨打。
跨山横寻避风塘，南塘高高北塘下。

朝挂百帆塘外开，暮挂百帆塘里来。
风帆来去成朝暮，俞廖遗从少客哀。

姥山怀古

一壑居然拓九州，沧桑犹见阵浮云。
公候上赏归群盗，草昧军容有钓舟。
故里早成磐石势，偏师曾断大江流，
东南王气多年尽，塔影凌虚起暮愁。

四顶山

古仙不复见，灵迹近吾庐。
丹鼎千年水，参同一卷书。
少游思钓弋，野兴爱樵鱼。
可惜朝霞寺，罹兵已作墟。

注：此诗是根据四顶山传说所作。

巢湖四顶山天然浴场

五十、淮军猛将章高元　建设青岛第一人

章高元（1843—1913），字鼎臣，合肥人。清末淮军将领，青岛建置第一任总兵。

章高元早年加入淮军，隶属刘铭传部，曾参加镇压太平军和捻军，积功累迁至副将擢总兵，赐号奇车巴图鲁。后转战鲁皖，以功擢总兵。在清军中素以勇敢著称，每临阵“率骑马前往，以率士卒，视弹子如无物”，绰号“章疯子”。在保卫盖平的战斗中，表现得十分顽强，“子弹告竭，则以锋刃突击”。章高元以爱国大义激励将士，所部兵勇均能奋勇直前，其“军纪风纪之佳，为各军冠”，“部下不敢作违法事，虽一桃不值一文，然不私取也”。嵩武军在他指挥下，纪律严整，战斗力强。

1884年，法军入侵台湾，章高元随刘铭传部渡海守台，“平日认真操练，临敌尤能奋不顾身”。此时法军已占领基隆，他基于爱国热情，誓死请战，随即率所部“乘夜蹈人法兵垒，短兵肉搏，锋利不可当，法兵多死”。在沪尾之役中，章高元率部誓死拼战，获大捷。战后论功，升简署澎湖镇总兵，赏换年昌阿巴图鲁勇号。奉命开辟台湾山区，“筚路蓝缕，颇奏肤功”。1887年，擢登州镇总兵。

作为淮军猛将，章高元颇受李鸿章的青睐。李鸿章要选能干之人建设北洋防御体系，所以力荐章高元赴胶澳创建。1892年，他率嵩武前营、嵩武中营、广武前营和广武中营四营军队驻防胶澳。

章高元驻防胶澳的第二年，其母亲病逝。根据规定，章高元应该离职丁忧回籍守制，三年内不得为官，有的人因丁忧而丧失仕途之路。在清朝，对于官员丁忧有个变通办法，名曰“夺情”，即皇帝觉得守制的下属责任重大、不可或缺，故在其守制未满期的情况下可以强行起复任用。章高元丁忧时，在李鸿章屡奏相助下，被荣幸“夺情”：赏假百日扶柩回籍治丧，假满即回署任，仍责成建筑胶澳炮台。

章高元驻防胶澳后，修筑了胶澳镇守衙门、兵营、炮台、军火库、电报局和前海栈桥码头，修通了到胶州的大路，数年内使青岛成为拥有近70家店铺的港口城镇和海防要地，初步建立起青岛市镇的雏形。

1894年，中日甲午战争爆发，章高元奉旨率嵩武军八营赴援辽东增援旅顺。军未发，旅顺已陷，“遂奉旨会同宋庆赴前敌，守牵马岭，屡与日军战，杀敌甚多，迭获胜”。1895年1月10日，入侵辽东半岛的日本第二军，为了

支援被围困在海城的第一军第三师团，派第一旅团长乃木希典少将由普兰店北犯盖平。此时，章高元率嵩武军、广武军等八营与张光前所部驻守盖平。闻日军来犯，章高元亲自率嵩武军、广武军一部驻守南门外，抵抗正面进攻的敌人；令张光前及嵩武军分统杨寿山、营官李仁党守东门外凤凰山。日军分左、中、右三路向盖平进犯。由正面进攻的中路日军，在盖州河南岸遭到章高元嵩武军的猛烈迎击。章高元令所部"集中炮火，发大炮攻之，炮弹如雨"，"鏖战甚猛，使不得进"。左路日军在盖平西南的龙王庙也遭到清军的顽强抵抗，死伤"将校以下十余名"。日军左、中两路进攻受挫，其右路乃集中力量进攻凤凰山。在激战中，嵩武军分统杨寿山、李仁党不幸中炮阵亡，张光前畏惧，率军退走。日军右路队攻占凤凰山后，越过盖州河，"绕出章高元军后，拊背夹攻"；由正面进攻的中路日军在盖州河南岸大道两侧，排列八门大炮，向隔岸南门外章高元嵩武军阵地猛轰，章高元腹背受敌。正在危急之际，由营口方面前来支援的徐邦道赶到，立即向日军发起反击。日军惊惧，逡巡不前，清军乘势开枪狙击，日军死伤累累。但此时攻入城内的右路日军已登城向清军开炮。清军前后受敌，"各军站立不住，同时败退"，日军终于攻陷了盖平。

甲午战争结束后，不知何故，章高元嵩武营也差点被调回河南，后经时任山东巡抚李秉衡的奏请，章高元如愿带着他的四营人马再度回防胶澳，可是新募两营一哨被裁撤了。光绪二十三年（1897）十一月二十日，德国派远东舰队驶抵胶州湾，以"演习"为名，登岸后占领各制高点，用枪炮对准总兵衙门及各处炮垒，向章高元发出通牒，要他率兵撤离青岛。章立即拍电报给直隶总督王文韶和山东巡抚李秉衡："究竟如何办理？望速示遵行。"二十三日，李秉衡回电说："奉电旨，敌情虽横，清廷决不动兵。"章高元深知力难抵御，又迫于朝廷不许开战之命，遂令所部暂行撤至附近的后四方村一带，后又撤至沧口。二十五日，遭德军扣押，要挟他前往德军兵营谈判。章高元争论不屈，继以怒骂，屡欲投海，均被德军拦住。十二月三日，被放回军营。十七日，奉令完全撤离胶澳，退守烟台。胶州湾终于被德国所霸占。章高元"屡请一战，卒未由达，振跃叱咤，无可发抒，两耳由是失聪"，遂称疾去职。翌年二月被免职。1900年以病辞免，蛰居南京。1913年于上海病逝。

章高元一生身经百战，出生入死，与外国入侵者作战，尤为骁勇，早有"章疯子"之称，曾自云，"我章疯子岂畏死者乎"。但就是这样一个在战斗中"视弹子如无物"的将军，在1897年胶州湾事件中，致使德军不费一枪一弹占领青岛。历史对他开了一个玩笑，这也成为他的奇耻大辱，至死心头大恨无法平息。

五十一、战死疆场唐殿魁　故里传说乡情浓

唐殿魁（1832年—1867年），谱名家桢，字荩臣。先世从江西迁入，祖父唐大经，骑射过人，武痒生。父亲唐邦治，习儒业，尝以田产让诸弟。唐殿魁兄弟5人，长兄唐家颂，次兄唐家松，三兄唐家锦，唐殿魁行四，弟唐家奎。

咸丰元年（1851），刘铭传初见唐殿魁，感觉其人新奇而有气节，留下了深刻的印象。三年（1853），唐殿魁兄弟组织义勇，构筑土寨，进行防御，企图自全，捍卫桑梓。同时，也经常率子弟数百人，与刘铭传等合作，配合清军对太平军作战。

咸丰十年（1860），陈玉成部太平军围寿州攻六安。唐殿魁随清军解寿州之围救援六安，以功补把总升千总。咸丰十一年（1861），刘铭传约唐殿魁等同至安庆，正式入淮军，从铭字军下。

同治元年（1862）三月，淮军开赴上海与太平军作战，攻占川沙厅、奉贤、金山卫。两江总督曾国藩保奏唐殿魁以守备尽先补用，赏戴蓝翎。八月，署江苏巡抚李鸿章以克复南汇等城，唐殿魁尤为出力，保奏以都司尽先补用，并赏换花翎。十一月二十八日，太平军常熟守将骆国忠等向淮军投降，献出城池。忠王李秀成调苏州、嘉定的太平军进攻常熟、福山。唐殿魁随刘铭传增援，解常熟之围。次年四月二十二日，唐殿魁与总兵刘铭传、水师提督黄翼升、副将赖荣光等进攻江阴杨库汛城，率队猛进，身中子弹，深入皮下，剜去子弹，裹创复战，占领杨库，赏振勇巴图鲁名号。十月十六日，攻占无锡。唐殿魁交军机处记名，遇有总兵缺出请旨简放。十一月初九日，提督刘铭传、总兵周盛波进逼常州，刘铭传派唐殿魁与副将黄桂兰各率500人助守。十二月初二日，太平军林邵璋率炮船“飞而复来”号来攻，被唐殿魁等击败。随之，李秀成、李世贤大军猛攻奔牛镇，唐殿魁部伤亡过半，粮饷、火药皆尽，唐殿魁对黄桂兰说：奔牛为常州门户，我们现在舍此而去，常州的淮军处境危险，只有死守待援。坚守十余天，刘铭传与郭松林、滕嗣武等来援，内外夹击，将李秀成、李世贤、林绍璋等击败，焚毁“飞而复来”号炮船，追逐十余里。唐殿魁获赏提督衔。四月初六日淮军攻占常州，太平军战死者15000余人，守将护王陈坤书被俘，唐殿魁以提督记名简放。

李鸿章认为唐殿魁才堪大用，又给他添募淮勇3000名。同治五年（1866）二月，升任浙江衢州镇总兵。之后，随刘铭传赶往湖北对捻军作战，攻占黄坡。

六年（1867）正月，调广西右江镇总兵。此时，李鸿章接替曾国藩督师剿捻，在尹隆河战役前，刘铭传与鲍超函约一起出兵，可是刘铭传意欲独得战功，唐殿魁恳求按约行军，刘铭传不听，求功心切，亲率马、步十五营渡河攻击，首先败退。唐殿魁统领的右翼在击退牛宏升的攻击后，急忙赶来援救中路，中路已溃不成军，陷入重围，唐殿魁与总兵田履安、副将李锡曾同于阵前。唐殿魁在短刀肉搏中，中弹负重伤战死沙场，时年36岁。清廷下诏，著照提督阵亡例从优赐恤，赠太子少保衔，赏骑都尉兼一云骑尉世职，袭次完时从恩骑尉世袭罔替。谥号“思壮”。光绪十七年（1891），李鸿章又为他撰写了神道碑文。

唐殿魁虽然早年战死沙场，但他的英名伴随着民间故事，至今在肥西县柿树岗一带仍广为流传。

第一个故事是兄弟俩卖欢团。唐家兄弟五人，殿魁老四叫唐四肚子，定奎老五叫唐五肚子，兄弟俩无事时，就做小生意——卖欢团。欢团是过去合肥一带的特产，办结婚喜事必不可少的一种食品。欢团，顾名思义是欢欢喜喜，团团圆圆，讲究是吉利。欢团是用糯米炸成泡花，然后粘上糖稀做成球状，既好吃又好看。乡人因其价廉物美，常买来哄小孩。唐氏兄弟到冬天不忙时，就凑几个小本钱，到西南20多里的舒城县桃溪镇（在合肥、舒城两县交界处，属舒界）贩欢团回来卖。有一次，他俩挑欢团回家，走到路上因下雪路滑，摔了一跤，所有的欢团都滚到堰沟里冰冻上，加上北风一吹，滚得满堰都是。那堰水很深，冰薄，人不能上去。怎么办？定奎急得要哭。殿魁想了一个点子，招呼老五跑到村里草堆旁向人家要些稻草，搓成“草绕子”，兄弟俩各拉一头，从冰上围过来，欢团都被草绕子围到堰边，拣起来还是好好的。兄弟俩高高兴兴地回来了。这故事常常为乡人乐道，说唐四肚子比唐五肚子聪明。

第二个故事是肥西县马垱村来历。唐殿魁当年是刘铭传部下的一名将领，在尹隆河战役中，他从右翼回赶到中路救刘铭传，准备决战之时，忽听差使来报：“四大人，前方已达险要地带乌沙罐。”“乌沙罐？！”唐四将军听后心里“咯咚”一声。

原来，唐四将军自小肚子特别大，人称唐四肚子。这位四将军一听前方已达乌沙罐，心里暗惊：这乌沙罐不是正好装我这唐四肚子吗？

尽管这是笑话，可多智多谋的唐四将军果真战死在乌沙罐。乡人传说：“肚子入罐”，犯了地名忌讳。

果然唐殿魁在此次战役中，中弹身负重伤，他几次欲上战马，但受伤的双腿怎么跨也上不去。正在这时，那匹白色战马，忽地跪下前腿，俯在地上，大将军连忙趁势跨到马背上，战马便飞一般地跑了起来，等到了军营，这位赫赫有名的唐四将军已气绝身亡。

后来，唐家的人为了报答战马的俯地之恩，特将那匹战马牵到唐圩精心饲养，死后，还特地为战马修了一个塔，以此纪念。

这个马塔直到解放后才被人拆毁，“塔”与“当”在繁体字上误写误读，今天“马塔”所在地称为“马垱”，是肥西县柿树岗乡一个行政村。

第三故事是唐殿魁娶妻。唐家原先也是个很贫穷的家庭，唐殿魁自小就在地方一位名叫宋坤耀的豪富家帮工。宋坤耀有个女儿长得非常漂亮，这位漂亮的宋小姐，在一个偶然的机会里，见到了健壮聪明的唐殿魁，她没有嫌弃这个贫穷的伙计，偷偷地爱上了他。

后来，唐殿魁在战场上屡立战功，连连受到嘉奖，以致成为赫赫有名的唐大将军，他也没有忘记那位宋小姐。后来两人终成眷属。

唐殿奎家族的故居是唐五坊圩，位于肥西县柿树岗乡。五房圩现存转心楼一座、平瓦房两幢。转心楼位于五房圩中心，为两层中西合璧式建筑，呈方形，房子四面合围，每面上下8间，共32间。正门朝东，门上有一石刻匾额，文曰“紫气东来”，相传为李鸿章所题，经大门向右拐往里走，可进入园内，也可向右走有红木楼梯通向二楼。相传二楼悬挂红灯笼，蜡烛点亮，似“马”走动，所以又称走马转心楼。转心楼分别在南边、北边有小门通外，据说当年为五房圩小姐所住。转心楼是目前淮军圩堡群中保存最为完好的建筑。

唐殿奎故居的转心楼

五十二、北洋提督丁汝昌　沙场绝望服毒亡

丁汝昌

丁汝昌（1836—1895），原名先达，字禹廷、雨亭，号次章。庐江县石头镇人。祖先明初从凤阳迁居庐江，同治四年（1865）迁居巢县汪郎中村。

丁汝昌出身于世代务农家庭，不满周岁母死，依靠祖母和父亲抚养。幼年曾入私塾读书，因家境贫穷，只读三年书就失学。十岁后帮人放牛、放鸭、摆渡船等，以补贴家用。十四、五岁时，被父亲送到同族伯父的豆腐店当学徒。咸丰元年（1851），其父遭旱灾饿死。咸丰三年十二月（1854年1月），太平军占领庐江，丁汝昌参加太平军。后随太平军驻扎安庆，成为程学启的部下。咸丰十一年（1861），清军围攻安庆，太平军失利，程学启率部三百人逾城投降曾国荃，丁汝昌被编入湘军，先为哨官，后授千总。

同治元年（1862），丁汝昌随程学启部编入淮军。在四江口战役中，“合肥刘庄肃铭传领铭字营，同战四江口，见其骁果，异之，乞置帐下”。刘铭传请李鸿章把丁汝昌调入铭字营，仍充哨官，统领亲兵100人。旋改统领马队，升任营官，授参将。同治三年（1864）丁汝昌擢副将，统先锋马队三营，随刘铭传北上，与捻军作战。七年（1868），东捻军失败，丁汝昌授总兵，加提督衔，赐协勇巴图鲁勇号。同治十三年（1874）清政府决定裁军节饷。刘铭传拟裁去丁汝昌部马队3营，“置汝昌于闲散”，丁汝昌致书抗议，刘铭传怒其不执行命令，欲杀之。“有相告者，汝昌亟率亲信十二人乘马驰归里。”刘铭传的暴烈脾气是众人皆知的，幸亏有人相告，丁汝昌跑的快。否则，后果不堪设想。

丁汝昌跑回巢县老家，时间一长，总是闷闷不乐。其妻魏氏，出身书香门第，是一位有见识的女子。她安慰丁汝昌：“家有薄田数亩，足以饱腹，大丈夫建功立业，自有时也，姑待之。”

居家数年，丁汝昌时常想到李鸿章身居直隶总督兼北洋通商大臣要职，故前往天津投靠。光绪三年（1877），李鸿章见到丁汝昌这位淮军旧部将，叙

及旧事，高兴之余，感慨万千，并推心置腹地说：“省三（刘铭传）与尔有隙，我若用尔，则与省三龃龉矣。尔宜与之分道扬镳。吾今欲立北洋海军，乏人统率，尔如能赴英国学习海军，毕业归来，当以此任相属。”汝昌避席曰：“谨如命。”丁汝昌就这样留在了天津。

当时，陕甘总督左宗棠正在指挥西征收复新疆的战事，因素知丁汝昌作战英勇，奏请发往甘肃差遣。李鸿章不愿丁汝昌西行，便以丁汝昌“伤病复发”为由，把他留在天津，让他参与海军组建事宜。丁汝昌从此由一名陆军将领，走上了统领北洋海军的道路，也为自己后半生创造了全新的军旅生涯，成就了丁汝昌人生中的第二次转折。

光绪五年（1879），清政府从英国购入“镇东”“镇西”“镇南”“镇北”四艘军舰。光绪六年（1880），丁汝昌等赴英接收订购舰艇。光绪八年（1882）六月，朝鲜京城爆发壬午兵变，清政府派丁汝昌率“威远”、“超勇”“扬威”等舰开赴朝鲜。光绪十四年（1888）八月，清政府定北洋海军官制，在威海择地建造水师公所。九月初九日，总理海军事务大臣醇亲王奏准颁布《北洋海军章程》，北洋海军正式建军。命丁汝昌为北洋海军提督，后赏加尚书衔。

“光绪十四年（1888）七月，台湾后山发生‘番社’叛乱事件。丁汝昌于七月二十日（8月27日），在基隆会见了刘铭传。两人交流很融洽，同心同德，重归于好。八月初五（9月10日），丁汝昌身先士卒，率“致远”到卑南，卸两尊舰炮上岸，助刘铭传部陆军攻剿。”

随后发生的中日甲午战争，不仅把丁汝昌送入坟墓，也使大清踏入深渊。苏小东《丁汝昌与甲午海战》中总结的很到位。“丁汝昌这位不称职的海军提督，率领着一支实力不强、士气低落和保障不力的舰队，在决策者或盲目或保守的作战指挥下，被动消极地与日本舰队进行三次交锋，最终以他本人的自杀和北洋海军残余兵力的投降结束了这场海战乃至整个战争。”

1895年2月12日，丁汝昌获悉陆路援军彻底无望。对北洋舰队自己确实负有管理不当、指挥不力之责，当晚，服鸦片自杀。留言曰：“余决不弃报国之大兴，今惟一死以尽臣职。”

此后，清政府内的清流、顽固党人交相攻击，光绪下旨“籍没家产”，不许下葬。丁汝昌的子孙被迫流落异乡。直至宣统二年（1910），经载洵及萨镇冰等人力争，清廷为丁汝昌平反昭雪。

五十三、叶大呆子援平壤　历史评说不一样

叶志超（1838—1899），字曙青。行伍出身，早年以淮军末弁从刘铭传镇压捻军，赐号额图浑巴图鲁。光绪元年（1875）由练军统领任正定镇总兵，光绪十五年（1889）任直隶提督兼北洋防军翼长。

叶志超绰号叶大呆子，肥西县花岗镇圣村人。自幼父母双亡，由舅舅收养。少年帮舅放牛，做杂活。长大后，身体五大三粗，离开舅舅家，参加了同乡解光亮办的团练，先在圩中当伙夫。他要求参战被准允。激战中，一土铳枪弹击中他的腰部，将其打倒在地，人们皆以为叶大呆子被打死了，可他却从地上站起来，继续参加战斗。原来土铳枪弹击中的是腰刀，没有伤到他的身体。解先亮认为叶志超不是凡人，大难不死，必有洪福。以后每次战斗都让叶志超上阵，而叶志超在战场上总是一马当先，冲锋陷阵，屡建战功。之后，叶志超投靠铭字军，并随军剿捻。同治六年（1867），与赖文光所率东捻军交战时，率军冲入东捻军阵地，麾军狂杀。肉搏间，他身受矛伤，仍裹创力战，东捻军被击败。赖文光率东捻军突围至扬州东北湾头，他又率马步队穷追不舍。清廷赏赐额浑巴图鲁勇号。在围剿西捻军中，他窥取南乐，大战德州，亦频有战功。东西捻军剿灭后，叶志超得到李鸿章赏识，派为马队统领，驻保定。光绪元年（1875），署直隶正定镇总兵。光绪八年，清廷决定整理陆、海军，修筑山海关炮台，李鸿章荐其智略，奏委其任，予以实授总兵。光绪十五年（1889），升为直隶提督兼北洋防军翼长。光绪十七年（1891）奉檄率军镇压热河金丹道教，杀教首李国珍。事平，赏穿黄马褂。

光绪二十年（1894）甲午战争，李鸿章命叶志超率太原镇总兵聂士成部等共 2000 人航海赴朝鲜牙山。这时，日本借口保护侨民，派大军侵入朝鲜，与清军对峙。牙山清军总数增至4000人，日军总数却增至1.9万人。6月26日，日军偷袭牙山清军，清军在成欢反击，杀伤大批日军，然后向北突围，与国内中断联系 40 多天。7月下旬，叶志超率军撤至平壤。由陆路来援 4 支清军共达万余人，亦会集平壤，清廷任命叶志超为诸军总统。9月 15 日，日军在进攻平壤同时，分出 7000 余人从两路绕袭平壤后路安州，安州清军仅 3000余人，不敢出击。日军迅速截断平壤后路，给平壤清军带来极大压力。16 日，日军分路猛攻平壤，清军分路出战，激战之中，左宝贵阵亡，日军乘机突入玄武门。叶志超闻讯回城视察情况，部将江自康却擅自撤退。平壤北门已难再守，如日军合围，清军将会全军覆没。叶志超与众将商议后，下令乘夜出

平壤，向北撤退。17 日，北洋舰队在大东沟海战中失败，清军后路更为危险。叶志超率军突出重围，急行军回到国内。

叶志超率部奔向安州，聂士成建议道：安州地形险要，是进行防御阻击的好地方，在这里进行固守，一定能击败日军，转败为胜。叶志超犹如惊弓之鸟，不听聂士成的建议，途经安州时，策马通过，弃而不守，狂奔 500 余里，渡过鸭绿江，进入中国边境始止。清廷闻知此事，立即诏谕革叶志超之职，李鸿章奏请留营效力，清廷不准。次年解送京师，经刑部审判，定斩监候。光绪二十六年，赦归。光绪二十五年（1899）病死乡里。

关于叶志超在朝鲜战场的功过是非，过去的说法是：他毫无斗志，贪生怕死，而不对他撤军的缘由作客观的具体分析。现在史学界已有新的较客观的详析。如：《历史知识》1984 年第 5 期《叶志超和平壤之役》、《安徽史学》1989 年第 3 期廖宗麟《实事求是地评价平壤之役中的叶志超》等文，认为："清军在平壤的败绩，根本原因在于清政府备战不足，仓促应战。叶志超在危险之际，力疾受命，努力组织平壤防务，在给敌人一定打击后，撤出平壤，是尽到了军人保卫祖国的责任。过去的研究，强人所难，对他责备过多，这是不公正的"。1994 年，新编《肥西县志》"叶志超传"记载道："日军分路猛攻平壤，清军分路出战"，"奉军阵地崩溃，日军乘机突入玄武门"，"部将江自康擅自撤退，平壤北门已难再守……"一反过去对叶志超平壤之役的评价。但不管怎么说，叶志超在安州没有采纳聂士成"安地备险奥，可固守"的建议，而是弃而不守，渡过鸭绿江，进入中国边境始止，这种做法是犯了严重错误的。

五十四、淮系后生实可畏　北洋三杰段祺瑞

段祺瑞（1865—1936），原名启瑞，字芝泉，晚号正道老人，民国时期政治家，“北洋三杰”之一。

段祺瑞

段祺瑞祖父段佩（字韫山）早年曾与刘铭传贩私盐、拉队伍、办团练。父段从文在家务农，以租地耕种为生。1872年，祖父段佩时任铭军直属马队三营统领，段祺瑞随到江苏宿迁兵营里，在附近私塾读书。段韫山“以军功累得提督衔，记名总兵，励勇巴图鲁称号，授荣禄大夫，振威将军，于光绪五年（1879）卒于宿迁军次”。

段祺瑞的一个族叔段从德参加了淮军，后来当上了山东威海军营的营务官。他十七岁前往威海投靠叔叔，初为“补营哨书”，从站岗放哨做起。1885年，二十岁的段祺瑞，考中天津武备学堂（陆军学校），而且名列前茅，进入炮科学习。那时，该校学生一共才一百余人，都是从各营考拔出来的优秀者。段祺瑞“攻业颇勤敏，以力学不倦见称于当时，治学既专，每届学校试验，辄冠其侪辈，与王士珍等齐名于世”。1887年，他以优异成绩被派往旅顺督建炮台，受到李鸿章的器重。于1888年，段祺瑞被派送到德国柏林学习军事，后独自留在埃森克虏伯兵工厂实习半年。1890年秋，段祺瑞回国后，到威海任随营教官5年。1896年，段祺瑞31岁，被调往天津小站，任新建陆军炮队统带，功赏随工部右侍郎。跟随袁世凯镇压义和团运动后，他成为袁的重要帮手，与冯国璋、王士珍被称为“北洋三杰”。

段祺瑞原配夫人吴氏病故后，1901年5月，袁世凯将义女张佩蘅嫁给段祺瑞为继室，他更加受袁世凯的器重，官运亨通。1904年6月，“武卫右军”改为“北洋陆军”，段祺瑞任第三镇统制官，1905年5月任北洋常备军第四镇统制官，1910年5月，清廷以段祺瑞督办北洋陆军学务有功，赏头品顶戴。后于当年底加侍郎衔，任江北提督。

1911年10月，武昌起义爆发，旨在推翻帝制，建立共和。清廷震怒，进行疯狂镇压，命袁世凯为钦差大臣全面节制陆海军的调遣，并任命袁为内阁总理大臣。袁把段从江北提督调出，任北洋第二军总统（军长），直接归

袁指挥。紧接又署湖广总督，官位正二品，兼任第一军总统与湖北军政府对峙。

1912 年 1 月，孙中山在南京成立中华民国临时政府。

段祺瑞秉承袁世凯旨意，联名四十六名北洋高级将领电促清廷退位，“立定共和政体”，在电文中还提到“以现在内阁及国务大臣等暂时代表政府……”显然是撇开南京临时政府，要求清廷将权力直接交给袁世凯。2 月 5 日，段祺瑞又联合第一军八名协统以上将领发出代奏电：声称将“率全体将士入京”，10 日将司令部从湖北孝感迁到河北保定，作出进京逼宫的态势。2 月 12 日，清隆裕太后迫于各方面压力，以“宣统皇帝”名义颁发退位诏，清王朝就此覆亡。2 月 15 日，袁世凯被南京临时参议院推举为中华民国临时大总统，段祺瑞任陆军总长。

1915 年 12 月袁世凯决定称帝，并定次年为“洪宪元年”，“洪宪帝制”遭举国反对，只有 83 天寿命，后宣告结束。这与段称病辞职、不配合和暗中抵制是分不开的。袁于 1916 年 3 月 22 日被迫取消洪宪帝制，请段复出，任参谋总长。4 月，段取代徐世昌为国务卿兼陆军总长。6 月，袁世凯死，黎元洪继任总统，段任国务总理兼陆军总长，掌握北京政府实权。黎、段之间的“府院之争”剑拔弩张。黎元洪下台后，冯国璋接任，二人平时称兄道弟，但面对权力相争是真刀真枪，冯国璋只好老老实实回到北京。

1920 年 7 月，直皖战争爆发，皖军败北，段去职移居天津。1924 年 10 月，奉系联合冯玉祥部打败直系，段被推为“中华民国临时执政”，他召集“善后会议”以抵制孙中山所主张的国民会议。1926 年，“三一八”惨案发生后，段辞去所有职务，此后退居天津，自号正道居士。1933 年 2 月，段祺瑞移居上海，1936 年 11 月 2 日在上海病逝。“北洋三杰”之一段祺瑞，被称为“北洋之虎”，曾任国务总理、执政，有“三造共和”的美誉，是当时少有的廉洁官员。他一生做人信条是“不抽、不喝、不嫖、不赌、不贪、不占”，人称“六不总理”，在物欲横流、无官不贪的民国时期，他是官场上的另类。

当时，达官贵人三妻六妾很时髦，段祺瑞也没有例外，讨了几房姨太太。他的第四位姨太太，貌美如花，知书达礼，段祺瑞很喜欢。但她一进门就愁眉不展，心事重重，原来她已经有了意中人。段祺瑞便忍痛割爱，吩咐他妻子要像嫁女儿一样，置办嫁妆，吹吹打打，很热闹地成全她和意中人的婚事。段祺瑞让姨太出嫁的事，在当时传为佳话。

段祺瑞一生没有房产，这在民国初年的军阀政客中是绝无仅有的。段祺瑞在北京一直是租着房子生活。段娶张氏为妻，袁世凯以赠送养女的名义，

段祺瑞内阁成员合影，右起：曹汝霖（交通兼财政总长）、刘冠雄（海军部长）、陆徵祥（外交总长）、段祺瑞（国务总理）、钱能训（内务总长）、段芝贵（陆军总长）、朱深（司法总长）、傅增湘（教育部长）。

送了段祺瑞一栋房子。这栋房产的原房主是与袁世凯打牌输了四十万大洋，才把房子抵押给袁世凯的，可没给房契。等老袁一死，房主的儿子拿着房契来找段祺瑞，要收回房子。段祺瑞见人家手中有房契，二话没说，带着一家人搬了家。后来段祺瑞到天津、上海，都是租房而住。

作为一国军政首脑，给段祺瑞送礼的人自然会排成长队，但他从来不收礼，只是遇见最亲近的下属和友人送来礼物、却之不恭时，才会在礼物中挑选一两样最不值钱的东西留下，余者则悉数退还。江苏督军齐燮元曾送给段祺瑞一件几扇镶嵌着各种宝石的屏风，五光十色，非常珍贵。段祺瑞家里人都喜欢，盼望段能留下这件宝物。谁知第二天一早，段就派人将屏风归还齐燮元。张作霖给段送来一些东北特产，并不值钱，但段祺瑞死活不肯收，最后在张作霖副官一再恳求下，才勉强收下两条江鱼。只有一次例外，段祺瑞将别人送的礼物照单全收，那便是冯玉祥送来的一个大南瓜，因为实在没有办法把南瓜再切一半还给冯玉祥。

最可称道的是，他晚年保持气节，不与日寇合作。“九一八”事变后，日本扶持溥仪成立伪满洲国，特务头子土肥原又多次到天津秘密拜访段祺瑞，想请段出面组织华北政府，并许愿，只要段同意，日本将会全力支持，但遭到段祺瑞的严词拒绝。为避免日本人的要挟，段祺瑞得到蒋介石亲笔信函“南下颐养”后，举家迁到上海，公开表明自己的抗日态度。他接受《申报》记者采访时说：“日本暴横行为，已到情不能感、理不可喻之地步。我国惟有上下一心一德，努力自求。语云：求人不如求己。全国积极准备，合力应付，则虽有十日本，何足畏哉？”“爱国朝野一致，救国惟有自救耳。”

段祺瑞一生最大的污点，是在他任上于1926年发生的“三一八”惨案，军警屠杀爱国请愿学生，不管是不是他的指使，领导责任他是开脱不了的。惨案发生后，他随即赶到现场，向死者长跪不起，之后又作出严厉处罚凶手的指示，并决定终身食素以示忏悔，至死都没有违背这一决定。1934年春天，段祺瑞胃溃疡发作，引起胃部出血，被送到医院治疗。由于段祺瑞身体虚弱，医生家人纷纷劝他开荤，以加强营养，段祺瑞断然拒绝：“人可死，荤绝不能开！”对于一个军阀出身的人，这也算是难能可贵了。1936年11月2日，段祺瑞因病不治离世，终年72岁。

第七章　履历表

单位　大清直隶总督衙门
职务　直隶总督兼北洋通商大臣
姓名　李鸿章

填表说明

一、研究李鸿章的专著、文章颇多，为让读者简单明了得对李鸿章的一生形成轮廓式印象，按照现代《干部履历表》格式整理，编撰了《李鸿章履历表》档案。

二、历史与现实差距很大，将历史人物的事件、环境，按照现代《干部履历表》格式填写，难免有差异和某些项目缺失。对“李鸿章身份证”和“单位签名盖章”等项目，纯属杜撰，目的是增加一些趣味性，千万别误解为史实。

三、作者从 2001 年起收集李鸿章相关资料，2009 年开始整理，再通过实际调查核对、疑难问题请专家和李氏后裔帮助定论（附图）等方式补充校正，2011 年底按照现代干部档案格式，着手梳理编写。

四、本表项目，本人没有内容，填写“无”。由于李鸿章是晚清重臣，涉及政治、军事、自强运动等领域，社会活动范围广，同时增加一些项目。对履历表中填写的主要内容，或履历表无法填写的内容，在前面解读文章中，系统展现李鸿章其人真实性。

五、本表填写方式以史料为依据，实际调查走访和考证资料作佐证进行填写。

六、年月日填写，在使用阿拉伯数字同时，尽可能标注出了当时晚清时期年号。

李鸿章履历表

资料整理：2011.1月—2011年11月　　　　填表时间：2012年3月

<table>
<tr><td>姓　名</td><td>李鸿章</td><td>性别</td><td>男</td><td>民族</td><td>汉族</td></tr>
<tr><td>曾用名</td><td>章　铜</td><td>出生日期</td><td colspan="3">1823. 2. 15</td></tr>
<tr><td>绰　号</td><td colspan="5">李合肥、李二先生、云中鹤、李大架子</td></tr>
<tr><td>字　号</td><td colspan="5">字　渐甫　号　少荃　别号　省心，谥文忠</td></tr>
<tr><td>祖　籍</td><td colspan="5">江西省湖口花尖山三水岭</td></tr>
<tr><td>出生地</td><td colspan="5">庐州府合肥东乡磨店祠堂郢</td></tr>
<tr><td>现住址</td><td colspan="5">安徽合肥市新站开发区磨店乡群治村祠堂郢组</td></tr>
<tr><td>单位职位</td><td colspan="5">直隶总督兼北洋通商大臣，文华殿、武英殿大学士，太子太傅</td></tr>
<tr><td>身份证号　码</td><td colspan="2">杜撰</td><td>学历</td><td colspan="2">大清国进士
翰林院编修</td></tr>
<tr><td>健康状况</td><td colspan="2">身体一般，
晚年患肺支气管炎（痰疾）
注：1901年11月7日病故</td><td>学位</td><td colspan="2">博士
（进士相当于研究生，
翰林院编修相当于博士）</td></tr>
<tr><td colspan="2">何年参加工作</td><td colspan="4">1847年中进士，朝考后被点翰林，
以翰林院庶吉士供职于京师。</td></tr>
<tr><td colspan="2">参加过何种派别</td><td colspan="4">洋务派首领、“后党”要员。</td></tr>
<tr><td colspan="2">何年何机关授予何种军衔</td><td colspan="4">1862年创建淮军，位居淮军统帅。</td></tr>
<tr><td colspan="2">有何专业特长、重要发明创造、科研成果、著作译著等</td><td colspan="4">专业特长：书法自创一家，以行书名天下。
发明创造：晚清时期创造中国数十个第一。
科研成果、著作：《李文忠公全集》。</td></tr>
<tr><td colspan="2">有何宗教信仰</td><td colspan="4">无</td></tr>
</table>

何年何月出国（境）及参加重大国际活动	光绪二十一年三月（1895），到日本马关，与日本伊藤博文等签订《马关条约》； 光绪二十二年二月（1896），作为特使，赴俄祝贺沙皇尼古拉二世加冕礼。先后访问俄国、德国、荷兰、比利时、法国、英国、美国和加拿大等8个国家，历时190天，横跨三大洋。
何时何处何种原因受过何种奖励	同治元年（1862）组建淮军，攻打上海有功，封太子少保衔、赐黄马褂； 同治三年（1864）平息太平军有功，封一等肃毅伯、赏戴双眼花翎； 同治六年（1867）加一骑都尉世职； 同治七年（1868）朝旨先行赏双眼花翎、骑都尉世职。后赏协办大学士，加太子太保衔； 光绪五年（1879） 赐太子太傅； 光绪二十六年（1900），京察连续十三年从优，赏方龙补服； 光绪二十七年（1901）年追封一等候。父母、夫人均得到赐封等。
何时何处何种原因受过何种处分	同治七年（1868）初因剿捻不力迭降级处分，收回双眼花翎、黄马褂、骑都尉世职，后赏还。 光绪二十年（1894），因甲午战争失败，受到拔去“三眼花翎”处分，收回黄马褂、革职等处分；签订《马关条约》遭国人谩骂，历史评定为卖国贼；去世六十年后，受到毁墓和激烈的批判。
历史上参加何种组织，何种职务，有何结论	“后党”要员，太后顾问。担任太子太傅、文华殿大学士、武英殿大学士。自我结论为裱糊匠。外国人评价其是十九世纪世界三大伟人之一；国人评价其为卖国贼与洋务派领袖，两种结论一直是争论不休。
“文化大革命”中有何种记录	“文革”期间受到激烈批判，后代受到株连，遗物受到毁坏。

学 习 履 历			
年号	公历年	年龄	学习简介
道光八至十三年	1828年	5岁	隶华书屋私塾读书。
道光十四年	1834年	11岁	父亲李文安到费氏墨庄，就馆时，鸿章陪同攻读。
道光十五至十九年	1835至1839年	12至16岁	拜伯父李仿仙为师父，父李文安与国藩同中进士。
道光二十年	1840年	17岁	中秀才。
道光二十三年	1843年	20岁	庐州学府选为优贡赴京，参加顺天恩科乡试。
道光二十四年	1844年	21岁	时应顺天恩科乡试，中第四十八名举人。
道光二十五年	1845年	22岁	入文社，以年家子受业曾国藩之门。
道光二十六年	1846年	23岁	时与曾国藩请求义理之学，实基于此。
道光二十七年	1847年	24岁	中二甲第十三名进士。

工 作 履 历			
年号	公历年	年龄	工作简介
道光二十七年	1847～1849年	24～26岁	翰林院庶吉士供职。
道光三十年	1850年	27岁	以优异成绩改授翰林院编修。
咸丰元至二年	1851～1852年	28～29岁	任武英殿纂修，国史馆协修。
咸丰三年	1853年	30岁	①随侍郎吕贤基回籍办团练。 ②随同周天爵捕捉陆遐龄。

咸丰四年	1854年	31岁	①攻含山有功赏戴花翎。 ②父亲李文安回籍督带练勇。
咸丰五年	1855年	32岁	随副都统忠泰在巢县打仗，父文安去逝。闻讣奔丧，暂离军营后，忠泰全军覆没。
咸丰六年	1856年	33岁	① 李鸿章参与东南战役，到处碰壁，颇不得志，路经明光镇赋诗感怀。 ② 参与攻占巢县、和州和东关等战役，因功赏加按察使衔。
咸丰七年	1857年	34岁	以“叠次剿匪出力”，交军机处记名，遇有道员缺请旨简放。
咸丰八年	1858年	35岁	①陈玉成率部克复庐州，将李鸿章祖宅“焚毁一空”。 ②李逃经明光镇，再次赋诗“国难未阶家未复，此身虽去也踟蹰”。
咸丰九年	1859年	36岁	①入曾国藩幕府襄办营务。 ②李鸿章吃早餐不按时，受到曾国藩斥责。
咸丰十年	1860年	37岁	①曾令李编练马队，此事未成。 ②曾保李为两淮盐运使，筹办淮扬水师。 ③朝廷命曾派鲍超带兵北援，李献计实行拖延战术，帮助曾度过难关。 ④对曾移驻祁门，李有异议。 ⑤对曾弹劾李元度表示反对。与曾失和，离开曾营。
咸丰十一年	1861年	38岁	①曾写信给鸿章，李重返曾营。 ②咸丰帝病逝，慈禧宫变，改明年为同治年。 ③沪官绅钱鼎铭到安庆，向曾乞师，曾决定由李招募兵勇，组建援沪之军。

同治元年	1862年	39岁	①鸿章招募“合肥一湖三山”团勇，建淮军，成为一军之帅。 ②三月率淮军13 营，6500人乘英船水路东下，径赴上海。 ③ 四月二十五日署理江苏巡抚。 ④六月中旬后，鸿章率淮军在上海虹桥、徐家汇、新桥等地坚守苦战，连战皆捷。 ⑤年底改为实授江苏巡抚。 ⑥与英提督商议，以英将代白齐文，李与外国人交涉之始。
同治二年	1863年	40岁	①李鸿章以“不遵调遣，劫饷殴官”的罪名，将白齐文革职。整顿常胜军，签订《统带常胜军协议》。 ②先后创设“炸弹三局”、苏州洋炮局、上海洋炮局，开创洋务之始。 ③苏州杀降引起风波。赫德调解李与戈登的关系。 ④移驻苏州，苏南战事结束。
同治三年	1864年	41岁	①扩充淮军营头30 余个。 ②淮军入浙南与左宗棠湘军相策应。 ③在战后设有“善后局”“难民局”。在苏州实行“招垦抚恤”和“豁免钱漕”等惠民措施。 ④设法解决了遣撤常胜军和会攻天京两个棘手问题。曾国荃率湘军攻陷天京，太平军肃清。 ⑤鸿章在扩军的同时，招贤纳士充实幕僚和引进西洋武器。

同治四年	1865年	42岁	①清廷命曾国藩为钦差大臣，鸿章督军剿捻。 ②李鸿章署两江总督。 ③设立江南机器制造总局，成立金陵机器局。
同治五年	1866年	43岁	十一月清廷命鸿章接替曾国藩钦差大臣之职，专办“剿捻”事宜。
同治六年	1867年	44岁	①授鸿章为湖广总督。 ②赴周家口督师，日久无功，奉旨戴罪立功，迅赴山东进剿。 ③东捻军渡过潍河，鸿章苦心经营胶莱防线告溃。 ④十月铭传大战获胜，击毙任柱，赖文光率众窜逃山东。 ⑤亲自驻守台儿庄督战，十二月在寿光海滨一战，捻军折损惨重，精锐丧失殆尽。 ⑥改革科举之制，创办新学堂。
同治七年	1868年	45岁	① 1月赖文光逃窜扬州，被吴毓兰所擒。 ②西捻军 2 月抵达保定，清廷急忙调兵遣将防卫京畿。限李鸿章、左宗棠一月内肃平捻匪。 ③ 5月形成南以黄河、西以运河、北以减河为凭藉的包围圈，使捻军受到致命的威胁。 ④ 5月鸿章与左宗棠在德州桑园会见，达成统一意见，决定了战略大势。 ⑤捻军试图突破清军河防不果，张宗禹率部突围，猝遇清军阻击，逼捻军陷入绝境。 ⑥开复迭次剿捻不力各降级处分。 ⑦西捻军肃清。 ⑧10月李鸿章抵京入觐。首次拜谒慈禧和同治，被赐予紫禁城内骑马如仪。 ⑨赏太子太保衔，授湖广总督；提议修曲阜孔庙。

同治八年	1869年	46岁	①兼署湖北巡抚。 ②为淮军的衰落而焦虑不安，三主力，除郭松林外，刘铭传、潘鼎新相继辞官。
同治九年	1870年	47岁	①接办天津教案。 ②九月接曾国藩直隶总督关防之印，十月兼北洋通商大臣。 ③设天津制造局。
同治十年	1871年	48岁	① 奏请改修大沽炮台并添置洋炮。 ②与日本使臣在天津谈判、立约。 ③大力兴修水利，即永定河、南运河和保定府河等。
同治十一年	1872年	49岁	①创办招商局。 ②留美幼童在上海登船赴美。 ③请开煤铁矿。 ④授鸿章为武英殿大学士。
同治十二年	1873年	50岁	①关于黄河河道的治理。 ②与日副岛种臣正式交换中日《修好条约》和《通商章程》。
同治十三年	1874年	51岁	①签订了《中秘查办华工专条》和《中秘友好通商条约》。 ②日侵犯台湾，在台南部登陆。 ③上奏《筹议海防折》。
光绪元年	1875年	52岁	①“海防议”进入廷议阶段。 ②督办马嘉理案。 ③ 请设洋学局于各省，并于考试功名，稍加变通，另开洋务进取一格。 ④晋封文华殿大学士。位居大学士之首，相当于首席阁揆。 ⑤受命督办北洋海防事宜。

光绪二年	1876年	53岁	①从英国订购4艘“蚊子船”,先后驶到中国。 ②派人赴德学习军械技术。 ③派唐廷枢筹办“开平煤矿”。 ④建议在台湾修筑铁路。 ⑤因滇案赴烟台与英国驻华公使威妥玛商谈,签订了《中英烟台条约》。 ⑥派福建船政生出洋学习。 ⑦是年立水雷学校于天津。
光绪三年	1877年	54岁	①招商局收购美商旗昌轮船公司。 ②推荐郭嵩焘任驻英公使。 ③奏请在台湾开矿、办商、开垦、慎防等。 ④ 晋豫亢旱，鸿章筹巨款赈济；永淀河决，改河筑堤。
光绪四年	1878年	55岁	① 清末创办的大型近代化煤矿，正式成立开平矿务局。 ② 设立“海关书信馆总办事处”，开办国际邮件业务。 ③ 与日本交涉琉球争端事务。 ④ 筹办上海机器织布局。 ⑤ 设公立孤儿院于天津，关注幼儿公益事业之始。
光绪五年	1879年	56岁	①赏加太子太傅衔。 ②查勘天津海防设施。 ③大沽与天津之间架设中国最早一条有线电报线路。 ④夫人身体不适，经西医治愈，自此始关注和推行西医。

光绪六年	1880年	57岁	①密筹防务，着手筹建大沽船坞。 ②在天津筹办水师学堂。 ③天津设立电报总局，同时附设电报学堂。 ④授铭传上奏《筹造铁路以图自强折》。
光绪七年	1881年	58岁	①5月开始架设津沪电报专用线，12月竣工。 ②唐胥铁路于1880年动工，1881年建成。鸿章奏报，故意把铁路说为“马路”。 ③水师学堂建成。
光绪八年	1882年	59岁	①筑旅顺船坞。 ②设立上海机器造纸局，系第一家华商办造纸企业。 ③朝鲜壬午兵变，派吴长庆和丁汝昌率淮军赴朝平定其乱。 ④法越启衅，公筹畿防。与英、德暗中联络，虽未成功，但法政府有所顾虑。
光绪九年	1883年	60岁	①中法战争爆发。 ②拒绝赴粤，督办越南事宜。 ③回籍葬母予假，八月到津接任，请求美国公使出面，调停法越事宜，没有结果。
光绪十年	1884年	61岁	①轮船招商局的流动资本周转失灵，被迫资产抵押，向上海英商天祥、怡和洋行借款。 ②中法战端复开，法舰队驶入南洋分攻闽浙台湾。 ③刘铭传受命赴台抗法。 ④日在朝策划“甲申事变”。

光绪十一年	1885年	62岁	①创办天津武备学堂，为中国第一所陆军学堂。 ②向德国购买“定远”和“镇远”两艘铁甲船驶抵中国。 ③签订了《中法停战条约》。 ④清廷决定台湾建省，任命刘铭传为台湾首任巡抚。 ⑤ 清政府设立海军衙门。 ⑥与日本伊藤博文会谈。 ⑦对轮船招商局重新委任盛宣怀为督办，马建忠、谢家福为会办。经“整旧重新、抽帮换底”的改组，“商办”大为削弱，“官督”大为加强。
光绪十二年	1886年	63岁	①以李为全权代表与法国签订了《越南边界通商章程》。 ②论旅顺海防布置。 ③派刘含芳勘察胶澳设防事宜，后又派丁汝昌、琅威理再次勘察，因军费、兵力问题搁浅。这是青岛市建置的序曲。
光绪十三年	1887年	64岁	①夫人五十正寿（合肥人祝寿习惯，是做九不做十）。 ②奏请整理钱法，且用机器造钱。 ③创办广东水师学堂。
光绪十四年	1888年	65岁	①开采漠河金矿，创办漠河金矿总局。 ②北洋水师正式宣告成立，颁布施行《北洋水师章程》，委任丁汝昌为北洋海军提督。 ③津沽铁路通车。 ④九月出巡诸海口。归患目疾告假二个月。

光绪十五年	1889年	66岁	①上海机器织布局开机生产。 ②修铁路是洋务派与顽固派争论焦点，清廷作出决断，修筑铁路“为自强要策 。” ③清廷命各督抚筹万寿山建筑费，公即应二百万两。
光绪十六年	1890年	67岁	①清廷决定修筑关东铁路，李鸿章负责一切事宜 。 ②天津及近畿一带水灾，李鸿章筹款赈灾 。 ③李经方出使日本大臣。
光绪十七年	1891年	68岁	① 6月会同山东巡抚张曜，检阅了北洋海军的军事演习，并亲自巡视了胶澳。 ②回京后，李鸿章向朝廷上奏《烟台、胶州添筑炮台片》，建议派兵进驻胶澳，修筑海防工事；6月14日发上谕允准。青岛市建置之始。
光绪十八年	1892年	69岁	①奏派登州镇总兵章高元“统领广武、嵩武四营督修胶澳炮台工程”获准。章高元是实施胶澳（青岛）海防、基础建设第一人，也是首任长官。 ②电报线遍布二十二行省。
光绪十九年	1893年	70岁	①正月李公七十大寿，慈禧、光绪以厚礼祝贺。 ②开办天津医学堂。 ③上海机器织布局失火焚毁；盛宣怀负责重建。

光绪二十年	1894年	71岁	①正月太后六旬万寿，赏鸿章三眼花翎，“汉臣则未曾有”。 ②“遣兵代剿”朝鲜东学党之乱。 ③中日甲午战争爆发。 ④清廷欲挽德国公使阻止日本，后求美国、俄国调停均没有结果。 ⑤甲午战争失败，清廷拔去李的三眼花翎，褫去黄马褂。
光绪二十一年	1895年	72岁	①正月赴日本议和的使臣张荫桓、邵友濂被拒回国；清廷授李为全权大臣，往日本议和。赏还鸿章翎顶、黄马褂，开复革留处分。 ②二月二十日到达马关，第三轮谈判后在日本遇刺 ③签订了《马关条约》。 ④子经芳被任为专使，往台湾与日办理交涉。
光绪二十二年	1896年	73岁	①奉命出使赴俄参加沙皇加冕典礼。 ②签订《中俄密约》。 ③历时190天，周游欧美八国。 ④回国后，奉命在总理衙门大臣上行走。
光绪二十三年	1897年	74岁	充武英殿总裁，赏头等第二大带，双龙宝星稽查。

光绪二十四年	1898年	75岁	①分别与德、俄国签订胶州湾和旅顺、大连租借条约。 ② 往山东查勘黄河工程。 ③百日维新时，他虽身居事外，却暗中保护了康有为等新党要员。
光绪二十五年	1899年	76岁	①十月任商务大臣 。 ②十二月署理两广总督。
光绪二十六年	1900年	77岁	①连续13年京察从优，赏穿方龙补服。 ②实授任两广总督。 ③义和团运动爆发。 ④李鸿章在南方与东南部各级官员议定“东南互保”。 ⑤电谕李鸿章速来京，补任直隶总督、北洋通商大臣 。 ⑥返回北京，接任全权大臣之责，与八国公使议和 。
光绪二十七年	1901年	78岁	①签订了《辛丑条约》。 ②在贤良寺吐血而亡。

少荃湖风光

<table>
<tr><td rowspan="9">婚姻状况</td><td rowspan="3">元配</td><td>姓名</td><td>周氏</td><td>出生年月</td><td>1821.7</td><td>民族</td><td>汉族</td></tr>
<tr><td>籍贯</td><td>皖合肥人</td><td>死亡年月</td><td>1861.8</td><td>朝廷赐封</td><td>一品侯夫人</td></tr>
<tr><td>学历</td><td>文盲</td><td>结婚年份</td><td>1845</td><td>工作单位</td><td>无</td></tr>
<tr><td rowspan="3">继室</td><td>姓名</td><td>赵小莲</td><td>出生年月</td><td>1838.2</td><td>民族</td><td>汉族</td></tr>
<tr><td>籍贯</td><td>皖太湖人</td><td>死亡年月</td><td>1892.6</td><td>朝廷赐封</td><td>一品侯夫人</td></tr>
<tr><td>学历</td><td>私塾</td><td>结婚年份</td><td>1863</td><td>工作单位</td><td>无</td></tr>
<tr><td rowspan="3">侧室</td><td>姓名</td><td>莫氏</td><td>出生年月</td><td>1854.5</td><td>民族</td><td>汉族</td></tr>
<tr><td>籍贯</td><td>不详</td><td>死亡年月</td><td>1913.6</td><td>朝廷赐封</td><td>一品夫人</td></tr>
<tr><td>学历</td><td>文盲</td><td>结婚年份</td><td>不详</td><td>工作单位</td><td>无</td></tr>
</table>

<table>
<tr><td rowspan="8">家庭主要成员</td><td>关系</td><td>姓名</td><td>出生年月</td><td>死亡年月</td><td>荣典</td><td>工作单位及职务</td></tr>
<tr><td>祖父</td><td>李殿华</td><td>1764.8</td><td>1845.7</td><td>建威将军</td><td>合肥磨店私塾先生</td></tr>
<tr><td>祖母</td><td>周氏</td><td>1763.8</td><td>1826.12</td><td>一品侯夫人</td><td>无</td></tr>
<tr><td>父亲</td><td>李文安</td><td>1801.12</td><td>1855.5</td><td>通奉大夫</td><td>刑部任督捕司郎中</td></tr>
<tr><td>母亲</td><td>李氏</td><td>1800.2</td><td>1882.3</td><td>一品侯夫人</td><td>无</td></tr>
<tr><td>哥哥</td><td>李瀚章</td><td>1821.7</td><td>1899.8</td><td>太子少保</td><td>两广总督</td></tr>
<tr><td>三弟</td><td>李鹤章</td><td>1825.1</td><td>1880.12</td><td>光禄大夫</td><td>甘肃甘凉兵备道</td></tr>
<tr><td>四弟</td><td>李蕴章</td><td>1829.6</td><td>1886.2</td><td>荣禄大夫</td><td>候选道</td></tr>
</table>

家庭主要成员	五弟	李凤章	1833.1	1890.5	荣禄大夫	直隶州知州，侯选知府
	六弟	李昭庆	1835.5	1872.6	光禄大夫	侯选员外郎
	大妹	李玉英	1828	不详	不详	嫁记名提督张绍棠
	小妹	李玉娥	不详	不详	不详	嫁江苏候补知府费日启
	大儿	李经方	1855.6	1934.9	资政大夫	任邮政部左侍郎
	二儿	李经述	1864.11	1902.2	袭一等肃毅侯	内用员外郎头衔
	三儿	李经迈	1876.12	1940	光禄寺卿	出使奥地利大臣、收藏家
	注：三个女儿，查阅历史资料极少，《肥东县志》1990年版记载：大女儿嫁郭恩垕；二女儿嫁张佩纶（张爱玲祖母）；三女儿嫁任德和。					

国内外主要社会关系	关系	姓名	出生时间	死亡时间	对鸿章影响作用	工作单位及职务
	恩师	曾国藩	1811	1872	仕途上伯乐学做人楷模	直隶总督、北洋通商大臣
	李府主要幕僚	薛福成	1838	1894	协理外交事务	任湖南按察使
		盛宣怀	1844	1916	洋务企业具体实施者	邮传部大臣、官办商人
		唐廷枢	1832	1892	同上	轮船招商局总办实业家
		丁日昌	1823	1882	国防近代化建设	署理福建巡抚

国内外主要社会关系	李府主要幕僚	周馥	1837	1921	忠实心腹	两江总督兼南洋大臣
		马建忠	1844	1900	对外贸易，学西方技术	上海机器织布局总办
		郑观应	1842	1921	近代实业经营、管理者	三入招商局任董事实业家
		吴汝纶	1840	1903	文化教育及洋务思想	京师大学堂总教习、文学家、教育家
	国外幕友	德璀琳	1842	1913	洋务与外交	税务司职
		毕德格	不详	1874	翻译和顾问培养医务人才	私人秘书、得力助手、家庭外语老师
		马格里	1833	1906	教练洋枪制造火器	主持金陵制造局

国内主要社会关系	合肥淮军名将名册	姓名	出生年份	死亡年份	职位
		张树声	1824	1884	两广总督、太子少保衔
		刘秉璋	1826	1905	四川总督进士、振勇巴图鲁
		刘铭传	1836	1896	首任台湾巡太子少保
		吴长庆	1829	1884	驻朝军队首领、云骑尉世职
		潘鼎新	1828	1888	广西巡抚
		张遇春	1827	1864	春字营主将
		周盛波	1830	1888	湖南提督、总统北洋海防前敌淮军各军
		周盛传	1833	1885	升授湖南提督，总统盛、仁、传马步等军
		刘盛藻	1828	1883	布政使衔浙江按察使

国内主要社会关系	合肥淮军名将名册	丁寿昌	1826	1880	署直隶布政使，按察使衔候补道
		吴毓芬	1821	1891	按察使衔
		周世臣	1838	1886	湖北候补道加按察使衔
		丁汝昌	1836	1895	北洋海军提督、协勇巴图鲁
		聂士成	1836	1900	直隶提督
		唐定奎	1833	1887	福建陆路提督建威将军
		黄桂兰	1836	1884	广西提督
		王孝祺	1840	1899	署广东水师提督，北海镇总兵
		吴兆有	1829	1887	记名提督署天津镇总兵
		吴建钊	1834	1906	记名提督，简放总兵
		周盛佑	1832	1878	提督衔记名总兵骑都尉世职
		周盛忠	1834	1894	二品封典，骑都尉世职
		周盛长	1839	1899	督衔记名总兵诰授武显将军
		周盛朝	1841	不详	提督衔记名总兵诰授振威将军
		周盛鼎	1840	1884	提督衔记名总兵授振威将军
		周家瑞	1837	1894	提督衔记名总兵诰授振威将军
		唐远友	1841	1895	提督衔简放总兵
		董大义	不详	不详	记名提督
		王德成	不详	不详	援台提督
		刘盛休	1840	1916	提督衔河南河北总兵
		刘献廷	1831	1899	提督衔记名总兵
		刘朝干	1831	1897	记名提督

国内主要社会关系	合肥淮军名将名册	刘盛琢	1845	1903	记名提督
		刘盛璀	1844	1869	记名提督
		刘朝林	1837	不详	记名提督
		刘盛芥	1875	1898	官至花翎二品衔分省补用道
		唐士纯	1836	不详	记名提督
		董凤高	1823	1889	记名提督，徐宿总镇
		董学友	1842	1892	荐擢提督，记名两江简放总镇
		刘邦盛	不详	不详	广东记名提督
		张行知	不详	不详	记名九门提督甘肃镇总兵
		张景春	不详	不详	记名提督，苏松镇总兵
		潘鼎立	不详	不详	记名提督，皖南镇总兵，
		董履高	不详	不详	记名提督，寿春镇总兵，
		丁德昌	不详	不详	记名提督
		叶志超	1838	1901	直隶提督（后革职）
		叶御璜	1862	1895	二品衔广东即补道
		叶御标	1849	不详	头品顶戴，记名提督
		张兆海	不详	不详	提督衔，署理大名镇
		章高元	1829	1912	青岛建置第一任总兵
		唐殿魁	不详	1867	浙江衢州镇总兵振勇巴图鲁
		赵怀业	不详	1894	总兵
		张树珊	1826	1867	记名提督广西右江镇总兵，一品
		张树屏	不详	1891	记名提督大同镇总兵，一品

国内主要社会关系	合肥淮军名将名册	张树槐	不详	1870	山东候补知府
		刘朝祜	1846	1888	记名总兵
		刘盛枫	1838	1900	记名总兵
		刘朝聘	1836	1884	累功保记名总兵
		刘朝虎	1844	1883	累功至记名简放总兵
		刘盛增	1846	1898	加总兵衔，二品衔
		周盛春	1838	1863	诏赠总兵，诰封武显将军
		周盛武	1841	1866	擢总兵衔两江补用副将骑都尉世职
		周家泰	1845	1892	功至记名总兵，两江补用副将
		周家鼎	1862	不详	赏从一品封典，诰授荣禄大夫
		周家梁	1857	1903	赏戴花翎，二品封典
		周家齐	1852	1916	钦授二品封典，高塘州知州
		周家祜	1861	1894	官至二品候选道
		周家驹	1854	不详	钦加三品衔，诰授荣禄大夫
		周家德	1854	1907	官至三品衔补用道
		周先浚	1873	1905	官至三品衔江苏候补道
		周行发	1844	1868	副将加总兵衔扬勇巴图鲁
		解先亮	1817	1880	总兵衔副将，一品封典
		解先祥	1839	1880	记名总兵
		卫汝贵	1836	1895	河南镇总兵
		王芝生	不详	不详	澎湖水师镇总兵
		董明礼	1835	1891	河南归德镇总兵，修筑黄河有功

国内主要社会关系	合肥淮军名将名册	程孔德	1840	1898	署理徐宿镇总兵
		董明仁	1832	1883	记名两江遇缺简放总镇
		董学经	1831	1883	荐擢记名总兵，两江尽先协镇
		董英生	1829	1890	功擢记名总兵，遇缺简放协镇
		董兰生	1819	1886	诰授正三品武义都尉，赠封三代其官
		段佩	不详	1879	官至记名总兵，一品衔
		张文宣	不详	1895	总兵记名简放，武进士，技勇巴鲁图
		袁得胜	1841	1897	记名总兵在山西兴水利有功
		吴育仁	1839	1898	记名总兵施勇巴图鲁
		倪祥福	1841	1900	记名总兵，授浙江绍兴协镇
		汤诚意	不详	不详	正二品花翎记名总兵
		张心荣	不详	不详	总兵衔副将
		刘超佩	不详	1895	由军功历保总兵
		刘盛佩	1853	1887	湖北候补知府
		刘懋森	1830	1881	江苏候补知府
	合肥淮系名将	段祺瑞	1865	1936	中华民国临时执政
		段芝贵	1870	1935	任段政府京畿警备总司令、陆军总长
		阮忠枢	1867	1917	在袁总统府秘书处副秘书长、内史长
		刘朝仰	1879	1920	晚清时治军有功赏二品衔，后授陆军少将
		周行乐	1862	不详	民国时授陆军中将衔，陆军少将
		董明义	1863	不详	民国4年保奖少将衔
		张广建	1863	1938	甘肃督军兼民政长

1. 房产情况:

①“李府”亦称李鸿章故居,位于合肥市中心位置，当年规模非常大，曾流传着“李府半条街”。现经合肥市人民政府1998年修缮仍达到2000平方米，成为李鸿章故居展览馆。

②“藕香村”亦称李瀚章庄园,位于原肥东县永安小李河（今名叫兴庄），现属合肥新站区磨店乡。方圆1.5公里，营造300多间豪华房屋。有宫殿式大厅，西式洋楼，苏州园林式亭阁，碑刻林立的长廊。现在李鸿章享堂内仿制的《戏鸿堂法帖》碑刻，就是来自于“藕香村”，部分真迹被安徽省博物馆收藏。

③“宰相府”亦称李家楼。这是鸿章和鹤章共建的，位于肥东县原长乐温家大村，今属撮镇镇署二村。

④“李公馆”亦称李家花园,位于肥东县原长乐乡兴隆街，现属撮镇镇仙井村临河郢。这是经方与鹤章孙子李国荪共建的。宰相府和李公馆是李鸿章相信风水的建筑之作，在第二章中作专门介绍。

⑤李蕴章府位于肥东县原三十埠陈大郢（亦称长岗村），住宅占地百亩，周有濠沟，设东西二辕门，辕门横跨濠沟建造房屋，中敞一大间作正门，两边住守门人，原住宅建国前为长岗小学。

⑥李凤章是兄弟中最富有的，侨居在芜湖。但在合肥原永安乡许糟坊（现属磨店乡）有“万亿仓”。该仓坐南朝北，占地四亩。门前有上石马、石鼓。门上有“万千景在望，亿兆谷盈仓”楹联。门楣上方黑底金字“万亿仓”。砖瓦平房，正宅五路，首路十七间，左三间杂房，再左一间三层是炮楼，第四间敞开，直通后大门，右十三间作长工住宅，稻谷加工场。二路十七间。左三间稻仓，穿厅右十三间，长工住屋，三路十七间。左三间小客厅，穿厅右五间为客厅，其余八间为仓房总管夫妇和子女及使女居住。边稍二间作储藏室。四路十七间，左三间储藏农具，穿厅右十三间住卫兵，紧靠卫兵住房后有三间炮楼，卫兵昼夜值守。

四路屋后有一大院兴种蔬菜。五路五间，其中二间厨房，三间柴。后门三间，中敞一间为后门，两旁住守门人。正宅旁还有厢房十六间草房，设磨房、猪圈、厕所、饲养牲畜和供饲养之人居住。

⑦李昭庆府位于肥东县永安乡梁宇店（今属磨店乡），庄园式邸第，宏伟堂皇，十分考究，所占三十亩。邸第外围先是壕沟，内筑高墙或围寨，四周并辟有花囿、菜囿，广阔整齐。园囿内层又凿内壕沟。大体分两部分，每部分设三大门，内进各自三大堂。以后改为粮仓。

⑧李经述私宅位于原肥东县三十埠乡马岗村店岗郢（今属瑶海龙岗开发区），门前有连塘三口，塘后的照壁，高四丈，宽三丈。照壁之南，左植白玉兰，右栽春梅。照壁之后，东西枫、桐成行。大门八字形，门旁置石鼓，正宅首路五间，中敞一间门，大门木质黑漆，虎头铜环。两旁住守门人，二路享堂，五间敞开，三路五间住房，三路后东西各有寮房三间，天井院内，四路主宅五间，正宅之东仓房，呈正方形，每边各十一间，中为青石晒谷场。正宅之西享堂之后有风火墙，辟墙为门，可入西宅。西宅首路、二路各五间，管事人居住。三路五间为厨房。四、五、六路各五间作住房。坐南朝北另有三间护兵住宅，一间两层炮楼。以后也不断增盖，有房屋百余间。在私宅之门、合店公路之南有一“孝子坊”，石坊左右有楹联，并立石雕刻碑文。

⑨还有李家宗祠、李家庙、许家庙、李文安专祠等。

2．购置田地情况：

为了对李鸿章家族在合肥的财产有清晰了解，此次采访了李鹤章的后裔李永民老先生。据他说：当初丁德照在写《李鸿章家族》时，曾居住他家三个月完成书稿，并通过他与其他几房李氏兄弟后裔联系，采集有关资料，也没有搞得很清楚。由于时间长，资料缺少，只能作粗略记录。

李氏家族购置田地难以分开统计，不仅外人不知其数，就连李氏家族里人也难确切清楚。据曾在李府管过事的唐凌辉说：李府最盛时期，有田二百五十七万亩。家族在合肥田地最多者，以蕴章之子李经钰为最。李鸿章所置田产，以仓房管事人的口述，每年可收租五万石。

李鸿章家族田地到底有多少不清楚，但李鸿章家族采取万亩建仓办法，据不完全统计，在合肥建有粮仓如下。

①在肥东县原永安乡范围建仓有：万兆仓、许糟坊仓、兆伯仓(梁宇店)；

②在肥东县原卅埠乡范围建仓有：积厚仓、通德仓、慎余仓；

③在肥东县店埠镇范围建仓有：春庭仓、大小公仓；

④在肥东县撮镇镇(长乐）范围建仓有：庆丰仓、中仓房、裕丰仓；

⑤在合肥范围还有：合肥的义泰仓、肥西三河镇的积谷仓、庐江县油坊集粮仓。就巢湖市柘皋镇而言，就购置良田十几万亩，建有祥丰、万兴、巨兴李家粮仓，堪称“江北第一仓”。

3．李鸿章家族当铺、钱庄和盐号：

由于时间长，资料少，难调查，未作出准确统计，只能把知晓的作一介绍。例如：合肥红星路当铺、城南的小马场巷与官盐巷之间（老八中西侧）开设了一家规模庞大的“同兴号”，合肥人习惯称其为“新当铺”。“新当铺”是合肥规模最大的当铺，环巢县、无为、庐江等周边地区的“代质”“滚当”小当铺 都将贵重有价值的收当，送到“新当铺”来转当。如在巢湖市柘皋镇就有“元和质”当铺和“道隆”钱庄等。

4．在合肥周边县的情况：

在安庆、芜湖、含山县、无为、桐城、六安、舒城、霍山、和县、全椒等县范围内，都购置了大量田地，设有当铺、钱庄和盐号等。尤其在芜湖和安庆有许多房地产。

<table>
<tr><td rowspan="2">国内外社会评价</td><td>国外学者</td><td>①19世纪西方著名雕塑家F. R. Kaldenberg创作雕塑作品时，把李鸿章与世界著名政治家德国俾斯麦、美国的格兰特的形象并列塑造，堪称19世纪世界三大杰出人物。
②1903年英国人立德夫人HUNG—CHANG, HIS LIFE, HIS LIFE（李鸿章的生平及其时代）一书指出，“写李鸿章的传记就等于写中国十九世纪的历史”，将李鸿章列为如英国的格兰斯顿、德国俾斯麦、意大利的加富齐尔的中国的元老。
③英国人约翰·濮兰德在LI HUNG——CHANG（李鸿章）一书指出：“鉴于李鸿章是1850年以来改变中国社会结构和人们行为的多项变革的直接实施者，毫无疑问可以将他看作19世纪的一位创造者。”</td></tr>
<tr><td>中国学者</td><td>①《清史稿》评价（李鸿章）：“独立国事数十年，内政外交，常以一人当其冲，……近世所未有也。”
②梁启超曾说：“吾敬李鸿章之才，吾惜李鸿章之识，吾悲李鸿章之遇……李鸿章必为数千年中国历史上一人物，无可疑也；李鸿章必为十九世纪世界史上一人物，无可疑也。”“不学无术，不敢破格，是其所短也；不避劳苦，不畏谤言，是其所长也。”
③胡滨在《卖国贼李鸿章》一书中开门见山说：李鸿章完全是在曾国藩的卵翼之下成长起来的，他不仅是曾国藩反动事业的继承者，而且他在反动统治集团的地位及其卖国活动，都超过了他的师父，成为19世纪最后三十年中最大的一个卖国贼。
④台湾学者萧一山评价李鸿章：“他的世界，同事见解，比一般人高，他是推行‘自强运动’的中心人物。”
⑤1988年，历史学家陈旭麓，在合肥举行的“李鸿章与近代中国经济学术讨论会”上发言指出：“李鸿章是中国近代化迈出第一步的代表人物。”李鸿章作为一个复杂的历史人物，有爱国之处，也有误国之处，不应全盘否定。“应该承认，李鸿章也算是探索者之一，他所从事的洋务活动，也是一种尝试。”</td></tr>
</table>

<table>
<tr>
<td rowspan="1">国内外社会评价</td>
<td>群众反映</td>
<td>①专家学者们一赞扬就大写特写办洋务，一批判就是签订丧权辱国条约。应该功归功，过归过，不要功过混淆；
②李鸿章一生涉及建军、打仗、军工、民用企业、外交、交通、通讯、制度改革、农田水利、教育文化卫生、赈灾……，不是一个“洋务”一词就能代表了的。功绩大小不同、犯错性质轻重不同。</td>
</tr>
<tr>
<td>本人小结</td>
<td colspan="2">李鸿章自述：少年科举，壮年戎马，中年封疆，晚年洋务，一路扶摇。
李鸿章对自己一生作出了十分形象的总结：我办了一辈子的事，练兵也，海军也，都是纸糊的老虎，何尝能实在放手办理，不过勉强涂饰，虚有其表，不揭破尤可敷衍一时。如一间破屋，由裱糊匠东补西贴，居然成一间净室，明知为纸片糊裱，然究竟不定里面是何等材料。即有小小风雨，打成几个窟窿，随时补葺，亦可支吾应付。乃必欲爽手扯破，又未预备何种修葺材料，何种改造方式，自然真相破露，不可收拾，但裱糊匠又何术能负其责？</td>
</tr>
<tr>
<td colspan="3">其他需要说明情况
李鸿章是晚清重臣，由于历史复杂、事件复杂、人物复杂，按照档案简单扼要的填写，是难以说明本来面貌的，特附加说明材料。</td>
</tr>
<tr>
<td colspan="3">本人签字或盖章（杜撰）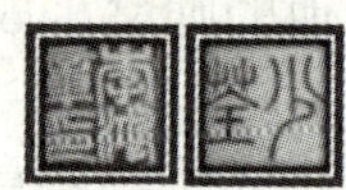
本人盖章时间：1901年□月□日</td>
</tr>
<tr>
<td colspan="3">原机关审查盖章（杜撰）

盖章时间：1901年□月□日
档案填写时间：2012年3月1日—6月26日
（许昭堂、许高彬代理执笔填写）</td>
</tr>
</table>

主要参考文献及资料

1. 顾廷龙、戴逸主编：《李鸿章全集》，安徽教育出版社，2008 年。

2. 张明林：《李鸿章全集》，西苑出版社，2011 年。

3. 胡绳：《从鸦片战争到五四运动》，红旗出版社，1982 年。

4. 徐中约：《中国近代史》（上册，1600—1923 年）香港中文大学出版社，2011 年。

5. 李侃等著：《中国近代史》，中华书局，1994 年。

6. 翁飞、董丛林：《李鸿章家书》，黄山书社，1996 年。

7. 丁德照、陈素珍：《李鸿章家族》，黄山书社，1994 年。

8. 宋路霞：《李鸿章家族》，上海辞书出版社，2009 年。

9. 刘体智：《异辞录》，中华书局，1988 年。

10. 王尔敏：《淮军志》，广西师范大学出版社，2008 年。

11. 马骐：《淮军故里史料集》，黄山书社，2009 年。

12. 薛福成：《庸盦笔记》，江苏古籍出版社，2000 年。

13. 黄云修，林之望、汪宗沂纂：《光绪续修庐州府志》（光绪十一年刻本影印本），江苏古籍出版社，1998 年。

14. 张仲炘等编著：《湖北通志·捻军》（民国十年版），华文出版社影印。

15. 郭超、马道宗：《曾国藩谋略大全》，华文出版社，2010 年。

16. 文庆等：《筹办夷务始末》，上海古籍出版社，2008 年。

17. 易惠莉：《招商局与近代中国研究》，中国社会科学出版社，2005 年。

18. 钱刚、胡劲草：《留美幼童》，文汇出版社，2004 年。

19. 鸿鸣：《甲午海战》，中国文史出版社，2007 年。

20. 陈悦：《碧血千秋——北洋海军甲午战史》，吉林大学出版社，2008 年。

21. 塘沽政协文史委编：《北洋水师大沽船坞》，中国文史出版社，2005 年。

22. 李慈铭著：《越缦堂国事日记》，台湾文海出版社，1963 年。

23. 池仲祐著：《海军大事记》，载左舜生选辑《中国近百年史资料续编》，台湾中华书局，1958 年。

24. 郭嵩焘著：《使西纪程》，收录于《郭嵩焘日记》，湖南人民出版社，1982 年。

25. 年子敏注：《李鸿章致潘鼎新书札》，中华书局，1960 年。

26. 宓汝成著：《中国近代铁路史资料》，中华书局，1963 年。

27. 李锡亭：《清末海军见闻录》，戚其章影印本《北洋舰队》山东人民出版社，1981 年。

28.《李鸿章致盛宣怀函》，收录于《盛宣怀档案萃编》，上海古籍出版社，2008 年。

29. 中国近代经济史资料丛刊编辑委员会主编：《中国海关与中法战争》，中华书局，1983 年。

30. 蔡尔康等：《李鸿章历聘欧美记》，岳麓书社，1986 年。

31. 张社生编著：《绝版李鸿章》，（海外版）台湾大地出版社，2011 年。

32. 郭远英撰：《中国第一家机制纸厂—上海机器造纸局》，载于《档案》，1997 年 06 期。

33. 谢茂发撰：《试论江南水师学堂》，载于《云梦学刊》，2007 年 6 期。

34. 朱从兵：《试论李鸿章在中国铁路史上的地位》，载于《玉林师专学报》，1997年第4期。

35. 肥东县地方志编纂委员会编：《肥东县志》，安徽人民出版社，1990 年。

36.《合肥李氏宗谱》，民国十一年第五修本，2011 年第六修本。

37.《合肥许氏宗谱》，2001 年修本。

38. 苏士珩：《巢湖文化全书》（1—10 卷），巢湖文化研究会编著。

39.《探索与自强—李鸿章学术研讨会论文集》，2011 年。

后 记

合肥素有“淮右襟喉，江南唇齿”之称，位于长江淮河之间，是南北文化交融地，以木筑巢为家的源头处。这里历史源远流长，文化积淀深厚。五大淡水湖之一的巢湖，“烟波荡漾八百里，平添秀色画图中”。这里人杰地灵，代出英才，是包拯、李鸿章、段祺瑞、卫立煌、刘铭传、王亚樵的出生成长之地。近些年来，随着改革开放的不断深入，合肥市委、市政府在致力合肥大建设的发展过程中，多方位地推出文化强市战略。《走近李鸿章》一书，是在合肥市 2012 年重点文化建设项目“李鸿章档案与评说”的基础上修改编著的。

本书写作过程中，得到安徽省社科院、作家协会和合肥市委宣传部的重视支持，并承蒙陆勤毅、林存安、陈飙三位先生的关心，在此表示衷心的感谢！

同时，得到省市知名学者翁飞、教授陆发春、剧作家陈大中的指导，以及安徽李鸿章研究会诸同志帮忙和修改阅校，在此一并致以谢意！

2013 年是李鸿章诞辰 190 周年，谨以此书以飨广大读者，由于作者水平有限，诸多内容首次触及，难免有主观偏见和错误之处，敬请方家谅鉴，并予批评指正。

作者：许昭堂、许高彬

2012 年 9 月

后 记

2012 年 9 月